LA VIE QUOTIDIENNE DES JOUEURS SOUS L'ANCIEN RÉGIME À PARIS ET À LA COUR

OLIVIER GRUSSI

LA VIE QUOTIDIENNE DES JOUEURS SOUS L'ANCIEN RÉGIME À PARIS ET À LA COUR

HACHETTE
littérature

INTRODUCTION

On jouait partout en France aux XVII⁰ et XVIII⁰ siècles. Et pourtant le phénomène n'avait jusqu'à présent
inspiré aucun historien : tout restait donc à faire. Mais
dépouiller la littérature de l'époque et surtout l'ensemble des archives communales et départementales du
pays, c'était trop pour un seul étudiant, lequel dut
limiter ses ambitions à une thèse de doctorat de troisième cycle sur « Le Jeu d'argent à Paris et à la cour de
1667 à 1789 ».

Les textes consultés prouvent cependant que les
jeux et la passion du jeu étaient partout les mêmes et
qu'il suffit d'un peu d'imagination pour voir jouer la
France entière. Les villes de province d'abord, où l'on
jouait beaucoup et à peu près dans les mêmes conditions
qu'à Paris : dans des maisons de jeu tolérées ou clandestines, chez les particuliers, dans les cabarets, dans la rue
même. Au XVIII⁰ siècle, il y avait par exemple à
Bordeaux plus de deux cents tripots connus de la
police[1]. Particulièrement favorisées étaient les villes
d'eaux où tous les riches oisifs venus rétablir leur santé
trompaient l'ennui autour du tapis vert, celles qui
accueillaient de grosses foires et celles où se réunissaient
les états provinciaux. D'après l'*Encyclopédie méthodique,* « Les états n'offroient plus, lorsqu'ils étoient

convoqués, que des assemblées de joueurs[2] ». Les grandes villes n'étaient pas les seules à jouer. Mercier affirmait qu'à la fin de l'Ancien Régime, on jouait beaucoup moins à Paris, toute proportion gardée, que dans une petite ville de province[3]. Le jeu n'épargnait pas non plus les campagnes. Les seigneurs locaux jouaient dans leurs châteaux et les paysans au cabaret ou lors des veillées collectives[4]. Le jeu enfin ne se développait nulle part mieux qu'aux armées, quel que fût leur lieu de séjour. Et qu'on n'imagine point la France du jeu complètement cloisonnée : marchands et militaires jouaient partout où les affaires et le devoir les appelaient, les gens des campagnes profitaient de leurs déplacements à la ville la plus proche pour faire une partie, les riches citadins venaient à la belle saison jouer sur leurs terres, les voyageurs d'agrément jouaient à toutes leurs étapes, et de nombreux tricheurs professionnels circulaient de ville en ville, tels ceux qui, cas extrême cité par Goudar, « n'avoient point de domicile et d'habitation fixes, et qui logeoient dans les coches et diligences publiques. On les voyoit continuellement aller de Paris à Bordeaux ; de Bordeaux à Toulouse ; de Toulouse à Montpellier ; de Montpellier à Lyon, etc.[5] ».

Les xviie et xviiie siècles ne seront pas traités dans leur entier : les règnes de Louis XIV, Louis XV et Louis XVI seront seuls pris en compte, c'est-à-dire la période 1661-1789. Et encore les six premières années ne seront-elles qu'effleurées, car ce n'est qu'en 1667 que la lieutenance générale de police de Paris a été créée et la police profondément réorganisée : très rares sont les archives antérieures à cette date.

Dernière précision sur le titre du présent ouvrage : par « jeu », il faut bien sûr entendre « jeu d'argent », et non jeu d'adresse, de compétition, de réflexion, etc.

Mieux, seul sera pris en compte le « pur » jeu d'argent (cartes, dés, roulette, etc.), car les Français avaient aussi l'habitude de parier sur tout et n'importe quoi : parties de billard ou de paume, courses ou combats humains et animaux, événements politiques ou météorologiques... Il y avait aussi, pour ceux qui se croyaient un peu joueurs, la très officielle Loterie royale et ses nombreuses petites sœurs privées éclosant çà et là dans le royaume.

Les sources utilisées sont de trois sortes. Les archives de police, les textes législatifs, abondants mais dispersés, enfin la littérature de l'époque : beaucoup de pièces de théâtre, romans, mémoires, essais et tableaux de mœurs ont été entièrement ou partiellement consacrés au jeu. Les archives de police, elles, méritent quelques observations. Tout d'abord, le jeu d'argent étant presque toujours soit interdit, soit strictement réglementé et surveillé, il était normal qu'il y eût une police des jeux, donc des archives. Le problème, c'est qu'elles n'ont pas toutes été conservées. Elles étaient à l'époque réparties entre la lieutenance générale de police (pour les affaires graves) et la chambre de police du Châtelet (pour les autres). Les papiers du Châtelet relatifs au jeu ont presque tous disparu ; pour la lieutenance générale, les archives des périodes 1667-1717 et 1775-1789 ont brûlé en 1871 dans l'incendie de la préfecture de Police, et celles des années 1717-1775, qui avaient été entreposées à la Bastille, ont été largement pillées le 14 juillet 1789. Des papiers du Châtelet ne subsiste donc qu'une série de Rapports de la garde concernant les cabarets, conservés aux Archives nationales. Une grande partie de ceux de la lieutenance générale de police, correspondant à la période 1717-1775, ont tout de même pu être réunis à la bibliothèque de l'Arsenal. Deux sources permettent toutefois de combler un peu ces lacunes : les archives du procureur général au Parlement de Paris Joly de Fleury pour les années 1774-1789, conservées à la Bibliothèque nationale, et les correspondances publiées au siècle dernier des deux premiers lieutenants généraux (1667-1718). Que contiennent toutes ces archives de la police des jeux ? Surtout des rapports de l'officier chargé des jeux (enquêtes, surveillances, perquisitions, arrestations...), mais aussi des procès-verbaux de perquisitions ou d'interrogatoires, des lettres anonymes, la correspondance entre le lieutenant général et le secrétaire d'État de la Maison du Roi, des sentences de police, etc. Le détail de ces sources sera donné dans la bibliographie établie en fin d'ouvrage. Dernier point : seules les citations d'ouvrages imprimés feront l'objet de notes indiquant leurs références. Pour les autres, il suffira de se reporter à ladite bibliographie, et plus précisément au paragraphe « Sources manuscrites » ; mais les références des archives citées ayant déjà été publiées seront bien précisées en note. Bref, si nulle note n'accompagne une citation ou une affirmation, c'est que les sources manuscrites ont fourni la première et inspiré la seconde.

CHAPITRE PREMIER

AVANT DE SE LANCER DANS LE JEU

Connaître la loi

Grave imprudence que d'entrer dans le monde du jeu sans deux ou trois notions de droit : mieux valait savoir distinguer le licite de l'illicite, ne fût-ce que pour éviter les ennuis avec la police.

La position officielle de l'Etat fut fidèlement exposée par Delamare dans son *Traité de la police*. Le jeu constituant un excellent remède pour l'esprit en cas de fatigue ou de grave préoccupation, l'exercice en général n'en était point défendu, mais il fallait en régler les circonstances [1].

En premier lieu, la nature du jeu. Il faut ici distinguer jeux de hasard et jeux de commerce : les premiers sont fondés sur le seul hasard, les seconds sur le hasard et l'intelligence des joueurs. La règle était simple : les jeux de hasard étaient interdits et ceux de commerce tolérés, du moins aux conditions qui suivront. Tolérés, mais non permis, ce qui explique que le gagnant ne pouvait légalement obliger le perdant à payer [2].

Autre circonstance : le lieu du jeu. « Que l'on prenne cette récréation chez soy avec sa famille, ou quelques-uns de ses amis, à la bonne heure, il n'y a rien là qui blesse la pureté des mœurs, ni aucun inconvénient contre l'ordre public[3]. » Mais interdiction absolue de jouer ailleurs.

Troisièmement, le temps : « Il n'y a que les insensez, selon l'expression du Sage, qui puissent dire que la vie ne nous est donnée que pour jouer[4]. »

« La fin que l'on se propose dans le jeu, est encore une circonstance qui ne peut être négligée, si l'on veut y remplir tous ses devoirs : le jeu est un remède et un repos que l'on donne à son esprit pour le délasser, en rétablir les forces, et en même temps celles du corps : cela vient d'être prouvé ; donc le gain n'en peut être le principal objet ; alors ce n'est plus jeu, c'est une espèce de commerce que les Pères de l'Eglise et les Théologiens estiment être également honteux et criminel[5]. »

Dernière circonstance : les personnes. « Toutes les personnes qui sont en la puissance d'autrui, et toutes celles qui n'ont pas une libre disposition de leurs biens, ne peuvent jouer à aucun jeu, dont la perte puisse les intéresser en quelque manière que ce soit, et il n'est pas permis de jouer avec elles : ainsi tous les Ecclésiastiques qui n'ont d'autre revenu que celui de leur Bénéfice ; les Religieux et les Religieuses, les femmes sans le consentement de leurs maris ; les enfans de famille à l'insçu de leurs parens sont dans ce cas. (...) On peut encore ranger sous cette catégorie, les débiteurs qui n'ont pas de quoy satisfaire leurs créanciers. Les Ordonnances y ont enfin ajouté, toutes les personnes qui tiennent les Fermes du Roy, toutes celles qui sont comptables, ou qui sont engagées dans les affaires de Sa Majesté, leurs Cautions et Associez ; et s'ils demeuroient insolvables, ceux qui auroient joué avec eux, seroient garants des sommes dont ils se trouveroient débiteurs[6]. »

Ces positions de principe étaient bien trop exigeantes pour avoir la moindre chance d'être respectées : aussi l'Etat ne les suivit-il pas à la lettre et, plutôt que de s'épuiser à lutter contre toutes les formes de jeu interdites, préféra-t-il chercher à canaliser et à contrôler la passion du jeu chez les Parisiens. D'où la permission de jouer chez les marchands et boutiquiers des foires de Saint-Germain et de Saint-Laurent, et surtout l'ouverture d'académies de jeux de commerce, ainsi justifiée par le lieutenant général de police Sartine :

« Si la tolérance de ces endroits, où sont reçus ceux qui veulent jouer, paraît d'abord devoir entraîner quelques inconvénients, elle en prévient en même temps une infinité d'autres, elle empêche qu'il ne se tienne à l'insçu de la police des assemblées de la même espèce dans beaucoup de maisons inconnues ou suspectes ; que le goût des jeux de hasard, qui ne manqueraient pas d'y être introduits, ne devienne plus général ; elle évite la ruine et la perte des citoyens et la plupart des malheurs et des désordres que cette passion peut entraîner [7]. » Jusque dans les années 1770, l'Etat crut peut-être que ces établissements pourraient satisfaire les joueurs ; mais les lieutenants généraux de police, Sartine et Lenoir en tête, finirent par persuader le gouvernement, malgré l'opposition du Parlement de Paris, qu'introduire des jeux de hasard dans les académies serait le meilleur moyen de lutter contre la prolifération massive des maisons de jeux de hasard clandestines.

Il ne faudrait pas voir dans cet infléchissement de la loi quelque concession de l'Etat envers une opinion publique qui aurait revendiqué la liberté de jouer : le jeu était au contraire un des rares sujets de consensus dans le royaume. L'Etat avait pratiquement calqué ses positions de principe en matière de jeu sur celles de l'Eglise, et les philosophes, moralistes et autres écrivains qui traitèrent du jeu furent unanimes à les approuver : beaucoup reprochèrent même aux gouvernants leur laxisme et en particulier la tolérance des académies de jeu[8]. Les Parisiens, exception faite des joueurs, n'appréciaient apparemment pas beaucoup le jeu des autres, surtout celui des milieux les plus favorisés. D'après Boissy d'Anglas, les cahiers de doléances de 1789, tout comme ceux de 1560, 1576 et 1588, demandèrent la prohibition des jeux de hasard[9].

Une dernière remarque : quelles qu'aient été les dispositions de l'Etat à l'égard du jeu, il était des espaces échappant à la loi commune. La cour bien sûr, mais aussi certaines enclaves privilégiées, parmi lesquelles le Palais-Royal, les bailliages du Palais et de l'Arsenal, le Temple et toutes les demeures des ambassadeurs étrangers : la possibilité d'y jouer ne dépendait alors que du bon plaisir du maître des lieux.

Ne pas confondre tous les jeux

Voici la liste des jeux en usage à Paris et à la cour de 1660 à 1789. L'essentiel était de bien distinguer les jeux de hasard de ceux de commerce, mais il valait mieux savoir, pour les jeux de hasard, s'ils étaient avec ou sans banque : dans le premier cas, tous les joueurs jouaient contre le banquier, et dans le second, ils jouaient les uns contre les autres.

L'anneau tournant : jeu de hasard[10].
La bassette : jeu de hasard avec banque (cartes).
La belle : jeu de hasard avec banque (boules à tirer).
La bête : jeu de commerce (cartes).
Le biribi : jeu de hasard avec banque (boules à tirer).
Le boston : jeu de commerce (cartes).
La bouillotte : jeu de hasard sans banque (cartes).
Le brelan : jeu de hasard sans banque (cartes).
La brusquembille : jeu de commerce (cartes).

Le cadran : jeu de hasard.
Le cavagnole : jeu de hasard (boules à tirer).
La comète : jeu de commerce (cartes).
Le commerce : jeu de commerce (cartes).
La couleur : jeu de hasard.
Le creps : jeu de hasard (dés).
Le culbas : jeu de commerce (cartes).
Les dés : jeu de hasard sans banque.
Les deux-dés : jeu de hasard sans banque (dés).
La dupe : jeu de hasard avec banque (cartes).
La galoche.
La guerre : jeu de hasard (dés).
Le hère : jeu de commerce (cartes).
Le hoca : autre nom du pharaon.
L'hombre : jeu de commerce (cartes).
L'impériale : jeu de commerce (cartes).
Le lansquenet : jeu de hasard avec banque (cartes).
Le loto : jeu de hasard (boules à tirer).
Le loto-Dauphin : jeu de hasard (boules à tirer).
Le médiateur : jeu de commerce (cartes).
Le minquiat : jeu de cartes.
Le mormonique : jeu de hasard.
La mouche : jeu de commerce (cartes).
Le pair et impair : jeu de hasard avec banque (dés).
Le papillon : jeu de commerce (cartes).
Le passe-dix : jeu de hasard sans banque (dés).
Les petits-paquets : jeu de hasard avec banque (cartes).
Le pharaon : jeu de hasard avec banque (cartes).
Le piquet : jeu de commerce (cartes).
Le piquet-voleur : jeu de commerce (cartes).
Les portiques : jeu de hasard (boules à lancer).
La prime : jeu de commerce (cartes).
Le quadrille : jeu de commerce (cartes).
Le quinquenove : jeu de hasard avec banque (dés).
Le quinze : jeu de hasard (cartes).

Le reversi : jeu de commerce (cartes).
Le roi-qui-parle : jeu de cartes.
La roulette : jeu de hasard avec banque.
La taupe : jeu de hasard.
Le toccadille.
La tontine : jeu de commerce (cartes).
Le tôpe et tingue : jeu de hasard (dés).
Le tourniquet : jeu de hasard.
Le trente et quarante : jeu de hasard avec banque (cartes).
Le trente et un : jeu de hasard (cartes).
Le trésept : jeu de commerce (cartes).
Le tri : jeu de commerce (cartes).
Le trictrac : jeu de commerce (dés).
La triomphe : jeu de commerce (cartes).
Les trois-dés : jeu de hasard (dés).
Le trou-madame : jeu de hasard (boules à lancer).
Le vingt et un : jeu de hasard avec banque (cartes).
Le whist : jeu de commerce (cartes).

Ultime précaution avant de jouer : ne pas se perdre dans le système monétaire de l'Ancien Régime. D'une part, la monnaie de compte : la livre, le sol et le denier. La livre, parfois appelée franc, valait vingt sols, et il fallait douze deniers pour un sol. D'autre part, la monnaie sonnante et trébuchante : les principales pièces étaient le louis et l'écu, respectivement d'or et d'argent. Le louis valait vingt-quatre livres, et l'écu trois livres. Un peu en marge, la pistole : monnaie sonnante et trébuchante à l'étranger, elle n'était que monnaie de compte en France et valait dix livres.

Pour avoir une idée de ce que représentaient les enjeux, les pertes et les gains qui seront cités dans les chapitres suivants, il est bon de savoir qu'à la fin de l'Ancien Régime, par exemple, le kilo de pain coûtait environ quatre sols, que le manœuvre gagnait à peine plus d'une livre par jour, que le charpentier ou le serrurier en gagnaient deux et demie, que le fermier général terminait sa carrière à la tête d'une fortune variant entre cinq cent mille et huit millions de livres et que le budget de l'Etat se montait à plus de deux cents millions de livres.

CHAPITRE II

LES MAISONS DE JEU TOLÉRÉES

Laquelle choisir ?

Les Parisiens avaient le choix entre les académies de jeu dépendant de la lieutenance générale de police, les établissements de jeu que le roi permettait de tenir à quelques personnes qu'il voulait récompenser ou ne pas contrarier, et les maisons de jeu qui naissaient dans les enclaves privilégiées de Paris sans demander l'autorisation de quiconque.

Paris comprenait une dizaine d'académies de jeux de commerce, auxquelles se sont ajoutées, à partir des années 1770, des académies de jeux de hasard dont le nombre ne cessa de varier entre zéro et vingt en fonction de la très fluctuante politique de l'Etat.

Les établissements accordés par le roi, toujours à titre exceptionnel, virent surtout le jour dans le premier tiers du XVIIIe siècle. Ne voulant ni laisser dans la détresse ceux qui les avaient soutenus dans leurs guerres européennes, ni grever davantage les finances de l'Etat par de nouvelles pensions, Louis XIV et le Régent permirent à certains de donner à jouer. Le prince de Transylvanie, François Rakoczi, que Louis XIV appuya dans sa révolte contre l'Empire, fut finalement battu et contraint de se réfugier à Paris en 1713 avec toute sa suite. Il ouvrit alors jusqu'en 1716 une grosse maison de jeu, connue sous le nom d'hôtel de Transylvanie[1]. De même, un certain Mustapha-Aga, qui se prétendait prince ottoman, se vit permettre en 1719 de donner à jouer chez lui, pour avoir valeureusement guerroyé au service de Louis XIV puis du Régent ; mais il fut chassé de Paris en 1721 lorsque son imposture fut découverte[2]. En 1727 le roi révoqua les privilèges accordés à quelques particuliers, surtout des veuves d'officiers, pour tenir des jeux de roulette dans la ville de Paris[3].

Mais les deux plus gros établissements de jeu de la période, les hôtels de Gesvres et de Soissons, ne durent leur maintien, de la fin de la Régence à l'année 1741, qu'à la notoriété et à l'influence de leurs propriétaires que n'osait braver le pouvoir royal. Tout provint, expliquait Saint-Simon, d'une initiative du duc de Tresmes :

« Comme gouverneur de Paris, il avoit un jeu public dans une maison qu'il louoit pour cela, et dont il tiroit fort gros. Il l'avoit prétendu comme un droit depuis qu'il en avoit vu s'établir d'autres par licence, et quelques-uns, depuis la régence, par permission. Ces jeux étoient devenus des coupe-gorges qui excitèrent tant de cris publics, qu'ils furent tous défendus, et celui du duc de Tresmes comme les autres. (...) Tout ayant changé de face sous le gouvernement de M. le Duc, premier ministre, Madame de Carignan, arrivée, ancrée, et point du tout oisive pour son intérêt, obtint un jeu à l'hôtel de Soissons qui lui valut extrêmement. Sur cet exemple, le duc de Tresmes prétendit et obtint le rétablissement du sien. Le rare fut qu'il ne laissa pas de conserver la pension de vingt mille livres qu'il n'avoit eue que pour le lui ôter[4]. »

Mme de Carignan céda rapidement l'hôtel de Soissons à son fils, premier prince de sang de Savoie et, à la mort du duc de Tresmes, son fils le duc de Gesvres lui succéda au gouvernement de Paris et à la tête de l'hôtel de Gesvres. Les deux établissements de jeu prospérèrent jusqu'en avril 1741 où mourut le prince de Carignan : le jeu de l'hôtel de Soissons fut fermé la veille du décès et le cardinal de Fleury, qui selon Barbier en voulait depuis longtemps au duc de Gesvres pour d'anciennes intrigues de cour, saisit cette occasion pour faire cesser le jeu à l'hôtel de Gesvres. L'ayant prévu, le duc ferma de lui-même son établissement le jour même de la mort du prince de Carignan. Barbier pensait alors qu'aucune indemnité ne serait versée au duc, si ce n'était quelque argent pour payer ses dettes les plus pressées [5], mais il se trompait un peu puisque le marquis d'Argenson précisait le 20 mai 1741 que vingt mille livres de pension et cent mille livres d'argent comptant venaient d'être données en dédommagement au duc de Gesvres [6].

Troisième et dernière catégorie de maisons de jeu dont la tenue ne constituait pas un délit : celles qui se développaient hors du champ d'action de la lieutenance générale de police de Paris. La dame de la Bourvarnelle donnait par exemple à jouer au Temple, plusieurs établissements de jeu naquirent au Palais-Royal, le comte de Modène en logeait un dans une cave du palais de Luxembourg louée à prix d'or, les domestiques des ambassadeurs de l'Empire et de Sardaigne donnèrent à jouer chez leurs maîtres, les ambassadeurs de Gênes et de Venise tinrent eux-mêmes tripots, et Dusaulx l'assurait : « Quelques Chevaliers d'industrie proposèrent, dernièrement, à un homme de qualité qui venoit d'être nommé Plénipotentiaire, de lui louer un Hôtel, de le défrayer, pourvu qu'il leur abandonnât un Appartement et leur permît d'avoir des Valets à sa livrée : proposition qui fut rejetée avec mépris, parce que le

Baron de X est l'un des hommes les plus honnêtes et les plus instruits de son siècle [7]. »

Toutes catégories maintenant confondues, les maisons de jeu tolérées se concentraient dans le centre de Paris, en particulier dans l'actuel Ier arrondissement (surtout près du Palais-Royal), mais aussi dans le nord du VIe, dans le IIe et dans le IIIe. Ces établissements n'étaient pas ouverts en permanence : les académies se voyaient imposer un jour de fermeture hebdomadaire (différent selon les cas) et des horaires précis (éternelle interdiction de jouer trop avant dans la nuit). En revanche, les autres maisons de jeu tolérées ne subissaient aucune contrainte de ce genre et en profitaient pour rester ouvertes toute la nuit.

Premiers contacts

Les abords des maisons de jeu tolérées n'étaient pas toujours très bien fréquentés. Selon un mémoire que reçut la police au sujet de l'académie du sieur Herbert, « avant de parvenir au tripot on monte un escalier qui est bien le plus affreux de tous les escaliers, il est parsemé de filles de joie, de prêteurs sur gage, d'escrocs, de vagabonds, enfin l'on y rencontre tout ce que la lie des nations offre de plus vil ». La sortie de ces établissements réservait aussi de pittoresques rencontres, dont l'une est ici évoquée par Restif de la Bretonne :

« Comme je m'en revenais, du bout de la rue de Richelieu, j'aperçus un falot, au coin de la rue Saint-Nicaise, qui éclairait un aveugle assis de l'autre côté de la rue Saint-Honoré (...). Des joueurs quittaient l'Académie du coin de la rue des Bons-Enfants. Un d'eux s'approcha de l'aveugle et lui donna une pièce. L'aveugle, au lieu de prier, l'appela : " Monsieur, avez-vous un logement ? Est-il loin ? Je suis un pauvre aveugle qui ne voit pas ; mais je m'intéresse à vous. — Mon ami, je retourne à mon hôtel garni, faubourg Saint-Honoré. — C'est bien loin ! Ici près, tout à côté de l'Académie, il y a une jeune brune, si jolie, si douce, si honnête ! Je ne vous l'enseignerais pas, si je ne savais combien elle est honnête et douce. Allez-y de ma part ; c'est dans la première allée après le café, à la porte grillée, au second. Allez, allez ! (…) " Le jeune homme, qui avait beaucoup gagné, y alla, et je le vis entrer [8]. »

L'intérieur maintenant : une académie de jeu, dont le nombre de tables était fixé par la police, ne pouvait guère accueillir plus de vingt joueurs. Lorsqu'elle était tenue par un maître paumier, ce qui était souvent le cas, elle était contiguë ou superposée à la salle de billard ou de paume dont s'occupait ledit maître. Pour les autres établissements, la seule règle était le profit maximal. Ainsi, les hôtels de Transylvanie, de Gesvres et de Soissons étaient entièrement consacrés au jeu ; l'ambassadeur de Venise donnait à jouer dans quatre salles de sa demeure. D'après *Les Joueurs et M. Dusaulx,* l'espèce de salle souterraine que le comte de Modène avait louée au Luxembourg accueillait trois ou quatre cents personnes [9]. Mais quelles que fussent leurs dimensions, les maisons de jeu tolérées avaient toutes un point commun : l'aménagement intérieur, réduit à quelques chaises et aux indispensables tables de jeu recouvertes de l'éternel tapis vert.

L'atmosphère régnant dans ces établissements n'était pas toujours des plus sereines. Selon l'anonyme *Diogène à Paris,* « l'on voit des hommes pâles, sombres, mornes et livides. Leur bouche ne s'ouvre que pour proférer des blasphèmes, ou pour grincer leurs dents, en jettant vers le Ciel des regards indignés et menaçans.

Leurs mains ne se soulèvent que pour ramasser l'or, ou pour se frapper de manière convulsive, en s'arrachant les cheveux. Leurs pieds ne se remuent que pour bruire, et frapper la terre, qu'ils entrouvrent quelquefois de leurs transports. Du reste, ils sont immobiles, et demeurent dans une attention, que l'éclat de la foudre même ne sçauroit distraire [10] ». Quelques exemples précis : le sieur de la Capelle fut exilé pour n'avoir cessé de jurer et de blasphémer dans l'académie du sieur Frédoc [11], et les sieurs Bigour et Papavant étaient bien connus de la police pour de semblables excès de langage à l'hôtel de Gesvres. Encore ne s'agissait-il là que de violences verbales, car il n'était pas rare que les joueurs s'en prissent directement à leurs semblables, tel le sieur Daymar qui, fréquentant toutes les académies de jeu, « cherche à se battre lorsqu'il se sent le plus fort [12] ». Toutes les querelles ne se terminaient pas dans l'enceinte du jeu, Restif en témoigna :

« Au coin des rues de la Bûcherie et des Grands-Degrés, je vis sortir deux hommes d'une maison peinte en noir. Ils se querellaient et allèrent se battre dans le passage de l'abreuvoir. Je tâchai de les séparer ; mais ils étaient furieux, et le vainqueur précipita l'autre dans la rivière. J'appelai du secours néanmoins. On retira l'homme, et son antagoniste s'en alla. Je sus alors qu'ils sortaient d'une académie de cartes, au-dessus du billard du coin de la rue [13]. »

De plus graves incident encore eurent lieu à l'académie située dans l'hôtel Radziwill : « Le sieur Saint-Germain s'y est livré sans cause, sans dispute avec personne, et d'une manière préméditée, aux plus grands excès, soit en brisant les meubles soit en les déchirant ; les coups et les propos les plus atroces ont accompagné ces entreprises odieuses. » Tout cela n'empêche pas le lieutenant général de police Lenoir d'être satisfait des académies de jeu : « Les querelles sont peu fréquentes, et je ne crains pas de dire que l'ordre réside autant qu'il est possible au milieu de ce qui paraît être un désordre. » Il est vrai que la situation était pire dans les établissements qui ne dépendaient pas de la police. Dangeau rapporta par exemple que le sieur Lothier, qui tenait le pharaon chez les gens de l'ambassadeur de l'empereur, avait été tué le 21 décembre 1717 devant le Palais-Royal par un capitaine d'infanterie nommé Valcroissant, à la suite d'une querelle survenue à ce jeu deux jours auparavant [14]. La majorité des incidents connus éclatèrent aux hôtels de Gesvres et de Soissons : le sieur Mosnier provoqua le désordre au jeu de roulette de l'hôtel de Gesvres et blessa quelqu'un d'un coup d'épée. Le sieur Laroche, qualifié de « séditieux » et de « tapageur » par la police et déjà chassé de l'hôtel de Gesvres pour violences, fut incarcéré « pour avoir mis l'espée à la main à l'hostel de Gesvres, voulant tuer tous ceux qui se présentoient à luy ». C'est encore dans cet hôtel que le sieur Belisle, s'étant querellé avec un jeune étranger, fut condamné à rendre l'argent qui faisait le sujet de leur dispute : l'épée à la main, il attendit à la sortie ledit étranger, qui parvint heureusement à s'enfuir. Le sieur Mussimieux, lui, « a cassé à l'hostel de Gesvres avec sa canne plus de trente carreaux de vitres, sans avoir eu de bruit avec qui que ce soit de la maison, insultant tous ceux qui ont voulu s'opposer à sa violence ». C'est toujours à l'hôtel de Gesvres que les sieurs Chevalier et Ferty, à bout d'injures, en arrivèrent à se battre à coups de poing et à coups de pied. Le 26 août 1732 eut lieu, d'après Barbier, un duel entre deux mousquetaires qui s'étaient querellés au jeu de l'hôtel de Soissons : l'un d'eux mourut sur place [15]. Les vols n'étaient pas rares dans ces hôtels, et ils provoquaient eux aussi des éclats, témoin ce beau rapport de police :

« Hostel de Gesvre ce 4 novembre 1738. Jay l'honneur de vous rendre conte, que sur les dix heur du soire, le sieur Lallemand, fils du reseveur general des finances de Dijon, sestant aperçus que lon venay de luy prendre sa tabatiere dor qui laves mis dans la poche de son habit, estant a la table de la roullet, sest tant plaint dans le moment de sa tabatiere que lon venest de luy prendre, plussieurs honneste gens qui est test la, on dit absolument, elle ne peut pas estre perdu, nous ne sommes pas beaucoup, il nia ca se foullier, se que lon faite, a l'exception d'un particullier vestu de rouge, qui est test a la table de la roullet a coste du sieur Lallemand, qui na jamais voulus se foullier comme les autres, qui le renday beaucoup suspect, se qui ma oblige de luy demander son nom, et qui ils est test, ils ma envoyer faire f... et quil ne voules pas me le dire, le sieur Lallemand l'ayant prier de luy laisay tater ses poches par luy, ils la retournes luy meme ses poches, la tabatiere ne s'est point trouvée, mais jay l'honneur de vous faire observer, quil nia point de jurement quil nait prononcay, en jurent le saint nom de Dieu, me traitant de b..., de f... chien, quil voulay que je sort avec luy pour me f... l'epee dans le ventre, ayant traite de meme le sieur Candon, ensien lieutenant de cavallerie qui faite les honneurs du jeu, se qui ma oblige d'envoyer chercher une escouade du guet et faire conduire au prisons du fort l'evesque, ou ils sest dit nommer Jacques Thevenard. »

Une remarque pour ne pas préjuger de l'instruction des officiers de police : Pierre Pons fut le seul à adopter cette orthographe fantaisiste. Cela dit, les exemples de désordres pourraient être multipliés, preuve que le personnel des maisons de jeu n'était pas toujours capable de maintenir l'ordre. Peut-être n'était-il pas assez nombreux : pour les académies, la plupart des tenanciers ne s'adjoignaient un garçon de jeu que s'ils étaient aussi à la tête d'une salle de billard ou de paume, et le personnel n'était proportionnellement pas plus important dans les autres établissements, même si la présence d'un suisse aux hôtels de Gesvres et de Soissons permit d'éviter bien des désordres. Et pourtant la police jouait aussi un rôle, non seulement dans les académies où elle organisait des visites régulières et intervenait dès que les tenanciers l'appelaient, mais aussi dans tous les établissements dont les bénéficiaires craignaient que trop d'incidents ne missent fin aux bontés royales. C'est ainsi que le duc de Gesvres écrit de son fameux hôtel que « dans une maison autorisée et respectable comme celle du Gouverneur de Paris, la Police y est tout entière, Nosseigneurs les Maréchaux de France y tiennent de leurs officiers pour empêcher les querelles, M. le lieutenant de police y tient aussy des exempts pour y contenir le Bourgeois, et MM. les officiers des gardes de M. le Gouverneur y maintiennent le bon ordre et la décence qu'il convient d'avoir dans l'hôtel du Gouvernement ». Un officier de police passait effectivement ses journées à l'hôtel de Gesvres, parfois en compagnie d'un garde de la Connétablie (c'est-à-dire des Maréchaux de France), et expulsait ou arrêtait les fauteurs de trouble, appelant éventuellement une escouade du guet à la rescousse en cas de difficulté. En revanche, le prince de Carignan refusa toujours de laisser entrer la police dans son hôtel de Soissons.

Jouer, parier ou regarder jouer

Jouer et regarder jouer n'était pas incompatible. Souvent les joueurs devaient se contenter de regarder jouer avant de trouver une place libre à une table et beaucoup aimaient suivre une dernière partie en simples

spectateurs avant de quitter l'établissement. Inversement, une bonne partie de ceux qui n'étaient venus que
pour regarder jouer finissaient par se laisser tenter.
Catégorie intermédiaire : les parieurs, spectateurs
jouant sur des joueurs. Il est évident que le pari ne se
concevait que pour les jeux de commerce, où comptait
l'intelligence des joueurs : si une personne pariait sur
quelqu'un, c'est qu'elle le jugeait plus capable que les
autres de gagner, alors que dans les jeux de hasard pur,
tout motif sérieux de penser que tel ou tel avait plus de
chances qu'un autre de gagner disparaissait. C'est pourquoi le pari n'était guère pratiqué que dans les académies, refuges par excellence des jeux de commerce ; la
lieutenance générale de police l'y avait interdit, mais ce
ne fut qu'un vœu pieux : c'est à peine si, lors d'une visite
de la police chez le sieur Saint-Martin, le garçon de jeu
jugea bon de rappeler aux clients qu'il était interdit de
parier, et les parieurs d'agir avec un peu plus de
discrétion.

A propos des jeux de commerce, les plus souvent
proposés dans les académies étaient le piquet (largement
en tête), la triomphe, la bête et l'impériale. Lorsque des
jeux de hasard y furent introduits vers 1770, le lieutenant
général de police prit bien soin de préciser le type de jeu
permis. De 1774 à 1777 par exemple, seul fut accordé le
jeu de belle. Les années suivantes virent apparaître
quelques jeux de pharaon, de biribi et de bouillotte.
Dans les autres établissements, où seul le profit comptait, les jeux de hasard occupaient tout naturellement la
première place : pharaon, roulette, dés, lansquenet,
trente et quarante, loto, pair et impair...

Jouer, parier et regarder jouer, certes, mais le jeu
n'était pas toujours la seule activité dans les maisons de
jeu tolérées. D'après *Les Joueurs et M. Dusaulx,* la
demoiselle Demarc offrait une excellente table aux

clients de son académie de jeux de hasard [16]. Une de ses collègues, la demoiselle Dufrêne, faisait publiquement commerce de ses charmes dans son établissement [17], et le sieur de Lestang, autre tenancier, permit à sa femme de « dévaliser dans sa chambre à coucher tous ceux que la fortune épargnoit dans sa partie de jeu [18] ». Enfin, les académies de jeux de hasard ouvertes à la fin de l'Ancien Régime « devinrent des maisons de liberté où l'on se mettoit à son aise pour parler des affaires publiques (...) du gouvernement et de son administration [19] ». D'après un rapport de police de 1789, le sieur Lécuyer tenait effectivement « dans ces maisons des propos les plus indécens contre la police, fait qui peut être prouvé par témoins ».

Qui fréquentait les maisons de jeu tolérées ? Ni les femmes ni les mineurs, auxquels l'entrée des académies et de presque tous les autres établissements était interdite, mais beaucoup de tricheurs professionnels, et une clientèle dans l'ensemble assez modeste. Les archives de police signalent la présence, dans les académies, de domestiques, de manœuvres, de bateliers, de marchands et d'artisans, d'élèves en chirurgie, d'un homme se disant instituteur de musique des princes et princesses de la maison d'Orléans, d'un tenancier de maison de jeu clandestine, du fils d'un procureur d'Amiens, d'un directeur de bureau de fermes, d'un procureur au Parlement de Paris... Les parlementaires allaient souvent dans les académies de jeux de hasard, dont ils réprouvaient pourtant violemment l'ouverture [20]. Les jeunes gens devaient être assez nombreux à les imiter puisque Lenoir se crut obligé à plusieurs reprises de prévenir des pères de famille du dangereux penchant de leurs fils. Quant aux autres établissements, le jeu installé par le comte de Modène dans une cave du Luxembourg recueillait trois ou quatre cents ouvriers[21]. L'ambassadeur de Venise, d'après Boissy d'Anglas, « avoit disposé quatre salles dans sa maison, dont l'une, désignée sous le nom de l'Enfer, étoit ouverte aux artisans et aux hommes de la dernière classe du peuple[22] ». Les hôtels de Gesvres et de Soissons abritaient un certain nombre de désœuvrés et de « batteurs de pavé », quelques ecclésiastiques, de petits marchands et artisans, des officiers actifs ou réformés, un commis d'entrepreneur de fourniment, le fils d'un receveur général des finances de Dijon, quelques tenanciers et banquiers de maisons de jeu clandestines... D'après Barbier, « ces deux jeux étoient la ruine des enfants de famille de Paris, de bourgeois, d'officiers et autres[23] ».

Les femmes et les mineurs n'étaient pas tout à fait les seuls à se voir refuser l'entrée des maisons de jeu tolérées : les tenanciers d'académies fermaient leurs portes à toutes les personnes que le lieutenant général de police avait interdites de jeu et, ceci valant pour tous les établissements, aux gens ivres ou s'étant déjà fait remarquer par leur mauvaise conduite.

Que les clients des maisons de jeu aient joué ou parié, ils gagnaient et perdaient de l'argent. Mais combien ? Dans les académies de jeux de commerce où la lieutenance générale de police limitait les enjeux, gains et pertes n'ont jamais, semble-t-il, dépassé les cent cinquante livres par joueur et par partie. Un procureur au Parlement de Paris, le sieur Leseron, réussit toutefois à perdre huit à neuf cents livres en une journée. Les sommes jouées dans les autres catégories d'établissements sont moins bien connues. Mais pour prendre deux exemples tirés des *Joueurs et M. Dusaulx*, l'ambassadeur de Venise gagnait au jeu qu'il organisait chez lui quatre mille louis chaque soir et à lui seul[24]. Parmi les ouvriers réunis dans la salle de jeu établie au Luxembourg par le comte de Modène, « l'un se plaignoit d'avoir perdu sa journée, l'autre le salaire de sa semaine, celui-ci l'argent de son loyer [25] ». Le sieur Poitier, quant à lui, tenancier de maison de jeu clandestine, prétendait avoir perdu cinq cents louis à l'hôtel de Gesvres ; mais il ne dit pas en combien de temps.

Tenanciers et garçons de jeu

La question du choix des tenanciers ne se posait vraiment que pour les académies de jeu, seuls établissements à dépendre de la police : c'était alors au lieutenant général de décider. Il accordait en priorité les permissions de donner à jouer aux membres de la corporation des maîtres paumiers, c'est-à-dire aux tenanciers de jeux de paume ou de billards. C'est l'apparition des académies de jeux de hasard qui accrut le nombre jusqu'alors faible de tenanciers non-maîtres paumiers. Or, si l'octroi des permissions à un maître paumier paraissait exprimer une certaine équité, la situation était toute différente dans les autres cas surtout lorsqu'il s'agissait de jeux de hasard, très convoités pour leur rapport financier. Lenoir reconnaissait lui-même que son choix était parfois tombé sur des personnes favorisées [26]. D'après un passage des *Joueurs et M. Dusaulx* consacré aux académies de jeux de hasard créées vers 1770 par le lieutenant général de police Sartine, « c'est à des courtisanes qu'il favorisoit, ou qui avoient de jolies filles, qu'il donnoit la direction de ces tripots [27] ». Propos illustrés quelques pages plus loin par la conversation qu'eurent un gentilhomme auvergnat venant de perdre tout son argent dans les tripots parisiens, et le sieur Gombault, secrétaire et bras droit en matière de jeu du lieutenant général Lenoir, qui s'offrit ainsi à rétablir la fortune du malheureux Auvergnat :

« Tâchez seulement de vous procurer la connoissance d'une femme qui ait une jolie fille (...) je les présenterai l'une et l'autre à M. Amelot. Il aura un entretien particulier avec la fille ; après cet entretien, il leur offrira sa protection, c'est un grand point que la protection de cet homme. Au sortir de cette audience, je les mènerai au Lieutenant de Police, elles en seront bien reçues, il aura à son tour une conversation particulière avec la fille, et si elle est bien fraîche et bien jolie, il pourra en avoir deux ou trois à la suite de cette conversation, je m'engage de leur faire avoir à votre gré l'agrément d'un pharaon ou d'un biribi[28]. »

Une précision : Amelot était le secrétaire d'Etat de la Maison du Roi, c'est-à-dire le supérieur immédiat du lieutenant général de police Lenoir. Il aurait été intéressant de confronter tout cela avec la réalité, mais les archives de police disponibles ne contiennent aucun renseignement sur l'origine des tenanciers ni sur les raisons de leur choix : la seule source en ce domaine est encore *Les Joueurs et M. Dusaulx,* qui ne concerne que les académies de jeux de hasard et qui ne présente peut-être pas toutes les garanties d'objectivité souhaitables. Selon donc ce manuscrit, c'est parce que la demoiselle Dufrêne avait réussi à faire croire au duc de la Vrillière que ses trois enfants étaient de lui que ledit duc se sentit obligé de l'aider et qu'il profita de sa charge de secrétaire d'Etat de la Maison du Roi pour lui faire accorder une permission de jeux de hasard par le lieutenant de police[29]. La demoiselle Lacour, elle, était la fille d'un laquais de M. d'Aligre : « Ce premier président usa de l'enfant de son domestique comme d'un bien propre ; de ce commerce il vint deux filles : il en agit avec elles comme un jardinier qui seroit en droit de goûter les premiers fruits des arbres qu'il a greffés. Ce magistrat, ne voulant rien débourser pour l'entretien de la mère ni pour celui des filles, trouva dans les ressources de la justice des moyens d'en faire payer les frais par le public. » D'Aligre les recommanda donc au lieutenant général Lenoir qui, espérant la reconnaissance toujours utile du premier président, plaça la demoiselle Lacour à la tête d'une maison de jeux de hasard [30]. Et tous les cas cités dans le manuscrit sont du même acabit.

Toutes ces personnes choisies par le lieutenant général de police ne remplissaient pas leur mission de façon très exemplaire, même si Lenoir affirmait qu'elles s'étaient toujours maintenues dans une conduite « exempte de grands scandales [31] ». La dame Longpré fut condamnée à l'amende pour n'avoir point fermé son établissement à l'heure réglementaire, le sieur Fontaine fut l'objet d'une suspension de permission de donner à jouer et, d'après *Les Joueurs et M. Dusaulx,* le sieur Boyer vola la banque du jeu de belle qui lui avait été accordé et le sieur Poinçot déroba patiemment cent mille écus à la police [32].

Les garçons de jeu, qui même dans les académies n'étaient pas choisis par la police mais par les tenanciers, n'étaient pas non plus toujours très honnêtes. Certes, le sieur Gallois, employé chez le sieur Gosseaume, passa à la postérité pour avoir poussé la victime de quatre fripons à porter plainte. Mais le sieur Bezon, qui trichait déjà avant d'entrer au service du sieur Fontaine, fut emprisonné pour y avoir poursuivi ses escroqueries de concert avec tous les fripons de l'académie. En outre, à en croire un mémoire consacré à l'académie du sieur Herbert, les garçons de jeu prêtaient sur gage et à un taux exorbitant; le tout avec la complicité de leur maître. Les garçons des académies n'étaient pas les seuls à mériter quelques reproches. Goudar expliquait par exemple comment les tricheurs sévissant aux hôtels de Gesvres et de Soissons s'entendaient facilement avec les garçons de ces hôtels, qui se trouvaient soit être fripons eux-mêmes, soit parfaitement corruptibles[33]. D'après un rapport de police, le sieur Feytis, garçon de roulette à l'hôtel de Soissons, entraînait au cabaret les joueurs qui avaient gagné beaucoup d'argent pour les escroquer à toutes sortes de jeux.

Il faut enfin signaler que les établissements ne dépendant pas de la police n'étaient pas souvent tenus par leurs bénéficiaires : ainsi, le prince de Carignan, le prince de Transylvanie, le duc de Gesvres et l'ambassadeur de Venise laissaient-ils à quelques subalternes le soin de faire les honneurs du jeu.

Les finances

Les tenanciers d'académies de jeux de commerce percevaient un droit d'entrée sur leurs clients et un pourcentage sur les jeux de cartes utilisés. Les académies de jeux de hasard étaient plus lucratives : seuls y étaient pratiqués les jeux avec banque. Au lieu de passer d'un joueur à l'autre, l'argent finissait toujours dans la banque. Les bénéfices furent tels que l'Etat en préleva une partie. Il y avait des banquiers relevant de la police qui lui rendaient soit une somme fixe, soit une somme proportionnelle au bénéfice ; l'argent reçu était versé dans une caisse particulière, indépendante de celles du trésorier de la police[34]. Ce système fut évoqué de façon plus pittoresque dans *Les Joueurs et M. Dusaulx,* lorsque fut tracé le portrait de Gombault, l'un des quatre secrétaires de Lenoir, « né à Lyon dans la lie et la fange » et vite

« devenu le chéri » du secrétaire d'Etat de la Maison du Roi Amelot :

« Ce ministre lui confia la caisse de la garde de Paris. Ici commence l'origine de sa fortune. Il a été ensuite créé pour lui un emploi jusqu'alors inconnu. C'est dans cette caisse qu'il régit que chaque jour tous les banquiers qui taillent dans tous les tripots sont obligés de prendre des fonds, ce n'est qu'à cette condition qu'ils ont la permission de tenir les jeux ; chacun d'eux est payé à proportion de son talent ou de son industrie ; et ils ne sont que les commis de la Police et de Gombault. A raison de cet employ, chaque matin il tient salon, où ses nobles employés viennent rendre compte de leurs fonds, et du nombre des victimes qu'ils ont sacrifiées à leur cupidité, recevoir leur salaire et verser dans ses coffres ce que leurs talents, la fortune ou leur adresse ont arraché à des malheureux [35]. »

Ces propos laissent à penser que l'honnêteté des banquiers d'académies de jeux de hasard n'était pas toujours des plus scrupuleuses. Pourtant, d'après Lenoir, « on ne se rappelle pas qu'aucun d'eux ait jamais donné lieu à une plainte fondée [36] ». Voici la suite de la proposition que Gombault fit à ce gentilhomme auvergnat ruiné au jeu, consistant à faire accorder un jeu de pharaon ou de biribi à une de ses connaissances « qui ait une jolie fille » :

« Comme c'est pour vous et à cause de vous qui êtes ruiné, que je veux obliger, vous pourrez faire avec ces femmes les arrangements que vous jugerez à propos, et quand une fois vous les aurez faits, si entre vous et elles il survenoit la moindre difficulté, vous n'auriez qu'à m'avertir. Leur sort sera toujours dans vos mains. Non seulement vous coucherez avec la fille, si cela vous amuse, mais encore vous leur demanderez cent louis par mois. Je ne leur en demanderai que le double pour leur rendre ce service, et pour maintenir leur pharaon ou leur biribi. Les arrangements que vous prendrez ensemble seront peu de chose, vous tiendrez la banque chez ces femmes, je me charge de vous en faire avoir l'agrément, je vous en ferai les fonds de mon argent particulier ; le produit de cette banque sera pour moi, cela n'ira guère au-delà de soixante mille livres par an. Je vous l'assure, je vous laisserai un intérêt très honnête, qui chaque année, tous frais de police prélevés, vous vaudra au moins dix mille écus de revenus. Une place de fermier général ne vaut pas davantage aujourd'hui, et je doute que dans vos provinces vous ayez beaucoup de domaines dont la ferme produise autant que la banque d'un pharaon [37]. »

Ces académies de jeux de hasard rapportaient beaucoup à l'Etat : Lenoir affirmait que leur revenu ne s'était jamais élevé au-delà de quatre cent mille livres par an [38], mais il s'agissait, selon *Les Joueurs et M. Dusaulx,* de millions chaque année [39]. Quelle était l'utilisation de ces revenus ? Deux versions là encore : officiellement, d'après Lenoir, ils servirent à la création et à l'entretien de l' « hospice des vénériens », à l'établissement d'un dépôt de matières à filer distribuées aux pauvres sous l'inspection des curés, à l'organisation de travaux charitables à la prison de Bicêtre, et, plus généralement, à l'aide aux indigents ; parmi ces derniers, plusieurs étaient recommandés au lieutenant général de police par les ministres, les magistrats du parlement et parfois même la reine ou quelque autre princesse. Tous les mois, le caissier communiquait ses comptes au lieutenant général, qui en avait lui-même informé le secrétaire d'Etat de la Maison du Roi s'il l'avait demandé [40].

La réalité était tout autre selon *Les Joueurs et M. Dusaulx :* « C'est sur les produits énormes de cet infâme trafic de jeux prohibés que Gombault a monté la maison la plus dispendieuse [41]. » Les académies de jeu de hasard n'avaient été ouvertes que pour « mettre des pensions, soit sur les différents jeux, soit sur les banques, en faveur d'une centaine de petits protégés, soit de M. Amelot, soit de M. de Sartine, soit de M. ou Mme de Maurepas [42] ». L'auteur anonyme alla même jusqu'à expliquer comment Lenoir aurait proposé à l'écrivain Dusaulx une pension de mille écus sur le produit des jeux de hasard pour le dissuader de rapporter au procureur général au Parlement de Paris tout ce qu'il avait appris sur l'emploi de ces fonds et sur la manière dont étaient choisis les tenanciers : Dusaulx aurait fièrement décliné l'offre, mais il n'en dévoila pas pour autant ses découvertes dans son gros ouvrage intitulé *De la passion du jeu* [43].

Les établissements qui n'émanaient pas de la lieutenance générale de police proposaient surtout des jeux de hasard avec banque et ne devaient aucune taxe à l'Etat : ils rapportaient donc beaucoup d'argent à leurs bénéficiaires. Ce fut particulièrement le cas des hôtels de Gesvres et de Soissons. Sous la Régence déjà, notait Nemeitz, le fameux comédien Poisson, qui gérait les jeux de l'hôtel de Tresmes (futur hôtel de Gesvres), versait mille livres par mois au duc de Tresmes [44]. En 1739, deux ans donc avant la fermeture des deux hôtels, le marquis d'Argenson précisait à son tour que le sieur Thuret, le directeur de l'Opéra qui s'occupait aussi des jeux de ces deux hôtels, donnait dix mille livres par mois au prince de Carignan, et autant au duc de Gesvres [45].

CHAPITRE III

LES MAISONS DE JEU CLANDESTINES

Comment s'y introduire

Les établissements tolérés ne suffisaient pas à assouvir la passion des Parisiens, d'où l'éclosion de maisons de jeu clandestines : deux à trois cents au milieu du XVIIIe siècle. Le tiers de celles qui virent le jour entre 1667 et 1789 étaient situées dans le VIe arrondissement actuel (surtout au nord), le quart dans le Ier, et les autres dans les IIe, Ve et IVe ; jusqu'aux années 1740-1750, elles s'étaient établies en grande majorité sur la rive gauche (nord du VIe), mais à la fin de l'Ancien Régime, la plupart avaient traversé le fleuve pour rejoindre le Ier et le IIe arrondissement.

Il n'était pas toujours aisé de reconnaître une maison de jeu clandestine de l'extérieur, les tenanciers préférant naturellement éviter de se faire repérer par la police. Seule exception, la période de « laxisme » 1715-1720 : d'après le marquis d'Argenson, le début de la Régence fut le théâtre d' « une irruption de jeux universelle ; du moins ornait-elle Paris alors, car on voyait, dans les cours et sur le devant des portes, des pots à feux qui rendaient le soir Paris très brillant, M. le duc d'Orléans fit à tort cesser cela partout [1] ». Ce que confirme le texte de l'ordonnance royale du 4 décembre

1717 consacrée aux maisons de jeu clandestines : « Chacun affecte d'attirer chez soy les passans en éclairant le dehors de son logis par des lampions, (...) mettant une espèce de garde à sa porte, et distinguant les lieux où se tiennent ces assemblées par différentes indications extérieures qui les font regarder comme des maisons publiques. » Hormis les années de la Régence, les tenanciers s'efforçaient de ne pas attirer l'attention, mais les joueurs s'en chargeaient souvent à leur place puisque, aux termes de l'arrêt du Parlement de Paris du 18 juillet 1687 et de la plupart des textes qui suivirent, l'afflux de carrosses et de laquais aux portes de la maison pouvait être considéré comme une preuve de la continuation d'une assemblée de jeu clandestine : il était donc habituel à beaucoup de ces établissements. Chez la dame de Fontenay par exemple, le 17 février 1726 à huit heures du soir, trois carrosses stationnaient à la porte, deux autres dans la cour, et plusieurs laquais attendaient leurs maîtres. Du 26 au 30 avril 1741, cinq à huit carrosses se trouvèrent chaque nuit devant la porte ou dans la cour de la dame de Marchainville, autre tenancière. Enfin, la demoiselle Lécuyer mettait elle-même un carrosse à la disposition de ses clients pour aller les chercher et les raccompagner chez eux.

Ces indices échappaient toutefois à la plupart des regards : comment les tenanciers se procuraient-ils donc des clients ? Sous la Régence, l'ordonnance royale du 4 décembre 1717 précise qu'ils faisaient distribuer dans la ville, et en particulier dans les cafés, un grand nombre de billets d'invitation, soit écrits à la main, soit imprimés. Il fallut vite abandonner cette opération publicitaire trop voyante, et la clientèle de base des maisons clandestines se réduisit aux joueurs confirmés qui connaissaient, grâce à leurs relations dans le monde du jeu, un grand nombre de ces établissements et qui choisissaient ceux dont la localisation géographique, le « standing », la nature des jeux et des autres activités proposées, l'importance enfin des enjeux pratiqués leur convenaient le mieux. Les tenanciers cherchèrent naturellement à compléter ce petit noyau, d'où le recours aux « racoleurs ». Le lieutenant général de police Marville savait bien que les maisons de jeu clandestines recevaient des fils de famille, des étrangers et même des officiers que d'habiles personnages allaient recruter dans les chambres garnies, aux promenades et aux spectacles : « Ce n'est pas toujours le prétexte du jeu qui sert à séduire. Comme ces tripots sont garnis de femmes du monde, c'est un apas pour les uns ; à l'égard des autres on leur promet des protections à la cour s'ils ont des affaires chez les ministres, ou des connoissances pour solliciter leur procès, ou enfin l'espérance de procurer des employs à ceux qui en ont besoin. » Ainsi, pour l'établissement tenu par les dames Davon et Dorigny et par la demoiselle Labadie, c'est la dame Dorigny qui, avec son mari qui tenait par ailleurs la banque du jeu, allait débaucher les clients des maisons de jeux de commerce en leur faisant miroiter les attraits du jeu de pharaon. La demoiselle Vincent, elle, recourait aux services du sieur Brunet qui cherchait des joueurs dans tous les cafés où il prétendait que la tenancière n'avait rien à craindre de la police, et qu'un secrétaire du lieutenant général devait de toute façon l'avertir des ordres qui pourraient être donnés contre elle. La comtesse de Lignières enfin faisait recruter et recrutait elle-même les joueurs aux différents spectacles où elle louait des loges à cet effet.

Dernière condition pour jouer dans une maison clandestine : ne se tromper ni de jour ni d'heure, car elles n'étaient pas toujours ouvertes. Environ la moitié organisaient une séance quotidienne, mais les autres se limitaient à trois ou quatre par semaine ; quant aux horaires, les séances duraient soit tout l'après-midi, soit du milieu de l'après-midi à la fin de la soirée (autour d'un dîner), soit toute la nuit (autour d'un souper).

Jeux et joueurs

Il suffisait de jeter un coup d'œil dans une maison de jeu clandestine pour toutes les connaître, tant leur intérieur était d'une affligeante monotonie : chaises, tables et tapis vert. Chez la dame de Fontenay, la salle de jeu était presque luxueuse : sur la cheminée, quatre chandeliers de cuivre garnis de chandelles et, tout autour de la pièce, douze crochets pour y suspendre cannes, épées et chapeaux. Seule la dimension des lieux consacrés au jeu variait un peu : les assemblées de jeux de commerce s'étalaient souvent sur plusieurs pièces, ce qui n'était jamais le cas pour les jeux de hasard ; il est vrai qu'à rentabilité égale, celles-là devaient accueillir bien plus de joueurs que celles-ci.

Tous les établissements clandestins n'offraient effectivement pas la même gamme de jeux : d'abord, environ neuf sur dix étaient spécialisés dans les jeux de hasard, même si beaucoup donnaient parfois à jouer aux jeux de commerce pour faire patienter les clients lorsque les banquiers ou les joueurs importants tardaient à arriver, ou pour parer plus facilement à d'éventuelles perquisitions de la police visant à prouver qu'on jouait aux jeux de hasard. Les jeux de hasard les plus fréquemment proposés étaient sans conteste le pharaon, puis, assez loin derrière, le biribi, le lansquenet, le trente et quarante. Pour les jeux de commerce, le piquet et le quadrille dominèrent nettement les autres que furent le médiateur, le trictrac, le tri et la triomphe.

Le programme des réjouissances se limitait rarement au jeu : beaucoup de tenanciers restauraient leurs clients, à la fois pour les retenir toute la soirée et pour les inciter à venir chez eux plutôt que chez les concurrents. Le marquis d'Argenson précisait en 1739 qu'un « mauvais souper » était proposé dans les maisons de jeu clandestines [2]. Toutefois, continuait le marquis que venait de rencontrer la dame de Morvilliers, les joueurs trouvaient chez cette dernière des agréments que, disaitelle, ses collègues n'offraient point : on y restait deux heures autour d'un rôti qui lui coûtait vingt-six à vingt-sept livres [3]. La dame de Marchainville donnait des soupers « qui coute au moins quarante ecus, les jours maigres son bien plus cher, le cuisinies va des quatre heur du matin a la halle achettes pour cent livre de poison, sans les autres frais, ausy elle a leslitte des plus gros joueur et ceux qui son en plus gros argent ». La dame de Sénemaud, quant à elle, donnait un souper consistant en une pièce de boucherie avec deux entrées, deux plats de viandes rôties avec une salade, deux plats d'entremets et le dessert. Selon l'horaire de la séance de jeu, les tenanciers offraient à dîner, à souper, parfois les deux, et parfois ni l'un ni l'autre.

Autre activité possible : l'amour. D'après l'ordonnance royale du 7 mai 1749 relative aux établissements de jeu clandestins, « dans quelques-uns on y reçoit des gens de tous états et de tout sexe, et le jeu n'est qu'un prétexte pour couvrir la corruption des mœurs la plus répréhensible ». Se rassemblaient ainsi chez la dame de Franqueville plusieurs filles se prostituant aux joueurs qu'elles y attiraient. La dame Joubert fut exilée pour avoir, sous prétexte d'un petit jeu de quadrille, amené dans son appartement plusieurs particuliers avec lesquels elle faisait « chose au-delà du jeu ». En ce qui concerne la marquise d'Alaine, « tout le voisinage est imbu que l'on y joue et que l'on y lie d'autres parties des plus suspectes, même scandaleuses ».

Il arrivait aussi que le tenancier proposât à ses clients de danser ou d'écouter de la musique, mais il s'agissait surtout, à l'intention de la police, de camoufler le jeu sous d'innocentes distractions.

La nature de la clientèle d'une maison de jeu clandestine dépendait de son « standing » : chez les princesses de Nassau et de S. [4], le marquis de Nesle, la comtesse de Monastérol, la présidente d'Ozambray, les dames de Marchainville, de Saint-Priest ou de Sénemaud, ne se retrouvait que l'élite des joueurs, parmi lesquels les princes de Conti et de Soubise, les ducs de Bouillon, de Luxembourg et de Villars, et plusieurs autres très gros joueurs de moins illustre naissance. Certains établissements avaient au contraire une clientèle assez modeste, très comparable à celle des maisons de jeu tolérées. Mais à la différence de ces dernières, tous ces établissements étaient ouverts aux deux sexes : un tiers de femmes environ sur les dix ou vingt participants. Parmi les hommes il y avait quelques tricheurs professionnels (mais moins que dans les académies de jeu), beaucoup d'officiers, plusieurs jeunes gens, quelques ecclésiastiques...

Le nombre global de joueurs fréquentant les maisons de jeu clandestines variait sans cesse : à long terme, au gré des fluctuations de la passion des Parisiens pour le jeu ; à court terme, selon les saisons, selon que les officiers étaient ou non en campagne, etc. La répartition du total des joueurs entre tous les établissements variait aussi, parce que le nombre desdits établissements ne cessait de changer et parce que, entre eux, la concurrence faisait rage.

L'exemple le plus frappant est celui de la dame de Marchainville. En août 1742, sa maison de jeu fonctionnait si bien que celles de la duchesse du Maine, de la dame de Saint-Priest et des collègues des environs étaient à l'agonie. Au début du mois de septembre 1744, « les partis de lansquenet, et de pharaon, ne son plus sy belle che madame de Monatrolle, madame de Machen-ville qui a estes che elle, a trouves le segret d'atires tous les joueurs (...) elle faite beaucoup plus de despense pour donnes a manges a ses joueurs que madame de Monatrolle, est beaucoup plus genereuse, leur prete de l'argent ». Dès la fin de ce mois de septembre, « ils nes plus question de jeu che madame de Monatrolle, les joueurs ny vont point ». La comtesse de Monastérol ne craignait pas seulement la dame de Marchainville : en février 1744, par exemple, sa partie de lansquenet souffrit beaucoup de la formation de celle de la princesse de S. En revanche, la partie de la comtesse enleva bien des joueurs en juillet 1744 à celle de la dame de Saint-Priest et fut tout de même une des plus florissantes maisons de jeu clandestines, entre 1740 et 1755. Des partages de clientèles, plus ou moins tacites, calmaient parfois cette concurrence. En décembre 1743, par exem-ple, la princesse de S., « voyant que sa partis de lansquenet ne pouves pas alles, a envoyes che madame de Monastrolle luy demandes les jours qu'elle voules prendre, elle luy a faite response quelle prendres les jours que la princesse ne voudray pas ». De même, les dames d'Amerval et de Marchainville ne donnèrent plus à jouer en août 1744 que trois fois par semaine, c'est-à-dire les jours où l'on ne jouait pas chez la comtesse de Monastérol ; car il est évident que ces établissements s'adressaient à la même clientèle.

Les arguments mis en avant pour débaucher la clientèle des concurrents étaient surtout les repas et les compagnies galantes, mais aussi parfois la possibilité d'emprunter de l'argent ou la présence d'un boursier, comme en témoigne ce rapport de Pons, l'officier chargé des jeux : « Je ne suis point surpris sy ils va tant de joueur che madame de Machenville, elle la trouves le segret davoire un bourcier a son jeu, sens quil ly paresse, elle a pris pour demeures che elle le beaufrere de Petis qui est tes bourcier a l'hostel de Gesvre, ils luy sert de maître d'hostel, garçon d'office et de jeu, quand les joueurs on besoins d'argent, ils luy parlle, envoye aussitost cherches Petis, suivent leur convention leur preste de l'argent, lon ma assures qui ly faisoit quantites d'affaires, ils faut contes quand ils lia un bourcier dans un jeu, que la partis va beaucoup mieux, sa y faite venire beaucoup de joueur. »

Comment se comportaient les clients des maisons de jeu clandestines ? Ils jouaient, certes, mais ne regardaient pas jouer : très rares furent les tenanciers à admettre de simples spectateurs, sauf dans quelques établissements de jeux de commerce où les paris étaient d'ailleurs très répandus. Les repas ne parvenaient pas toujours à distraire vraiment les joueurs. D'après Luchet, « les uns assis, les autres debout en sortent à la hâte pour se replacer auprès d'un périlleux tapis [5] ». Toutefois, cette description ne correspond pas à celle que Voltaire fait dans *Candide* du repas que la marquise de Parolignac, tenancière de maison de jeu clandestine, propose à ses clients : « Le souper fut comme la plupart des soupers de Paris : d'abord du silence, ensuite un bruit de paroles qu'on ne distingue point, puis des plaisanteries dont la plupart sont insipides, de fausses nouvelles, de mauvais raisonnements, un peu de politique et beaucoup de médisance ; on parla même de livres nouveaux [6]. » Mais peut-être Voltaire avait-il eu davantage envie de décrire « la plupart des soupers de Paris » qu'un souper de maison de jeu clandestine. Lorsque les « douze tristes pontes » se remettaient au pharaon, « un profond silence régnait, la pâleur était sur le front des pontes, l'inquiétude sur celui du banquier[7] ». Goudar affirmait que les joueurs ne se comportaient pas de la même façon selon qu'il y avait ou non des femmes parmi eux : si l'assemblée était strictement masculine, « on ne se gênoit point ; la perte faisoit quelquefois lâcher bien de mauvais propos. Une première brusquerie en amenoit une seconde ; ce qui occasionnoit souvent des querelles qui mettoient fin au jeu[8] ». Dans le cas contraire, « on s'y contraignoit un peu plus, parce qu'il est établi que c'est un défaut de bienséance dans les hommes de s'insulter en présence des femmes[9] ». Très rares sont les incidents sérieux à être parvenus aux oreilles de la police, ce qui ne signifie évidemment pas qu'ils l'aient vraiment été ; toutefois, chez la dame de Richebourg, « ils lia eu un grand bruit che elle, et des epes tires, jay apris que ses tes le sieur Poyard qui taille a son jeu, qui a eu des parolles avec le sieur Mucat qui est ponteur, que sy on ne les aves separes ils seres arives mort d'homme ». Pourtant, les tenanciers tentaient bien de maintenir l'ordre : la marquise de Parolignac imaginée par Voltaire, « assise auprès de ce banquier impitoyable, remarquait avec des yeux de lynx tous les parolis, tous les sept et le va de campagne, dont chaque joueur cornait ses cartes ; elle les faisait décorner avec une attention sévère mais polie, et ne se fâchait point, de peur de perdre ses pratiques : (...) sa fille, âgée de quinze ans, était au nombre des pontes et avertissait d'un clin d'œil des friponneries de ces pauvres gens qui tâchaient de réparer les cruautés du sort[10] ». Et les tenanciers expulsaient les fripons indésirables.

Il est difficile de savoir ce que gagnaient ou perdaient les joueurs : tout dépendait des établissements, mais la moyenne devait être de trois ou quatre cents louis par séance et par joueur.

Vie du tenancier, vie de l'établissement

Le pivot des maisons de jeu clandestines, c'étaient les tenanciers. Qui étaient-ils ? Ils se répartissaient en quatre catégories d'égale importance : les hommes, les femmes mariées, les veuves et les femmes célibataires. Parmi les deux cent soixante et un tenanciers recensés dans les archives de police disponibles, on dénombrait un prince et trois princesses, quatre duchesses, un marquis et neuf marquises, sept comtesses, un baron et deux baronnes, et quatre-vingt-deux noms à particule ; mais beaucoup de ces noms et de ces titres avaient sans doute été usurpés, à la fois pour éblouir le client et tromper la police. La moitié des tenanciers masculins n'avaient pas d'autre activité que de tenir leurs établissements ; les autres exerçaient toutes les professions possibles, du valet de chambre au conseiller au Parlement de Paris, en passant par un vicaire à la Sainte-Chapelle. Quant aux tenancières, la moitié des célibataires vivaient en concubinage ou étaient entretenues, et les autres avaient ou avaient eu des époux généralement issus de couches sociales assez élevées. Tous étaient devenus tenanciers soit pour assurer leur subsistance quotidienne, soit pour se procurer le complément de revenus nécessaire au soutien d'un train de vie excessif.

Le destin de la maison de jeu clandestine était intimement lié à celui de son tenancier, d'où son caractère pour le moins mouvementé.

L'incarcération ou la relégation du tenancier interrompait évidemment le fonctionnement de la maison de jeu ; de même, une condamnation à l'amende, la promulgation d'une nouvelle loi (annonçant toujours un regain d'activité de la police des jeux), l'arrestation de certains collègues, ou encore le conseil d'un officier de police acheté, incitaient le tenancier à suspendre pour quelque temps ses activités. Tout cela ne l'empêchait d'ailleurs pas de rouvrir son établissement dès sa libération, dès son retour d'exil ou dès que la situation lui paraissait plus favorable. La dame Godemart, par exemple, subit au moins trois exils, plusieurs incarcérations et sept amendes de 1723 à 1746, et la dame Chastain au moins deux exils et trois incarcérations de 1741 à 1749 ; jamais pourtant ces deux optimistes tenancières ne se laissèrent décourager.

Il suffisait par ailleurs que le tenancier fût souffrant pour que son établissement fermât : la dame de Sénemaud dit que si le jeu de biribi qu'elle avait organisé en juin 1757 avait cessé pendant une ou deux semaines, c'est qu'elle avait souffert d'une inflammation dans le bas-ventre. Quant à la comtesse de Monastérol, « lon na pas joues de puis mardy che madame de Monastrolle, elle ses trouves indisposes, elle a estes obliges de se faire seignes jeudy, jay apris quelle se portes mieux et que lon comanceres la partis demain, qui est dimanche ».

En fait, le jeu s'interrompait encore pour d'autres raisons, qui cette fois ne dépendaient pas des tenanciers. D'abord, la défection du ou des banquiers impliquait la fermeture temporaire de la maison de jeu, et rares furent ceux qui échappèrent longtemps à la prison ou à l'exil. Certains encore se faisaient débaucher par des tenanciers aux conditions financières plus avantageuses, d'autres enfin s'envolaient soudain avec la banque. Ensuite, la baisse de la demande : contrairement aux académies de jeu qui restaient ouvertes quel que fût le nombre de gens qui s'y présentaient, les établissements clandestins fermaient, au moins provisoirement, dès que les joueurs ne suffisaient plus à assurer la rentabilité financière. Ce qui arrivait dans deux cas :

lorsque la masse des joueurs parisiens diminuait, comme durant la belle saison où les officiers quittaient la capitale, et lorsque la concurrence entre établissements devenait trop féroce. Enfin, une maison de jeu clandestine pouvait disparaître en fusionnant plus ou moins longtemps avec une autre, pour mieux résister à la concurrence ou à la pénurie de joueurs ; ces associations se terminaient parfois mal, telle celle de la dame Tugny et de la demoiselle Duparc dont les activités communes « ne se sont interrompues que parce que ces deux particulières se sont brouillées ensemble ».

Parfois aussi, des maisons de jeu clandestines fermaient définitivement, lorsqu'une condamnation décourageait à jamais le tenancier, lorsque ce dernier mourait, lorsqu'il ne parvenait pas à se relever de la concurrence, lorsqu'il ne trouvait plus de banquiers, ou lorsqu'une association se transformait en absorption définitive.

L'arsenal antirépressif

Le caractère clandestin de ces établissements impliquait toute une série de précautions de la part des tenanciers pour échapper à la répression policière. D'abord, éviter qu'ils ne vinssent à la connaissance de la police. Des tenanciers tentaient de camoufler l'objet réel de leurs assemblées sous d'honorables activités : un concert chez le sieur Lemaye [11], une collation chez la dame Guibert, un bal chez la dame Godemart. Une autre méthode, plus efficace, consistait à changer souvent d'adresse. Les tenanciers déménageaient en moyenne une fois tous les deux ou trois ans, mais certains, tout en conservant leur logis, faisaient circuler leur partie de jeu dans divers endroits sûrs : la dame Godemart par exemple « a toujours continué de donner à jouer tant chez elle que chez la dame Barbier (...) et dans d'autres maisons à elle affidées où elle porte sa partie depuis que ladite dame Barbier a été condamnée ». Une maison de jeu dont le tenancier est inconnu valut ce rapport : « Ce tripot établi aujourd'huy en cet endroit sera demain dans un autre quartier. On cherche les appartemens qui se trouvent à louer ; on les prend pour une journée, et avec de tels moyens on parvient aisément à éluder tous les efforts de la police. » Lenoir enfin fit allusion dans ses *Souvenirs* à quelques tripots qui circulaient alternativement dans la ville et dans les campagnes [12]. D'autre part, les tenanciers jugeaient souvent prudent de n'ouvrir leurs portes que le soir tombé pour rendre plus discrètes les allées et venues des joueurs et de leurs éventuels carrosses. Ils cherchaient aussi à prévenir les dénonciations les plus probables, et en particulier à acheter le silence de leurs propriétaires ou principaux locataires : ces gens ne furent pas tous incorruptibles puisque certains allèrent jusqu'à avertir les tenanciers de l'arrivée de la police et que plusieurs furent condamnés à l'amende pour ne les avoir point dénoncés. Un autre délateur potentiel très dangereux était, expliquait le marquis d'Argenson en 1739, le sieur Thuret, c'est-à-dire l'entrepreneur des jeux des hôtels de Gesvres et de Soissons, qui exigeait d'être intéressé dans toutes les banques des maisons de jeu clandestines : « Autrement il a le droit d'aller dénoncer ces jeux, et d'en demander justice comme faisant tort aux siens ; ainsi, en lui graissant la patte, on a cette opposition de moins [13]. »

Certains tenanciers qui désespéraient de dissimuler complètement leurs établissements aux yeux de la police, essayèrent seulement de les faire passer pour d'innocentes et amicales assemblées de jeux de commerce : ce genre de jeux n'étant pas interdits lorsqu'ils ne dépassaient pas le cadre privé d'un petit nombre d'amis, les tenanciers pouvaient effectivement espérer de la police un peu d'indulgence, même si elle ne se faisait pas d'illusions sur le caractère prétendument privé et amical de ces réunions. Les dames Mallet et de Richebourg adoptèrent cette tactique : « On m'asseure cependant que ces deux femmes ne donnent à jouer dans leurs maisons qu'au quadrille et au piquet, mais j'ay bien de la peine à croire qu'elles s'en tiennent là. » En fait, il n'était pas toujours nécessaire de se cacher ou de se déguiser : la naissance, la position sociale ou les protections permettaient à certains tenanciers, même parfaitement repérés par la police, d'échapper aux perquisitions et aux condamnations théoriquement de règle : ces différences de traitement seront évoquées dans un chapitre ultérieur. D'autres, moins favorisés, achetèrent les bonnes grâces d'escrocs prétendant leur obtenir l'impunité. Lors d'une perquisition, le sieur et la dame Gibert affirmèrent qu'ils donnaient à jouer depuis trois semaines sur le conseil d'une certaine demoiselle Larivière qui leur avait promis, moyennant douze livres, qu'ils n'auraient rien à craindre. La dame de Sénemaud, elle aussi interrogée par la police, prétendit qu'elle ne recommença à donner à jouer en juillet 1756 que « sur la protection du sieur de Caussade chevalier de Saint-Louis qui luy demanda un louis par jour pour une demoiselle dont elle ne se souvient plus du nom et qui devoit la garantir des événemens et des visittes que son jeu pouvoit occasionner ». Enfin, lorsque le sieur Vignaud, banquier au jeu de la comtesse de Monastérol, prévint cette dernière qu'il ne continuerait à tenir le tableau de biribi qu'à la condition qu'il fût certain de ne courir aucun risque, la comtesse lui envoya un billet précisant qu'il n'avait rien à craindre, grâce à « l'arrangement pris avec le sieur de Ladevèze chevalier de l'ordre de Saint-

Louis demeurant à Paris dans la première cour de l'Archevêché moyennant douze livres chaque fois que l'on joueroit audit jeu de biriby chez elle ». Le sieur Vignaud, rassuré par ce billet, se mit à porter le jeudi ou le vendredi de chaque semaine au sieur de Ladevèze la somme de trente-six ou de quarante-huit livres, selon qu'il y avait trois ou quatre séances pendant la semaine ; il déclara en outre à la police que ledit sieur de Ladevèze « luy disoit qu'il n'avoit rien à appréhender et qu'il se trouvoit à disner tous les dimanches dans une maison où étoient les Messieurs qui vont au jeu pour le constater et auxquels ledit argent étoit distribué afin qu'ils gardassent le silence sur le jeu de biriby de Madame de Monastérolles ». Mais le sieur Vignaud ajoutait que « les officiers de police ne luy ont point été nommés par le sieur de Ladevèze, quelque représentation que le déclarant luy ait faite pour le sçavoir ». Tous ces escrocs, Caussade, Ladevèze et Larivière, furent incarcérés aussitôt après leur dénonciation. Beaucoup plus efficace était la corruption directe de la police : elle fera l'objet d'un long paragraphe dans l'un des chapitres suivants.

A supposer maintenant que les tenanciers n'aient pas réussi à s'assurer l'impunité, ils devaient multiplier les précautions pour faire échec aux perquisitions : changer souvent d'adresse, jouer sur les dates et les horaires des séances de jeu et engager des guetteurs pour être prévenus le plus tôt possible de l'arrivée de la police et avoir le temps de camoufler les objets du délit : « Ils ont dans plusieurs endroits des sonnettes qui répondent dans la chambre du jeu par le moyen d'une corde qui passe dans la rue et qu'un espion qu'ils payent bien tire lorsqu'il paroît des officiers de police. » Si l'appartement donnait sur la rue, un domestique placé à la fenêtre suffisait à alerter l'assemblée ; dans le cas contraire, il fallait effectivement poster quelqu'un dans la rue et prévoir un système de sonnette, et souvent même doubler le personnel afin d'avoir à la fois quelqu'un tout près de la sonnette et un compère déambulant dans la rue pour l'avertir avec quelque sifflet ou autre signal. D'où la quantité de comptes rendus de perquisitions évoquant le dépit des officiers de police trouvant porte close et entendant au travers le branle-bas de combat qui se déroulait à l'intérieur. Quelques propriétaires ou principaux locataires rendirent eux-mêmes ce genre de service : lorsque les deux commissaires prévus par la procédure voulurent aller dans l'appartement de la dame Godemart et qu'ils arrivèrent à la porte du boulanger Mira et de sa femme, principaux locataires de la maison, « ils ont apperçu une particulière qui s'est précipitamment levée du comptoir estant en leur boutique, et au secours d'un grand baston, a frappé au plancher du haut, lesquels coups ils auroient entendus réitérer avec vivacité au travers de la porte du premier appartement, ce qui leur a paru estre un signal que l'on donnoit de ladite boutique à ladite Godemart ». Et lorsque deux autres commissaires entrèrent dans la maison de la dame de Blancbuisson, ils surprirent là encore l'aubergiste Duplessis, principal locataire, en train de tirer la corde d'une sonnette pour avertir de leur arrivée. Les tenanciers s'ingéniaient aussi à multiplier les obstacles tels que grilles, portes verrouillées, portiers ou mots de passe. C'est ainsi que la dame Martinot chargeait un homme de n'ouvrir la porte d'entrée de la maison qu'aux personnes bien connues ou amenées par celles qui l'étaient. Chez la dame Cognon, « lon donne tous les jours une ordre nouvelle pour entres, ses a dire un mot segret, que lon ne dit qu'au joueur que lon connoit bien ». Il était même un établissement, surtout fréquenté par des officiers et des gardes du roi, où ces derniers gardaient si bien l'entrée que les officiers de police n'osaient s'y introduire, de peur de provoquer des scènes de violence.

Conscients de la difficulté qu'il y avait à faire disparaître tous les indices du jeu en quelques minutes, surtout dans l'atmosphère de panique qui suivait l'annonce d'une perquisition, certains tenanciers préféraient tenter de camoufler au dernier moment leurs assemblées de jeux de hasard en assemblées de jeux de commerce. Chez les sieurs Guymonneau et d'Hercourt par exemple, « lesdites parties de jeu estoient tenues avec crainte, appréhension et précaution, y ayant dans chacune des salles où elles se tiennent, des tables garnies de cartes, fiches et jetons d'hombre prettes à se substituer à l'apparence du jeu de pharaon ». Bref, les tenanciers de maisons de jeu clandestines posaient de sérieux problèmes à la police : d'après l'un de ses officiers, chargé des jeux, « ceux qui tiennent des parties de jeux prennent tant de précautions qu'il est presque impossible d'en établir la preuve, à moins qu'on ne dépense des sommes considérables ».

Les finances

L'organisation financière des tripots différait beaucoup selon la nature des jeux qui y étaient proposés. La seule information relative aux maisons de jeux de commerce concerne la dame Carbon qui tirait de chaque partie vingt-quatre livres pour les cartes. Les tenanciers d'établissements de jeux de hasard percevaient aussi un droit d'entrée, l'argent des cartes, payé par chaque joueur et qui se montait à six livres chez la comtesse de Monastérol et à douze chez la dame de Marchainville. Il variait sans doute beaucoup avec la qualité de l'établissement, les deux précédents figurant parmi les plus huppés de l'époque. Le problème, c'est que les jeux de hasard nécessitaient une importante mise de fonds pour constituer la banque et que le tenancier ne pouvait jamais lui-même y subvenir. Deux cas se présentaient donc : ou bien il recourait aux services de banquiers professionnels qui tenaient la banque et se procuraient eux-mêmes l'argent auprès de bailleurs de fonds spécialisés, ou bien, parfois, il tenait lui-même la banque, si cela ne l'effrayait pas et s'il connaissait des bailleurs de fonds. Il arrivait aussi, lorsque le jeu n'était pas trop gros, que la banque fût tenue par un joueur suffisamment riche : le marquis de Salins et le président Chopin faisaient ainsi souvent office de banquier chez la comtesse de Monastérol, et le sieur Pisani, à qui la police avait demandé qui était banquier au jeu de pharaon du sieur Poidevinière, affirma que c'était celui qui avait de l'argent qui taillait [14].

La répartition de ces deux sortes de bénéfices, argent des cartes et produit de la banque, est difficile à établir. En premier lieu, une grande partie (90 % d'après un rapport de police concernant une quinzaine de banquiers) des bénéfices de la banque allaient dans l'escarcelle des bailleurs de fonds. Les banquiers devaient en outre parfois céder aux tenanciers une part du petit pourcentage qui leur restait : quand ils étaient en surnombre par rapport aux maisons de jeu clandestines, ils devaient monnayer l'hospitalité qui leur était offerte. En mars 1739, selon le marquis d'Argenson, les banquiers donnaient trois louis par jour à la tenancière [15]. En 1743, le sieur Simon donnait six livres à la dame Chastain pour chaque séance qui ne durait pourtant même pas une heure. Mais le plus souvent, il y avait plutôt pénurie de banquiers, et c'étaient les tenanciers qui se disputaient les banquiers en les intéressant à leurs propres bénéfices, c'est-à-dire aux droits d'entrée. La dame de Berville « a faite dire a plusieurs banquies de lales voire, pour faire sa partis, jay apris que plussieurs aves refuses dy alles, jusqua present perssonne y a estes. » Non seulement le sieur Rivière était logé chez la dame de Chaperon, mais il recevait la moitié des trois louis qu'elle percevait des joueurs. Sommé de dire s'il était vrai qu'il était banquier chez le sieur Malterre à la condition d'être nourri et de recevoir six livres par jour, l'abbé de Gourné nia catégoriquement mais avoua que le sieur Malterre venait tous les jours le prier de tenir la banque chez lui.

Cette ponction destinée aux banquiers, dont le nombre variait de un à trois, n'était pas la seule à affecter le revenu du tenancier. Il fallait aussi rétribuer les éventuels garçons de jeu, à raison de un à quatre écus par séance, quelque portier ou guetteur (la dame de Sénemaud payait le sien un écu par séance), parfois un racoleur : la dame de Cohade percevait à ce titre le tiers du revenu de la dame de Franqueville, et chez la dame Sablé, « l'escraut qui luy amene du monde ne goue point, yle partage avec elle le gin quel fait ». Le sieur Poitier, lui, donnait six livres par jour à des « femmes et filles de mauvaise vie » pour qu'elles lui amènent des pontes. Souvent, le tenancier devait aussi payer les services de jolies femmes chargées de retenir le client, d'un cuisinier, de chanteuses ou de musiciens, acheter le silence des délateurs potentiels, éventuellement corrompre la police, toujours fournir le bois pour le chauffage, la chandelle pour la lumière, les aliments pour les repas et les instruments de jeu (en particulier les cartes dont les joueurs ne prenaient guère soin), et se préparer aux amendes de trois mille livres auxquelles s'exposait tout tenancier de maison de jeu clandestine. Enfin, le local : il est vrai que le jeu se tenait la plupart du temps dans une pièce de l'appartement du tenancier, mais les parties ambulantes occasionnaient d'évidents frais de location. Le nombre des dépenses prouve à lui seul l'importance des bénéfices, car la rentabilité était la condition même de l'ouverture d'une maison de jeu clandestine.

Banquiers et « faiseurs » de fonds

Selon son importance, une maison de jeu clandestine comptait entre un et trois banquiers professionnels. De leur côté, les banquiers exerçaient le plus souvent dans deux ou trois établissements, ces derniers n'étant ouverts ni toute la journée ni tous les jours. Mieux, il existait plusieurs « banquiers qui n'ont point de maisons attitrées, mais qui taillent partout où on a besoin d'eux ». Les rapports de police indiquent par exemple que le sieur de Belloy et le chevalier de Cretot taillaient dans tous les établissements clandestins. Ces banquiers professionnels étaient presque exclusivement des hommes, dont 20 % se prévalaient d'un nom à particule. La moitié étaient ou avaient été militaires (officiers une fois sur deux), et les autres, parmi lesquels quelques ecclésiastiques et même le fils d'un commissaire de police parisien, provenaient de tous les milieux.

Le rôle des banquiers était avant tout d'apporter les fonds de la banque. Ils se divisaient en deux catégories : ceux qui les possédaient, très peu nombreux, et les autres qui recouraient aux services des « faiseurs » de fonds. Ces derniers étaient presque toujours des hommes, pour moitié militaires et très souvent officiers ; une bonne partie étaient eux-mêmes banquiers. Il arrivait qu'un banquier fît appel à plusieurs bailleurs de fonds pour une même banque. Le marquis d'Argenson évoquait en 1739 des banques où quantité de gros joueurs parisiens étaient intéressés, le fonds étant de cent louis et les parts ordinairement de six louis [16]. Il est vrai que nombre de banquiers et de tricheurs professionnels furent accusés ou soupçonnés d'avoir « été intéressés dans le fonds de banques ». A l'inverse, de nombreux personnages fournissaient de l'argent à plusieurs banquiers à la fois : deux ou trois en moyenne, mais le sieur Saint-Didier était un « fort riche bailleur de fonds dans quantité de maisons », et le sieur d'Arcy faisait les fonds des banques de la princesse de Nassau, de la duchesse du Maine et de la plupart des établissements de ce genre. Beaucoup de banquiers semblent avoir caressé l'espoir de devenir « faiseurs de fonds » : le sieur de Mazerolles par exemple, simple banquier en 1724, se mit à bailler des fonds en 1741 et cette nouvelle activité lui permit dès 1743 d'abandonner la première.

La nature des jeux de hasard rendait inéluctables, au moins à long terme, l'appauvrissement des pontes et l'enrichissement du banquier, et Luchet put s'exclamer : « Croira-t-on un jour, que dans l'espace de six années, un banquier de pharaon ait pu gagner huit millions [17] ? » Mais les lois des probabilités n'ont jamais bien régi le court terme, et certains banquiers supportèrent mal la trahison du sort. Le 6 décembre 1717, selon Buvat, « on trouva dans la rivière le corps d'un particulier qui tenait la banque du jeu qui se pratiquait chez le sieur Chartier, à l'hôtel de Malte, proche le Palais-Royal, que l'on soupçonnait de s'y être précipité par désespoir pour avoir perdu une somme de quinze cent mille livres avec un billet de mille francs qui était le fonds de sa banque [18] ». C'est que le rapport mathématique prévisible entre les gains et les pertes pouvait être faussé par les tricheries des pontes, certes, mais aussi du banquier : Luchet crut nécessaire de préciser, comme s'il s'agissait d'un cas extraordinaire, que le banquier ci-dessus cité pour avoir gagné huit millions « n'a jamais été accusé

d'avoir fixé les caprices légers de l'aveugle déesse [19] » ;
plusieurs banquiers passaient effectivement pour des
fripons, et certains s'entendaient par exemple avec deux
ou trois pontes pour faire sauter la banque et se la
partager, au détriment bien sûr des bailleurs de fonds.
Enfin, comme celle des tenanciers, la carrière des
banquiers de maisons de jeu clandestines présentait de
nombreuses éclipses : emprisonnements, exils, pru-
dentes retraites, difficiles conjonctures de surnombre
par rapport aux établissements, etc. Cette carrière
cessait parfois très brusquement, comme celle du banquier déjà évoqué par Buvat, et celle du sieur de
Marolles qui, taillant chez la dame de Péan, reçut lors
d'une perquisition un coup de baïonnette mortel d'un
archer voulant l'empêcher de fuir [20].

CHAPITRE IV

LE JEU A LA COUR

La politique du roi

On jouait beaucoup, et même énormément à la cour. Le phénomène n'apparut certes pas en 1661, mais la politique de Louis XIV l'accentua considérablement. Le Roi-Soleil souhaitait en effet que la cour jouât, et gros jeu : il y voyait d'abord un élément de prestige, puis un excellent moyen de rassembler à ses côtés tous les grands du royaume, le gros jeu incitant ceux qui y étaient déjà à y rester malgré la monotonie et l'inconfort de la vie à la cour, et les autres à y venir. Enfin, c'était du moins le sentiment de Saint-Simon, le roi voulait que la haute noblesse se ruinât « en tables, en habits, en équipages, en bâtiments, en jeux (...). Le fond étoit qu'il tendoit et parvint par là à épuiser tout le monde en mettant le luxe en honneur, et pour certaines parties en nécessité, et réduisit ainsi peu à peu tout le monde à dépendre entièrement de ses bienfaits pour subsister [1] ». Si ces machiavéliques desseins furent vraiment ceux du roi, ils furent en grande partie atteints, comme l'illustre le cas de Monsieur, frère de Louis XIV, à qui la passion du jeu fit abandonner toute volonté de contester les décisions royales. D'après Primi Visconti, « pourvu que Monsieur ait de l'argent pour acheter des bijoux, élever constructions sur constructions dans ses délices de Saint-Cloud, et surtout pour jouer, il ne veut pas savoir autre chose. Et tous les seigneurs français font de même [2] ». Saint-Simon confirme que Monsieur « ne laissoit pas de faire au roi par-ci par-là des pointes, mais cela ne duroit pas ; et comme son jeu, Saint-Cloud et ses favoris lui coûtoient beaucoup, avec de l'argent que le roi lui donnoit il n'y paroissoit plus [3] ». Visconti cite encore le cas du duc de Vendôme, pourtant haut en caractère : « Le duc était un de ces grands seigneurs qui ne s'occupent de rien, si ce n'est d'avoir de l'argent pour jouer [4]. »

Pour inoculer la passion du jeu à la cour, Louis XIV dut encourager les bonnes volontés, en particulier dans sa famille qui devait donner l'exemple : il paya à plusieurs reprises les dettes de jeu de Monseigneur (son fils), du duc de Bourgogne (son petit-fils), de Mme la Duchesse et même de personnes beaucoup moins illustres, telle Mlle de la Chausseraye qui, selon Saint-Simon, « joua toute sa vie tant qu'elle put, et y perdit littéralement des millions. Le roi la traitoit bien, et lui a plus d'une fois donné des sommes considérables [5] ». Dangeau rapporte le 15 mai 1700 que « Monseigneur le duc de Bourgogne demanda ces jours passés de l'argent au roi, qui lui en donna plus qu'il n'en demandoit, et en le lui donnant il lui dit qu'il lui savoit le meilleur gré du monde de s'être adressé à lui directement sans lui faire parler par personne, qu'il en usât toujours de même avec confiance, qu'il jouât sans inquiétude, que l'argent ne lui manqueroit pas, et qu'il n'étoit de nulle importance à des gens comme eux de perdre [6] ». La tolérance du roi avait tout de même des limites. En 1678, écrit Visconti, « on jouait à cette époque-là à la bassette, et madame de Montespan, qui était avec le Roi, perdit un soir trois millions, qu'elle recouvra ensuite en faisant jouer les courtisans jusqu'au lendemain matin. Le Roi ne pouvait souffrir la perte, ne voulant pas que l'on pût croire qu'il gaspillait l'argent en ballets et au jeu, alors qu'il en fallait tant pour soutenir la guerre, les peuples succombant sous le poids des impôts. Il désirait au contraire qu'ils fussent persuadés qu'il leur demandait ces sacrifices, non pas pour son plaisir, mais par nécessité d'Etat. Pourtant il laissait faire madame de Montespan pour l'endormir, afin qu'elle ne pût découvrir ses projets à l'égard de mademoiselle de Fontanges[7] ». La bassette provoquait de si lourdes pertes que Louis XIV finit par l'interdire à la cour en mars 1679. Il fallut aussi calmer la passion du jeu chez le jeune duc de Berry, autre petit-fils du roi. Le 26 juillet 1703 à Marly, si l'on en croit Dangeau, « le roi parla à monseigneur le duc de Berry sur son jeu ; il lui parla en bon père. Monseigneur le duc de Berry a promis de ne plus jouer dans le salon, et Sa Majesté veut bien qu'il joue chez madame de Maintenon avec madame la duchesse de Bourgogne ; on veut tâcher à le corriger du jeu[8] ».

Une fois prise, l'habitude de jouer gros jeu s'entretint d'elle-même jusqu'en 1789, d'abord avec la bénédiction de Louis XV, puis sans celle de Louis XVI qui d'après Mme Campan « détestait le gros jeu et témoignait souvent de l'humeur quand on citait de fortes pertes[9] » mais dont l'opinion ne pesait pas lourd face à l'autorité naturelle de la reine Marie-Antoinette et du comte d'Artois qui entraînèrent la cour dans les enjeux les plus fous.

Le grand jeu public

Un grand jeu était organisé à l'intention de toute la cour. Sous Louis XIV, il avait lieu lors des « appartements du roi » qui se tenaient trois fois par semaine, les autres jours étant consacrés à la comédie, et qui duraient en général trois heures. En 1676, raconte Mme de Sévigné, « à trois heures, le Roi, la Reine, Monsieur, Madame, Mademoiselle, tout ce qu'il y a de princes et de princesses, Madame de Montespan, toute sa suite, tous les courtisans, toutes les dames, enfin ce qui s'appelle la cour de France, se trouve dans ce bel appartement du Roi que vous connaissez. Tout est meublé divinement ; tout est magnifique (...). Un jeu de reversis donne la forme, et fixe tout (...). Cette agréable confusion, sans confusion, de tout ce qu'il y a de plus choisi dure jusqu'à six heures depuis trois [10] ». En 1692, précise Saint-Simon, « ce qu'on appeloit appartement étoit le concours de toute la cour, depuis sept heures du soir jusqu'à dix que le roi se mettoit à table, dans le grand appartement, depuis un des salons du bout de la grande galerie jusque vers la tribune de la chapelle. D'abord il y avoit une musique ; puis des tables pour toutes les pièces toutes prêtes pour toutes sortes de jeux ; un lansquenet où Monseigneur et Monsieur jouoient toujours ; un billard : en un mot, liberté entière de faire des parties avec qui on vouloit, et de demander des tables si elles se trouvoient toutes remplies ; au-delà du billard il y avoit une pièce destinée aux rafraîchissements, et tout parfaitement éclairé. Au commencement que cela fut établi, le roi y alloit et y jouoit quelque temps, mais dès lors il y avoit longtemps qu'il n'y alloit plus, mais il vouloit qu'on y fût assidu, et chacun s'empressoit à lui faire plaisir. Lui cependant passoit les soirées chez Mme de Maintenon à travailler avec différents ministres les uns après les autres [11] ». Ces « appartements du roi » disparurent avec Louis XIV. Mme Campan explique dans ses *Mémoires* que le jeu public sous Louis XV s'est tenu chez Madame Adélaïde (fille du roi) de la mort de la reine Marie Leczinska au mariage du dauphin, moment où il passa chez la dauphine, devenue première personne de l'Etat. Ce changement contraria beaucoup Madame Adélaïde : elle établit un jeu séparé dans ses appartements, et on ne la vit presque jamais à celui où devait se tenir non seulement la cour, mais toute la famille royale [12]. Sous Louis XVI enfin, c'est la reine Marie-Antoinette qui présidait au jeu public dans le salon d'Hercule où, comme le regrettait Mme de Boigne, « monsieur le comte d'Artois et la Reine jouaient un jeu si énorme qu'ils étaient obligés d'admettre dans leur société intime tous les gens tarés de l'Europe pour trouver à faire leur partie [13] ». En outre, tous les mariages, toutes les réceptions et toutes les fêtes qui se succédèrent au long de ces trois règnes furent l'occasion de gigantesques jeux publics s'étalant dans les galeries du château.

Il faut préciser que le jeu public ne se tenait pas seulement à Versailles, mais suivait la cour dans tous ses déplacements, que ce fût à Fontainebleau, Saint-Germain, Chambord, Compiègne, Choisy, auprès des armées ou surtout à Marly. De grands jeux étaient même organisés pendant les voyages, tant aux étapes que dans les carrosses. Dès son inauguration en 1679, Marly fut un tel refuge pour le jeu que le 6 avril 1712 par exemple, dit Saint-Simon, « quoique le Dauphin et la Dauphine ne fussent pas encore enterrés, [le roi] voulut le salon à l'ordinaire, et que M. le duc et Mme la duchesse de Berry y tinssent le lansquenet public et le brelan, et des tables de différents jeux pour toute la cour [14] ». Ce salon, très vaste et de forme octogonale, s'élevait à l'italienne jusqu'au haut du toit et se terminait par une coupole ornée de balcons, où les femmes non présentées obtenaient facilement d'être placées pour jouir du spectacle [15]. Arrivé à la cour en 1762, Goldoni fut tout à fait séduit par les voyages de Marly :

« Ce qui augmente les plaisirs et les agréments de cette partie de campagne, c'est le salon de jeu ; tout le monde connu peut y entrer, et il y a des travées pour ceux qui ne peuvent ou ne veulent pas pénétrer dans le cercle. Je préférai une place dans les travées pour voir la première fois l'arrivée du Roi et de sa suite dans ce salon ; c'est un coup d'œil frappant ; le Roi entre suivi de la Reine, des Princes, des Princesses et de tout son cortège, et prend sa place à la grande table, environnée de tout ce qu'il y a de plus grand dans le royaume. La Reine faisait ce jour-là sa partie de cavagnole ; Madame la Dauphine et Mesdames de France tenaient différentes tables de jeu. On m'aperçoit à l'endroit où j'étais ; on me fait dire de descendre et je me vois confondu dans la foule des seigneurs, des ducs, des ministres, des magistrats. On jouait au lansquenet à la table du Roi, où chacun tenait la main à son tour : on disait que Louis XV était heureux au jeu ; j'attendis que ce fût lui qui tînt la banque ; je donnai six louis à jouer pour mon compte en faveur de la banque, et je gagnai. Le Roi part ; la Famille Royale le suit ; le monde reste ; on joue alors comme on veut ; il y eut une dame qui resta un jour et deux nuits à la même table, faisant venir du chocolat et des biscuits pour nourrir en même temps son individu et sa passion [16]. » Le jeu avait un tel succès que « les gens riches et les gros joueurs de Paris ne manquaient pas une seule des soirées du salon de Marly » : c'est que, pour être admis au jeu de Marly, explique Mme Campan, « il suffisait à tout homme bien mis d'être nommé et présenté par un officier de la Cour à l'huissier du salon de jeu (...). Les hommes présentés, qui n'avaient point été invités à résider à Marly, y venaient cependant comme à Versailles et retournaient ensuite à Paris ; alors

il était convenu de dire qu'on n'était à Marly qu'en
" polisson " ; et rien ne me paraissait plus singulier que
d'entendre répondre par un charmant marquis à un de
ses intimes qui lui demandait s'il était du voyage de
Marly : " Non, je n'y suis qu'en polisson. " Cela voulait
simplement dire : j'y suis comme tous ceux dont la
noblesse ne date pas de 1400[17] ». Le duc de Luynes
évoque lui aussi en 1744 ceux « que l'on appelle des
Salonistes, ou par plaisanterie des Polissons, qui ont la
permission de venir au salon et n'ont point de logement.
De ceux-là, les uns viennent de Paris, les autres vont
coucher à Versailles. Le bailli de Saint-Simon, qui est du
nombre des Salonistes, et qui s'est dévoué au cavagnole
de la Reine, de manière que la Reine l'appelle son bailli
en plaisantant, a loué un logement chez un suisse ici
auprès de la chapelle, et se trouve par conséquent
habitant de Marly ; il n'a point demandé de permission,
et cela est ignoré[18] ». Marly était si vite devenu syno-
nyme de jeu que le 11 janvier 1690 par exemple, d'après
Dangeau, « le roi a dit à M. de Chevreuse et à M. de
Charost, qui lui avoient demandé pour venir à Marly,
que ce voyage-ci il n'y vouloit que des joueurs[19] ». Mais
les voyages de Marly coûtaient si cher que leur nombre
diminua beaucoup dans les dernières années de l'Ancien
Régime[20].

Les petits jeux particuliers

Le jeu public n'était manifestement pas suffisant et
quantité de courtisans donnaient parallèlement à jouer
chez eux. Visconti écrit en 1674 que la reine s'adonnait
chez elle au jeu de huit à dix heures, moment où le roi
venait la chercher pour souper : « Tandis qu'elle joue,
les princesses et les duchesses présentes font le cercle

tout autour pour regarder, et par derrière se réunissent les dames et les seigneurs qui se tiennent debout. Il n'y a là aucune préséance ; la place y est au premier occupant, sauf pour les princes du sang à qui l'on cède le pas, et pour les ministres[21]. » Parmi les autres membres de la famille royale jouant et donnant à jouer chez eux, on retrouve Monseigneur, le duc de Bourgogne, la duchesse de Berry, la princesse de Conti, Mme la Duchesse chez qui, d'après la Princesse Palatine, le jeu durait toute la nuit jusqu'au jour[22], et beaucoup d'autres. A chacun de ses séjours à la cour, le joueur invétéré qu'était l'électeur de Bavière s'installait et jouait gros chez le duc d'Antin qui partageait sa passion. En 1679 et 1680, Mme de Montespan dut se consoler de la désaffection royale en établissant un jeu chez elle. Quelques années plus tard se tint chez Mme de Maintenon un petit jeu destiné à ses amies et surtout au roi qui venait de temps en temps s'y divertir. La comtesse de Soissons organisa chez elle de 1674 à 1679 le plus gros jeu de bassette de la cour. Les mémorialistes signalèrent des jeux chez Mmes de Louvois, de Mailly, de Nancré et chez bien d'autres encore. Enfin, le marquis de Livry et M. le Grand (le comte d'Armagnac, grand écuyer) se trouvaient à la tête de véritables établissements de jeu, qualifiés par Saint-Simon de « maisons ouvertes, où on jouoit dès le matin, toute la journée et fort souvent toute la nuit[23] ». M. le Grand, ainsi d'ailleurs que le marquis de Livry, proposait « une grande et excellente table, soir et matin, et le plus gros jeu du monde, toute la journée, où abondoit une grande partie de la cour[24] ».

Sous Louis XV aussi, la reine avait son petit jeu particulier dans sa chambre. En 1747 par exemple, écrit le duc de Luynes, « le cavagnole de la Reine commence après le salut, ou bien au retour de la promenade. Les jours que la Reine ne sort point, le jeu commence un peu après six heures ; il dure jusqu'à neuf heures », et tous les soirs elle jouait après souper au cavagnole jusqu'à minuit trois quarts ou environ[25]. Le roi allait presque tous les soirs souper et jouer chez l'une des dames de la cour, telles la princesse de Conti, la duchesse de Tallard, Mademoiselle, la duchesse d'Hostun, ou surtout la marquise de Pompadour. De son côté, la reine se rendait souvent au jeu de la duchesse de Luynes, chez qui se retrouvaient tous les vieux courtisans, parmi lesquels le président Hénault et le romancier Moncrif, et toutes les vieilles dames du palais : « C'était fort triste, dit le comte de Cheverny, mais c'était le moyen de se faire connaître[26]. » Seuls les jeux de commerce y trouvaient place ; la reine tenait son cavagnole de sept à neuf heures, le dauphin, la dauphine et Mesdames y venaient régulièrement hasarder une ou deux mises[27]... Le duc de Luynes écrit le 26 août 1746 : « Je ne marque point ici toutes les fois que la Reine vient souper chez moi : ce ne seroit qu'une répétition ennuyeuse, d'autant plus qu'elle y vient tous les jours quand il n'y a point de grand couvert ; et même les jours quand elle n'y soupe point, elle vient jouer ou faire la conversation[28]. » Le comte de Cheverny avait l'habitude d'aller souper tous les lundis chez la duchesse de Praslin, où se trouvait toute la cour : « On faisait toujours son brelan à cinq, et j'étais des habitués. On ne jouait qu'au gros dix écus. Un valet de chambre vous changeait les écus sales contre d'autres qu'on avait fait récurer. On perçait dans la nuit jusqu'à trois heures du matin ; alors ceux qui n'étaient pas des habitués s'en allaient, il ne restait que quelques dames de la cour[29]. » Cheverny donnait lui-même à jouer : « Ma femme avait établi une règle : passé deux heures, le suisse avait ordre de fermer la porte, afin qu'il n'y eût pas de jour où j'eusse plus de seize personnes. On jouait l'après-midi au quinze et au trictrac, et souvent on restait jusqu'au coup de neuf heures [30]. » Même le ministre d'Argenson jouait chez lui, au grand mécontentement du duc de Croÿ : « On vint m'avertir que M. d'Argenson était rentré : j'y courus, mais je le trouvai déjà à sa partie de tri, car il faisait tous les soirs une partie, et donnait, malgré tout le détail qu'il avait, beaucoup trop à son plaisir [31]. » Enfin, le marquis de Livry, contemporain de Louis XIV, avait trouvé en son fils aîné un digne successeur pour accueillir sous Louis XV tous les courtisans avides de gros jeu.

Sous Louis XVI, explique Mme de Boigne dans ses *Mémoires,* c'étaient Mesdames qui tenaient le plus important des jeux particuliers : « La petite Cour de Mesdames en formait une à part : on l'appelait la vieille Cour. Les habitudes y étaient fort régulières. Les princesses passaient tout l'été à Bellevue (...) la soirée se prolongeait selon qu'on s'amusait plus ou moins. Il venait du monde de Paris et de Versailles ; on faisait un loto ainsi qu'après le dîner. On aura peine à croire qu'à ce loto les comptes étaient rarement exacts et que, dans une pareille réunion, plusieurs personnes étaient notées pour être la cause de ces mécomptes (...). A Versailles, c'était une tout autre vie (...). A six heures, le jeu de Mesdames se tenait chez madame Adélaïde ; c'était alors qu'on leur faisait sa cour. Souvent les princes et princesses assistaient à ce jeu ; c'était toujours le loto. A neuf heures, toute la famille royale se réunissait pour souper chez Madame, femme de Monsieur [32]. » Il y avait d'autres jeux particuliers, parmi lesquels, pour reprendre les termes de Mme de Boigne, « la partie de la vieille et très ennuyeuse madame de Maurepas [33] ».

Il reste le très abondant personnel domestique qui se trouvait attaché à la cour et dont les mémorialistes ne parlaient jamais : rien n'interdit de penser qu'il se livrait au jeu avec la même passion que les courtisans.

Un peu en marge de la cour proprement dite, les résidences de Monsieur (frère de Louis XIV) à Saint-Cloud et de Monseigneur (fils de Louis XIV) à Meudon servaient souvent de refuge au jeu. Le 24 mars 1685, Monsieur donna un grand dîner à Saint-Cloud auquel participèrent de nombreux joueurs de la cour et de Paris [34] ; le 11 mars 1697, les gros joueurs allèrent rejoindre Monseigneur à Meudon [35] ; et le 13 mars 1704, Monseigneur, qui était à Meudon, y fit venir beaucoup de joueurs de Paris [36]. Ultime preuve, fournie par la Princesse Palatine, de ce que les courtisans ne perdaient vraiment pas une occasion de jouer : l'archevêque de Reims ne mit qu'une demi-heure à perdre deux mille louis dans un carrosse qui suivait la chasse au sanglier [37].

Du flegme à la furie

Comment la cour se tenait-elle au jeu ? La duchesse d'Orléans prenait bien soin de son confort, d'où l'ironie de la Princesse Palatine : « On n'a jamais entendu parler d'une pareille paresse. Elle s'est fait faire un canapé sur lequel elle reste couchée lorsqu'elle joue au lansquenet ; nous nous moquons d'elle, mais cela n'y fait rien [38]. » Certains se laissaient profondément absorber par le jeu, comme le duc de Croÿ l'observa le 31 juillet 1751 : « Après le souper, comme nous jouions à la comète, je vis tomber le tonnerre sur la terrasse : personne n'en eut peur [39]. » Le 7 mai 1755, cette fois d'après le duc de Luynes, alors que la dauphine qui attendait un enfant jouait au cavagnole, « il tomba pendant le jeu une des boules du balcon qui est au-dessus ; heureusement cette boule tomba au milieu de la table. Le moment de la frayeur auroit pu être dangereux dans l'état où est Madame la Dauphine, mais elle n'en eut point. Madame la maréchale de Maillebois, qui jouoit avec elle, en eut beaucoup, mais non pas assez pour ne pas emporter tout son argent en se levant [40] ». Rares furent les joueurs à mettre à profit cette concentration pour jouer intelligemment. Mme de Sévigné assure que le marquis de Dangeau était de ceux-là : « Je voyais jouer Dangeau, et j'admirais combien nous sommes sots auprès de lui. Il ne songe qu'à son affaire et gagne où les autres perdent. Il ne néglige rien, il profite de tout, il n'est point distrait ; en un mot, sa bonne conduite défie la fortune. Aussi les deux cent mille francs en dix jours, les cent mille écus en un mois, tout cela se met sur le livre de sa recette [41]. » Ce que confirme Fontenelle dans son *Eloge de Dangeau :* « Il avoit souverainement l'esprit du jeu (...). M. de Dangeau, avec une tête naturellement algébrique, et pleine de l'art des combinaisons, puisé dans ses réflexions seules, eut beaucoup d'avantage au jeu des reines. Il suivoit des théories qui n'étoient connues que de lui, et résolvoit des problèmes, qu'il étoit le seul à se proposer. Cependant il ne ressembloit pas à ces joueurs sombres et sérieux, dont l'application profonde découvre le dessein, et blesse ceux qui ne pensent pas tant ; il parloit avec toute la liberté d'esprit possible, il divertissoit les reines, et égayoit leur perte (...). Quand la bassette vint à la mode, il en conçut bientôt la fin par son algèbre naturelle ; mais il conçut aussi que la véritable algèbre étoit encore plus sûre, et il fit calculer ce jeu par feu M. Sauveur, qui commença par là sa réputation à la cour [42]. »

Il est vrai que la superstition ne prenait que trop souvent la place de la réflexion. D'après Visconti, Mme de Bouillon accusait toujours ses voisins de lui porter malheur quand elle perdait [43]. La Princesse Palatine se plaignait à la fois de son époux, le frère de Louis XIV, « Monsieur a la faiblesse de croire qu'on lui porte malheur, de sorte que je n'assiste pas à son jeu[44] », et des courtisans en général : « Je ne vais point dans le salon où l'on joue : les joueurs n'aiment pas qu'on les regarde ; ils croient qu'on leur porte malheur[45]. »

Le flegme britannique n'était pas encore de mise lorsque Visconti décrivait en 1675 le jeu établi chez la comtesse de Soissons :

« Ce jeu de bassette faisait une si étrange assemblée qu'on la peignait jusque sur les éventails (...). Madame de Vertamon taillait les cartes, madame de Rambures en déchirait. Le marquis de Gordes regardait, un lorgnon à la main. Le duc de Vendôme prenait du tabac, le comte de Gramont s'arrachait la perruque, le chevalier de Vendôme donnait des coups de poing sur la table, le duc de Créquy retroussait ses manches, l'évêque de Langres jetait son chapeau, le comte de Roye battait des pieds, le marquis de Seignelay jurait, et tous faisaient des actes conformes à la douleur ou au contentement que leur faisait éprouver le sort, excepté la comtesse de Soissons et Giustiniani qui ne laissaient pas deviner leurs sentiments. Il en était de même du marquis de Beaumont qui perdit dix mille pistoles et tomba dans la pauvreté sans dire une seule parole[46]. »

Toujours selon Visconti, la susdite marquise de Rambures « se jeta une fois de désespoir sur le lit de la comtesse de Soissons, faisant mille convulsions et extravagances[47] ». Charles de Sévigné dit avoir vu « un jour la Rambures chez Madame de Louvois jouer à la bassette. Elle perdait considérablement. Enfin, piquée jusqu'au vif, elle fit un gros alpion et dit ces belles paroles : " Si je perds cet alpion, je dirai de moi la plus grande infamie qu'on puisse jamais dire. " Elle perdit, et pour tenir sa parole, elle apprit à la compagnie qu'elle avait pris ce matin-là même, par avarice, un lavement qu'on lui avait apporté la veille, ne voulant point avoir fait une dépense inutile [48] ». A en croire Dusaulx, l'auteur dramatique Dufresny ne pouvait pas non plus s'empêcher de réagir aux coups du sort :

« Louis XIV qui aimoit ce Bel-Esprit et se plaisoit à le combler de bienfaits, sans pouvoir l'enrichir, lui défendit, sous peine d'avoir la langue percée d'un fer rouge, de blasphémer au jeu. Dufresny promet au Monarque irrité, de se contenir désormais : il se le promet à lui-même, et n'en retourne pas moins où sa manie le rappeloit. Il perd : la menace du fer rouge l'empêche d'éclater. Jurant entre ses dents, n'y pouvant plus tenir, il quitte la partie avec quelques louis qui lui restoient. Dufresny marchoit au hazard, en se pressant les lèvres, lorsqu'il aperçut un malheureux qui se désoloit à l'écart. " Qu'avez-vous ? lui dit-il. — Je suis ruiné, répond l'autre. — Tant mieux ! tenez, voilà dix louis, allez vite, allez jurer pour moi, car le Roi me l'a défendu " [49]. »

D'après Saint-Simon, M. de Boisseuil « juroit dans le salon de Marly comme il eût pu faire dans un tripot. On le craignoit, et il disoit aux femmes tout ce qu'il lui venoit en fantaisie quand la fureur d'un coupe-gorge le saisissoit [50] ». M. d'Heudicourt « étoit gros joueur, le plus fâcheux et le plus emporté, et toujours piqué et furieux. C'étoit un plaisir de le voir couper à Marly, au lansquenet, et faire de brusques reculades de son tabouret à renverser ce qui l'importunoit derrière, et leur casser les jambes ; d'autres fois cracher derrière lui au nez de qui l'attrapoit [51] ». A lire Saint-Simon, le courtisan changeait très souvent de caractère au jeu : M. de Puységur était « naturellement humble, doux et modeste, mais vrai et piqué au jeu [52] », et de telles citations pourraient être multipliées. Le duc de Bourgogne aimait beaucoup le jeu, « où il ne pouvoit supporter d'être vaincu, et où le danger avec lui étoit extrême [53] ». Le dernier mot, du 14 mai 1695, sera de la Princesse Palatine : « On joue ici des sommes effrayantes, et les joueurs sont comme des insensés ; l'un hurle, l'autre frappe si fort la table du poing que toute la salle en retentit ; le troisième blasphème d'une façon qui fait dresser les cheveux sur la tête ; tous paraissent hors d'eux-mêmes et sont effrayants à voir [54]. »

La situation ne s'améliora guère sous Louis XV : « Un jour, écrit le comte de Cheverny, après le souper, j'entrai chez le marquis de Livry, où le gros jeu était établi (...). Je me rappelle avoir vu M. le comte de Belsunce, mort depuis gouverneur de Saint-Domingue, caché derrière une porte dans un coin de la chambre, et déchirant des cartes à belles dents, les yeux hors de la tête et avec un air farouche qui présageait quelque chose de sinistre. Il se rapprocha insensiblement de la table ; la chance changea, et je quittai la salle à trois heures du matin, le laissant avec le visage le plus radieux, tandis que le baron de Besenval faisait des jurements qui auraient effrayé une douzaine de corps de garde [55]. » Cheverny évoque aussi son ami le comte d'Osmont : « La passion du jeu absorbait toutes ses qualités ; dès qu'un coup malheureux lui arrivait, il entrait dans des impatiences, dans des fureurs qui, du reste, n'effrayaient personne, car elles n'étaient que contre lui-même. Les yeux lui sortaient de la tête, les veines de son front se gonflaient, les épithètes qu'il se donnait forçaient les auditeurs à lui rire au nez. Pour lui, tout à son malheur, il ne s'apercevait pas de la gaieté qu'il inspirait. Il contait sans suite et avec une volubilité étonnante ce qui lui était arrivé ; il se levait, jetait à terre les chaises qui se trouvaient sur son chemin, et revenait s'asseoir comme s'il était du plus grand sang-froid[56].» La duchesse d'Estrées, observait le duc de Luynes, « aimoit le jeu, mais c'étoit le moment où elle étoit le moins aimable, et c'étoit lui donner une grande marque de complaisance et d'amitié que de jouer avec elle[57] ».

Sous Louis XVI enfin, à en croire la baronne d'Oberkirch, la comtesse de Balbi « a un grand défaut qui influe sur son humeur et même sur sa beauté ; elle est joueuse. Elle y met une passion, une furie dont rien ne peut donner l'idée. Monsieur s'amuse beaucoup de ce qu'il appelle ses " bacchanales ". Lorsqu'elle perd, il lui tient tête, et réellement lui seul ose le faire[58] ».

Querelles et tricheries

Le jeu fut à l'origine de disputes parfois assez graves. Saint-Simon rapporte que le 26 janvier 1695, au jeu de M. le Grand, « M. de Vendôme, qui étoit un des coupeurs, eut dispute avec un autre sur un mécompte de sept pistoles. Il étoit beau joueur, mais opiniâtre et disputeur au jeu comme partout ailleurs. Les autres coupeurs le condamnèrent : il paya, quitta, et vint, grommelant contre ce jugement, à la cheminée où il trouva Roquelaure debout qui s'y chauffoit. Celui-ci, avec la familiarité qu'il usurpoit toujours et cet air de plaisanterie qu'il mêloit à tout, dit à l'autre qu'il avoit tort et qu'il avoit été bien jugé. Vendôme, piqué de la chose, le fut encore bien plus de cette indiscrétion, lui répondit en colère et jurant qu'il étoit un f... décideur et qu'il se mêloit toujours de ce qu'il n'avoit que faire. Roquelaure, étonné de la sortie, fila doux, et lui dit qu'il ne croyoit pas le fâcher ; mais Vendôme, s'emportant de plus en plus, lui répliqua des duretés avec hauteur qui ne se pouvoient souffrir que par un valet (...). Là-dessus, le grand prieur, qui étoit assez loin, s'approcha d'eux et prit Roquelaure par le bout de sa cravate, et lui dit des choses aussi fâcheuses que celles qu'il venoit d'essuyer de son frère[59]. » Il fallut toute l'habileté de Mme d'Armagnac, femme de M. le Grand, et du maréchal de Villeroi pour apaiser Roquelaure et les frères Vendôme[60].

Le 28 juillet 1698, une grave querelle éclata à Meudon entre le prince de Conti et le grand prieur qui demandait au premier réparation des paroles piquantes que, prétendait-il, le prince lui avait dites au jeu : le roi prit parti pour Conti et dut faire incarcérer le grand prieur à la Bastille du 29 juillet au 6 août pour qu'il consentît à présenter ses excuses au prince[61]. Le 2 octobre 1699, MM. d'Heudicourt et de Boisseuil se disputèrent violemment au jeu du marquis de Livry : c'est encore le maréchal de Villeroi qui parvint à les réconcilier[62]. En juin 1720, d'après Marais, « le jeune Roi a donné un soufflet au chevalier de Pézé, son favori et colonel du régiment du Roi au sujet d'une contestation arrivée au jeu. Pézé lui dit : " Voilà le premier Roi qui ait donné un soufflet à un gentilhomme. Si Votre Majesté avoit treize ans, je ne me montrerois jamais plus devant lui. " Le Roi lui dit en colère qu'il pouvoit se retirer et qu'il ne le vouloit plus voir. On a mis le Roi en pénitence pendant quelques jours, et cela s'est accommodé[63] ».

Jouer n'était pas la seule occupation possible dans les lieux qui lui étaient théoriquement réservés. Visconti raconte que le comte de Guiche, se trouvant un soir au jeu de la reine, « sentit que la main d'une dame, son amie, était occupée dans un endroit qu'il convient de taire par modestie et qu'il couvrait avec son chapeau[64] ». Quant au jeune duc de Bourgogne qui aimait beaucoup taquiner la princesse d'Harcourt, Saint-Simon se souvient qu'il « lui accommoda un pétard sous son siège, dans le salon où elle jouoit au piquet. Comme il y alloit mettre le feu, quelque âme charitable l'avisa que ce pétard l'estropieroit, et l'empêcha[65] ».

Les courtisans n'étaient pas tous parfaitement honnêtes. L'affaire de tricherie la plus spectaculaire fut sans conteste celle du marquis de Seissac, évoquée par Mme de Sévigné dans sa lettre du 18 mars 1671 :

« Il y a présentement une nouvelle qui fait l'unique entretien de Paris. Le Roi a commandé à M. de Seissac de se défaire de sa charge et, tout de suite, de sortir de Paris. Savez-vous pourquoi ? Pour avoir trompé au jeu et avoir gagné cinq cent mille écus avec des cartes ajustées (...). Le Roi a eu beaucoup de peine à se résoudre à déshonorer un homme de la qualité de Seissac. Mais voyant depuis deux mois que tous ceux qu'il gagnait étaient ruinés, il a cru qu'il y allait de sa conscience à faire éclater cette friponnerie. Il savait si bien le jeu des autres que toujours il faisait va-tout sur la dame de pique, parce que les piques étaient dans les autres jeux, et le Roi perdait toujours à trente et un de trèfle et disait " le trèfle ne gagne point contre le pique en ce pays-ci ". Seissac avait donné trente pistoles aux valets de chambre de Mme de la Vallière pour jeter dans la rivière des cartes qu'ils avaient qu'il ne trouvait point bonnes, et avait introduit son cartier[66]. »

Le comte de Grammont, lui, universellement connu pour avoir dans sa jeunesse écumé toute l'Europe, fut assez sage (ou habile) pour ne jamais se faire prendre en flagrant délit de tricherie à la cour de Louis XIV où il était venu terminer ses jours. Inversement, Saint-Simon explique comment le duc d'Antin, d'ordinaire honnête au jeu, se fit une fois surprendre :

« Le premier écuyer (...) nous conta qu'il savoit, par les valets intérieurs qui l'avoient vus, que le roi avoit dit ce même jour à Monseigneur qu'il avoit une question à lui faire, sur laquelle il vouloit savoir la vérité de lui. " Est-il vrai, ajouta-t-il, que, jouant et gagnant gros, vous avez donné votre chapeau à tenir à d'Antin, dans lequel vous jetiez tout ce que vous gagniez, et que le hasard vous ayant fait tourner la tête, vous surprîtes d'Antin empochant votre argent de dedans le chapeau ? " Monseigneur ne répondit mot ; mais regardant le roi en baissant la tête, témoigna que le fait étoit vrai. " Je vous entends, Monseigneur, dit le roi, je ne vous en demande pas davantage ", et sur cela se séparèrent[67]. »

La tricherie confinait parfois à la manie, comme chez la princesse d'Harcourt : « Sa hardiesse à voler au jeu étoit inconcevable, et cela ouvertement. On l'y surprenoit, elle chantoit pouille et empochoit ; et comme il n'en étoit jamais autre chose, on la regardoit comme une harengère avec qui on ne vouloit pas se commettre, et cela en plein salon de Marly, au lansquenet, en présence de Monseigneur et Mme la duchesse de Bourgogne » ; mais pour mettre « sa conscience en sûreté [la princesse] alloit à toutes dévotions et communioit incessamment, fort ordinairement après avoir joué jusqu'à quatre heures du matin[68]. »

D'autres tricheurs étaient moins illustres. Lors d'un séjour de la cour à Nancy, relate Saint-Simon, « on jouoit gros jeu au lansquenet : un de ces gens sans nom que les gros jeux attirent coupoit, et gagnoit beaucoup ; Boisseuil, chagrin de perdre, l'examina de près, vit au net sa friponnerie, l'épie, le prend sur le fait ayant la main, s'élance sur la sienne, la lui serre et les cartes dedans, et lui dit qu'il est un fripon. L'autre s'écrie, se secoue, et Boisseuil à serrer plus fort, qui lui dit que la compagnie en va être juge, et que, s'il s'est trompé, il est prêt à lui en faire raison. L'autre, ne se pouvant tirer de ses serres, fut réduit à laisser voir sa turpitude au net, et s'en fut de honte et de rage ; mais ce ne fut pas tout. C'étoit un fripon, mais un brave fripon, qui attendoit Boisseuil à la sortie, l'emmena à l'écart, se battit très-bien avec lui, et lui donna deux coups d'épée dans le corps, dont Boisseuil pensa mourir [69] ». Un rapport de police de 1722 signale qu'un certain Dhercules, tricheur professionnel, est parvenu avec un complice jusqu'au jeu du duc d'Orléans pour escroquer la reine. Dusaulx affirmait en 1779 que les tricheries avaient lieu « jusque dans les Maisons Royales, et sous les yeux des Princes. On joua, dernièrement, du cuivre contre de l'or dans le Palais d'un grand Roi [70] ».

Gains et pertes

Il vient d'être dit que les tricheries du marquis de Seissac lui rapportèrent en 1671 cinq cent mille écus. Visconti affirmait en 1673 que Dangeau avait gagné deux millions au jeu sans jamais être soupçonné de tricher, et en 1675 que Mme de Vertamon avait gagné cent mille écus au jeu de bassette de la comtesse de Soissons [71]. Mme de Sévigné écrivait le 24 novembre 1675 que la reine perdit un jour vingt mille écus avant midi, et le 22 juillet 1676, qu'on perdait tous les jours deux ou trois mille louis au reversi du roi [72]. Bussy-Rabutin rapportait le 16 janvier 1677 que le roi avait perdu cinq cent mille livres au jeu depuis cinq ou six mois et qu'il venait de déclarer qu'il ne voulait plus jouer [73]. Mme de Montmorency dit à Bussy le 9 décembre 1678 que Mme de Montespan « fait des couches à la bassette qui peuvent aller à un million ; elle gronde et le roi aussi quand on ne les tient pas [74] ». Mme de Sévigné affirmait le 28 décembre 1678 qu'on pouvait très bien perdre à la bassette cent mille pistoles en un soir[75]. Le marquis de Trichâteau écrivait de son côté, le 30 janvier 1679, que le roi ne jouait presque plus à la bassette et que ce jeu était tombé en disgrâce depuis la perte des trois millions quatre cent mille louis ; puis le 6 mars 1679, que « la nuit du lundi au mardi, Mme de Montespan perdit quatre cent mille pistoles contre la banque, qu'elle regagna à la fin sur les huit heures du matin étant quitte. Bouyn qui tenoit la banque voulut se retirer ; mais la dame lui déclara qu'elle vouloit encore s'acquitter d'autres cent mille pistoles qu'elle devoit de vieux, ce qu'elle fit avant de se coucher[76]. Selon Dangeau, le duc de Richelieu perdit au trictrac vingt mille écus le 7 février 1688, et pendant le voyage de Marly de mars 1698 il y avait tous les jours quatre ou cinq mille pistoles de perte[77]. D'après Saint-Simon, le duc d'Antin qui parlait de sa vie de joueur « avoua qu'il avoit gagné six ou sept cent mille livres au jeu, et tout le monde demeura persuadé qu'il avoit bien gagné davantage ». Le mémorialiste indique un peu plus loin qu'il était plus volontiers fait étalage des pertes que des gains : « C'est ainsi qu'en supputant les pertes dont les gros joueurs se plaignent le long de l'année, il s'est trouvé des gens qui, à leur dire, avoient perdu plus d'un million, et qui en effet n'avoient jamais perdu cinquante mille francs[78]. » Dangeau écrivit le 11 mars 1707 que le dernier voyage de Marly connut un jeu « furieux » et qu'il y eut plus de cent mille livres de perte ; et, le 26 septembre 1713, que l'électeur de Bavière perdit quatre-vingt-seize mille livres durant son séjour de seize jours à la cour[79]. Il a déjà été dit que l'archevêque de Reims perdit au jeu deux mille louis en une demi-heure. Le Journal de Buvat indique que le 5 septembre 1716, la duchesse de Berry perdit au jeu un million huit cent mille livres contre l'ambassadeur de Portugal[80] ; celui de Marais signale qu'en août 1722 « la comtesse de Livry gagna au pharaon trois cent mille livres au vicomte de Tavannes[81] ». D'après Barbier, « le sieur Houel étoit spectateur dans un très gros jeu ; il avoit une orange dans la main ; il demanda qui vouloit lui donner vingt-quatre sols de son orange. On lui donna. Il mit la pièce sur une carte et continua à doubler. Il y gagna, ce soir-là, soixante-quinze mille livres[82] ». Le 3 janvier 1739, d'après le duc de Luynes, « le Roi disoit ce matin à dîner qu'il avoit fait le décompte de son jeu pendant l'année dernière ; qu'il perdoit mille quatorze louis ». Le 3 août 1743, au sujet de Mesdames (les filles de Louis XV), « on a supputé il y a environ quinze jours, que depuis un an elles perdoient environ quatre mille louis ; elles ne jouent cependant qu'au cavagnole de la Reine ». Le 21 janvier 1744, le duc de Chartres gagna plus de neuf cents louis le premier jour du voyage de Marly ; et le 1er février 1744, « il est certain que le Roi a beaucoup perdu à Marly et qu'il a envoyé quérir de l'argent au trésor royal. Cet argent est sur l'extraordinaire et est indépendant de ce que le Roi touche tous les mois[83] ». Le 30 janvier 1748, observait cette fois le marquis d'Argenson, le jeu fut « épouvantable » à Marly ; le roi perdit beaucoup et la marquise de Pompadour gagna quelque mille louis[84]. Le duc de Luynes écrivait le 22 mai 1752 que le roi et ses enfants perdirent deux mille six cents louis à Marly, alors que le marquis de Livry en gagnait encore trois mille trois jours avant le retour. Et le 7 mai 1755, toujours à Marly, qu'on pouvait perdre mille louis en peu de temps non seulement au lansquenet, mais aussi au trictrac et au piquet[85]. Dusaulx affirmait en 1779 qu' « un homme de la Cour montroit dernièrement ses tablettes de jeu à l'une de ses Parentes : calcul fait, plus de vingt millions en un seul hiver avoient passé par ses mains[86] ». Le duc de Croÿ prétendait le 3 février 1780 que « les pertes de cent louis, jadis, dont on se vantait, étaient alors poussées à mille pour faire parler de soi. Au lieu de six banquiers dans Paris, il y en avait soixante, et cela était devenu l'usage [87] ».

CHAPITRE V

AUTRES REFUGES DU JEU

Chez les particuliers

Les Parisiens jouaient-ils chez eux ? Les plus riches et les mieux nés, oui. Mais pour tous les autres, c'est le mystère, tant la police et les mémorialistes se désintéressèrent de la question. Impossible donc de savoir s'il arrivait au Parisien moyen d'inviter chez lui deux ou trois amis autour d'une petite table de jeu. Il est en revanche absolument certain que le jeu fut très répandu dans la bonne société. Dampmartin, Nemeitz, et beaucoup d'autres observaient avec regret qu'il ne se trouvait guère à Paris de sociétés où l'on ne jouât[1]. Dusaulx précisait en 1779 que les maisons où l'on jouait ne se limitaient pas au monde de la noblesse : « Cette passion s'est tellement emparée de toutes les classes, que nos Bourgeoises et nos Marchandes rivalisent avec nos Financières : quelques-unes ont des séances renommées[2]. »

Les motivations des maîtres et des maîtresses de maison donnant à jouer ne se résumaient pas toujours à l'innocente envie de passer quelques bons moments avec leurs hôtes. Il y avait d'après Denesle des maris jaloux qui voulaient que leurs femmes donnent à jouer « parce que cela les distrait de penser à mal ; et que quand elles y penseroient, cela leur ôteroit les moyens de l'exécuter[3] ». Plus sérieusement, beaucoup souhaitaient par là faire grande figure dans Paris. A en croire Dusaulx, « on n'est avide que pour briller ; c'est la manie du siècle. On veut du monde, quoi qu'il en coûte, par conséquent il faut du jeu. Un joueur, quel qu'il soit, en amène un autre ; ainsi de suite. Voilà comme le Cercle se forme, s'accroît en peu de temps[4] ». Mme de Mantoue, qui venait de rater son entrée à la cour, s'installa ainsi à Paris où, d'après Saint-Simon, « une conduite si différente de ses premiers essais lui réconcilia bientôt le monde. Elle acheva de se l'attirer par un grand jeu de lansquenet fort à la mode alors, qu'elle tint avec beaucoup d'égards, et assez de dignité pour qu'il ne s'y passât rien de mal à propos[5] ».

Certains pensaient même que le jeu les aiderait à briller non seulement par les gens qu'il attirerait chez eux, mais aussi par la gloire que leur assurerait une condamnation à l'amende pour cause de jeux de hasard. Dans la pièce de Delosme de Monchenai *La Cause des femmes,* alors que M. de Bassemine, banquier sur le point d'acquérir une charge anoblissante, reproche à sa fille Isabelle d'attirer chez lui tous les jours « cinquante pieds plats d'auteurs, et autant de joueurs de profession, qui font soir et matin de ma maison une double académie », ladite Isabelle se justifie en affirmant qu'elle lui fait « l'honneur de chercher à débarbouiller sa naissance par le commerce des beaux-esprits, et des gens de qualité[6] ». La servante Colombine vole au secours d'Isabelle en butte à son père qui évoque la prohibition des jeux de hasard :

Colombine : « Ah ! ce sont donc les amendes qui vous font peur ? Vous n'en vaudriez que mieux, si vous en aviez payé cinq ou six, comme bien des gens qui ne sont peut-être pas loin d'ici. Pensez-vous que ce soit un

honneur médiocre, que de se voir couché pompeuse-
ment sur le catalogue des martyrs du Lansquenet et de la
Bassette ; et ne faut-il pas une intrépidité de Césars,
pour affronter généreusement les défenses qui sont
faites de jouer à ces jeux-là ? (...)

M. de Bassemine : — Si bien que tu voudrois me
persuader qu'il est galant de payer cinq ou six fois l'an
mille écus tout à la fois.

Colombine : — Vous ne sçavez donc pas que c'est la
grand'mode ? Vous avez un si bel exemple devant vos
yeux. Pourquoi le petit Abbé de vos voisins fait-il servir
depuis si longtemps sa maison de retraite aux jeux
défendus ? C'est qu'il épie l'occasion de payer une
amende de mille écus, qui le rendra fameux pour toute
sa vie ; et cependant il plaindroit une épingle à son père.
Mais dans les occasions d'honneur, les plus vilains font
gloire de ne pas passer pour ce qu'ils sont [7]. »

Donner à jouer chez soi ne permettait pas seulement de briller, mais aussi de gagner de l'argent, ou du
moins de continuer à soutenir un train de vie un peu trop
élevé. Selon Fougeret de Monbron, « le revenu des
cartes aide à défrayer les trois quarts des maisons de
Paris (...). Ainsi quelqu'un qui ne joue pas n'a que faire
de se présenter nulle part ; il n'y a point de couvert pour
lui (...). Eh oui ! mettez-vous sur le pied de recevoir de
tels convives, votre table ne sera bientôt remplie que
d'écornifleurs et de piqueurs d'assiettes [8] ». Dusaulx
rapporte de son côté que « les Valets d'un grand Hôtel
viennent de déclarer que dans l'espace de vingt ans, les
profits des cartes étoient montés pour leur vieille Maîtresse, à plus de cinq cent mille livres. On va plus vite
maintenant : je pourrois nommer cent maisons brillantes
qui ne subsistent, du moins en partie, que des profits du
jeu. On a soin, en faisant mettre dans la " Corbeille ",
de dire que ce sont les profits des Gens : demandez-leur

ce qu'il en est. Les plus discrets vous répondront, comme dans *Les Plaideurs :* " Il est vrai qu'à Monsieur j'en rendois quelque chose. " On ne s'en cache plus : chez les Millionnaires on fait contribuer pour les cartes sans employer de cartes ; on y paie pour les instrumens de certains jeux, quoiqu'ils ne s'usent qu'à la longue ; on y paie pour les Tableaux et pour les Fiches du Loto. Les plus riches font argent de tout [9] ». La différence n'était plus bien grande entre ce genre de maisons et les établissements de jeu clandestins, d'autant plus que ces maîtres de maison se gardaient bien de jouer eux-mêmes, au moins gros jeu : l'argent des cartes n'aurait alors pu compenser les pertes qui frappaient inéluctablement les joueurs, telle la comtesse d'Olonne qui ne cessait d'emprunter de l'argent auprès de ses amis pour continuer à jouer chez elle [10]. C'est pourquoi la maréchale de la Ferté, perdant un jour huit cents pistoles et cinq cents le lendemain au jeu qu'elle organisait chez elle, finit par se résoudre à laisser ses hôtes jouer seuls, puis même à les escroquer [11]. Dans *La Joueuse* de Dufresny, Mme Orgon donne à jouer, joue, perd et a plus de vingt mille écus de dettes, sans compter les difficultés d'intendance qui la mettent aux prises avec sa domestique Lisette :

Lisette : « Pendant que vous êtes dans l'inaction, Madame, voulez-vous que nous réglions nos petits comptes ?

La Joueuse : — Ils seront faciles à régler, Lisette.

Lisette : — Et difficiles à acquitter. Sçavez-vous bien que vous me devez tous les soupers que vous avez donnés depuis trois mois ?

La Joueuse : — Bon ! tu nous donnes de plaisans soupers, ils ne me font point d'honneur, on ne voit rien de propre, rien en ordre.

Lisette : — Rien en ordre, rien de propre ! Est-ce

ma faute, Madame, si les joueurs acharnés à leur table, n'y veulent point d'autre nappe que le tapis vert ? Ce n'est pas ma faute si vous n'avez plus ni assiettes ni cuillères ni fourchettes. On prend du sel avec le coin d'une carte, et on voit courir à la ronde un chapon en l'air ; chacun en arrache son lopin, comme on tire l'oye : celui-ci boit d'une main, et joue de l'autre ; l'un avale en gémissant, l'autre mâche en jurant ; celui-ci mange les cartes avec son pain ; et l'autre avale sa rage avec un verre de vin ; quel ordre puis-je mettre à tout cela, moi ?

La Joueuse : — Enfin je veux bien te passer cet article-là ; ce qui est dépensé est dépensé, le reste c'est pour toi, je te le donne.

Lisette : — Comment donc, Madame, j'ai tout avancé, vous ne m'avez rien donné ; et le reste c'est pour moi ?

La Joueuse : — Tà, tà, quoi ! ne reçois-tu pas l'argent des cartes ?

Lisette : — Je le reçois, je vous le prête ; vous me le devez, je le dois ; mais nous payerons tout quand nous gagnerons [12]. »

La situation de la maîtresse de maison s'aggravait encore lorsque, non contente de céder à la passion du jeu, elle devenait la victime de tricheurs professionnels. C'est le sujet de la pièce *Les Pipeurs* de Philippe Poisson, où Flavie se fait ainsi dépouiller chaque jour de deux cents louis [13]. Il était facile à ce genre d'individus d'entrer chez les riches particuliers donnant à jouer, tant les portes s'ouvraient largement à toutes les personnes capables de jouer gros jeu.

Voici maintenant quelques exemples de personnes chez qui il était possible de jouer. Invité à souper chez le receveur général M. de Beauchamp, l'illustre Casanova dit y avoir trouvé « l'abondance, ou plutôt la profusion qu'on trouve à Paris chez tous les gens de cette classe :

grande compagnie, gros jeu de commerce, grande chère et franche gaieté à table [14] ». Saint-Simon, de son côté, citait entre autres Mme d'Arco qui « mourut à Paris, où elle donnoit à jouer tant qu'elle pouvoit [15] » ; la duchesse de Bouillon, qui toujours préféra Paris à la cour et chez qui c'était « grande table soir et matin, grand jeu et de toutes sortes à la fois, et en hommes la plus grande, la plus illustre et souvent la meilleure compagnie [16] » ; M. Van Holt, « riche financier, trésorier général de la marine, puis grand audiencier, qui donnoit grand jeu et grande chère à Paris, et à sa belle maison d'Issy, à beaucoup de gens de la cour [17] ». Le comte de Cheverny signalait que le chevalier de Sainctot venait tous les jours au vieux Louvre jouer au brelan chez Mme Félix, où se retrouvait la meilleure compagnie de la cour [18], et que le duc de Choiseul, rentré à Paris, recevait la cour les mercredi et vendredi, dont les après-soupers étaient consacrés au jeu [19]. Quant à Mlle de Brionne, d'après le duc de Luynes, elle aimait le jeu avec passion et donnait encore à jouer deux ou trois jours avant sa mort [20]. Pendant la Régence, ou du moins jusqu'à sa mort en 1719, la duchesse de Berry donnait à jouer trois jours par semaine au palais du Luxembourg : lansquenet, brelan, pharaon, biribi. Les autres jours, c'était la duchesse d'Orléans qui proposait ces jeux au Palais-Royal jusqu'à sa mort en 1749, époque où, précisait le duc de Luynes, « il y avoit un cavagnole chez elle qui étoit à assez petit jeu, parce que plusieurs dames pouvoient le soutenir. On augmentoit le nombre des tableaux suivant le nombre de ceux ou de celles qui se présentoient pour jouer. Il y en avoit toujours beaucoup, et outre cela une cour fort nombreuse [21] ». Le jeu ne cessa pas longtemps puisque le duc de Luynes apprenait le 29 décembre 1749 que la duchesse de Chartres irait s'établir au Palais-Royal où elle donnerait à jouer comme sa mère la duchesse d'Orléans [22].

Le comportement des joueurs chez les particuliers n'était pas toujours très exemplaire. D'après Goldoni, « il y a des personnes très douces, très polies, très agréables qui changent de ton, de caractère et même de physionomie à une table de jeu[23] ». Le comte de Cheverny décrit ainsi la conduite du baron de Candale :

« Sa société était agréable, même aimable, en dehors du jeu ; mais dès qu'il perdait, il ne se connaissait plus. Une scène qui arriva chez moi est trop plaisante pour que je ne la consigne pas ici. Il faisait une partie de trictrac avec le président de Salaberry qui était très vif, mais beau joueur. Sur un coup, Candale saisit un flambeau d'argent et le jette dans un coin de la chambre. Je prends mon sérieux et je lui dis : " Monsieur, finissez, je vous donne ma parole que voilà la dernière fois que vous jouerez chez moi. " La partie finie, il me quitte sans prononcer un mot. Le lendemain, il vint dîner ; je lui tins parole et je ne l'invitai à rien. Enfin, au bout de trois semaines d'assiduité, il vint pour dîner de très bonne heure : " Ah çà ! me dit-il, me tiendrez-vous rigueur encore longtemps ? Me voilà corrigé, je vous le promets. Jouons une partie. " Je me fis beaucoup prier, enfin voici ce que je lui proposai : " Baron, lui dis-je, nous allons jouer une partie à écrire, à trente sous la fiche, pas davantage, mais à une condition. J'exige que dans quelque coup qui vous arrive, vous me donniez votre parole d'honneur de rire si je vous le dis. — Vrai ? — Vrai ! sans cela je ne jouerai de ma vie avec vous. — Mais s'il vient quelqu'un, nous interromprons cette singulière partie. — Non, tout le monde verra que vous êtes corrigé. — Allons, je le veux bien, je vous ferai voir comme je suis maître de moi. " Nous commençâmes la partie, et je tins parole ; dès qu'il amenait un dé piquant, je lui disais : " Baron, riez. " Cette plaisanterie alla à merveille jusqu'au milieu ; mais mes dés furent si beaux, et je le forçai si sérieusement à rire, qu'il finit par avoir une contraction dans le visage, en me montrant les dents avec une mine pire que celle d'un diable. Tout le monde riait aux éclats, et le sacrifice fut si fort que je n'hésitai pas à jouer depuis avec lui, sans toutefois rechercher sa partie[24]. »

Quant au marquis de Courcillon (le fils de Dangeau), raconte Saint-Simon, « il étoit au biribi, à Luxembourg, où Mme la duchesse de Berry jouoit avec grand monde qu'il entretenoit tout à la fois de son babil. Tout à coup il lui prit une verve de dire, que s'il avoit un plein, il seroit si aise qu'il ne pourroit s'empêcher de baiser quelqu'une des dames qui étoient là, et comme il étoit homme à le faire, les voilà toutes à en avoir peur. Le plein vint ; le voilà à sauter comme une pie, à crier qu'il étoit homme de parole, et pendant l'effroi des dames qui se cachoient le visage, il va tomber sur Mme de Bellegarde[25] ».

Dans *La Joueuse,* Dufresny fait tenir ce langage à la fille de l'héroïne : « J'ai vu le jeu de ma mère, c'étoit une querelle : on faisoit un tintamarre, et tout d'un coup on a fait silence ; ma mère tenoit des cartes, et elle en tiroit une tout doucement, tout doucement : dès qu'elle a été retournée, il y a eu une femme qui a fait un cri, et la querelle a recommencé : on a refait silence, et ma mère a retourné une autre carte ; c'est à celle-là que j'ai eu bien peur : c'étoit des hommes comme des yvrognes ; et un autre (qui faisoit le possédé avec des grimaces de rage) est venu de toute sa force enfoncer un carreau de vitre avec sa tête qui a passé à travers[26]. » Tous les joueurs ne se conduisaient tout de même pas aussi mal, preuve en est cette scène du *Paysan parvenu* que Marivaux situe chez Mme de Damville :

« Nous passâmes donc dans la salle, où chacun était occupé de son jeu (...). Mme de Damville (...) faisait un bruit affreux. Elle battait les cartes, les prenait et les rendait sans y avoir rien fait, pestait contre un gano, se désespérait d'une entrée à contretemps, et en un mot, criait contre tout. Mme de Vambures, au contraire, avec une douce tranquillité, riait d'une faute, badinait d'une remise ; était surprise, sans agitation, d'un codille, et ne pensait ni à l'un ni à l'autre dès qu'elle y avait satisfait. Je croyais que la première se ruinait, et que la seconde s'enrichissait de ses dépouilles. Mais quel fut mon étonnement quand, à la fin de la partie, je vis Mme de Vambures en faire tous les frais, que ramassait Mme de Damville, en répétant cent fois que, sans les étourderies de ses associés, dont elle était victime, elle aurait dû gagner le triple ou le quadruple ! Je ne sais ce qui me parut le plus étonnant, ou l'avidité de l'une, ou la douceur de l'autre [27]. »

En ce qui concerne enfin les enjeux, les gains et les pertes, il est évident qu'ils variaient beaucoup selon les maisons : un joueur pouvait y perdre aussi bien deux ou trois écus que plusieurs centaines de louis en une partie. Dusaulx remarque d'autre part en 1779 que « depuis quelque temps on ne veut plus jouer que de l'or, même chez des Bourgeois. L'argent s'avilit : pour en purger le Tapis, pour forcer les Acteurs à développer leurs Rouleaux, les Banquiers ont soin de ramasser les Ecus, de les mettre de côté à mesure qu'ils les gagnent [28] ».

Les cabarets

Pour reprendre les termes de la législation de l'époque, il était formellement interdit de jouer chez les cabaretiers, marchands de vin, limonadiers, traiteurs, aubergistes, maîtres distillateurs, vendeurs de café, marchands de bière et d'eau-de-vie, les tenanciers de jeux de boule, etc. Les Parisiens y jouèrent pourtant beaucoup : dans les boutiques elles-mêmes, de façon plus ou moins sauvage selon le degré de complicité des tenanciers, et dans les véritables salles de jeu clandestines qu'organisaient certains cabaretiers dans leurs arrière-boutiques, chambres ou autres pièces de leurs maisons.

Deux ou trois cabaretiers étaient condamnés chaque semaine pour cause de jeu dans leurs boutiques, ce qui représentait, compte tenu des récidivistes, un total annuel d'environ cent vingt contrevenants : rares furent donc les cabarets parisiens où jamais personne ne joua. L'attitude des tenanciers était très variable. D'après l'ordonnance de police du 24 décembre 1773, si plusieurs donnaient délibérément à jouer chez eux, d'autres, souhaitant pourtant y interdire le jeu, ne pouvaient faire respecter leur volonté, les joueurs venant chez eux avec des cartes dont ils faisaient usage à l'insu des maîtres et des garçons. La proportion de cabaretiers donnant eux-mêmes à jouer est difficile à estimer. Parmi ceux-là, il y avait le marchand de vin Nicolas, connu pour proposer différents jeux à ses clients, et son collègue Sirot, chez qui furent surpris trois hommes jouant au brelan, lesquels déclarèrent que le garçon leur fournissait des cartes, à raison de huit sols le jeu. Une fois sur dix, le cabaretier était trouvé en train de jouer avec des clients ; beaucoup plus rares furent les garçons surpris dans la même situation. Il faut enfin citer le cas du sieur Tubœuf, fameux tricheur, qui finit par se marier avec une femme tenant un débit de boissons : « Ce cabaret est devenu le réceptacle de tous les fripons de son espèce, il y menoit pendant deux ans qu'il l'a tenu toutes les dupes qu'il trouvoit ou qu'on luy trouvoit, l'on y jouoit pour lors toute la nuit comme le jour, on soupçonne même que lorsqu'il avoit enivré quelqu'un dans son cabaret, il luy donnoit à coucher et le voloit s'il n'avoit pu le faire jouer. »

Le jeu dans les cabarets avait surtout lieu le soir et la nuit. La sentence de police du 18 février 1718 affirma que des particuliers y jouaient jusqu'à des heures indues, et la très grande majorité des contraventions furent constatées entre dix heures du soir et quatre heures du matin. Etaient les plus souvent joués le piquet, puis, assez loin derrière, le pair et impair, la triomphe, les dés, le piquet-voleur et le brelan : harmonieux mélange de jeux de commerce et de jeux de hasard sans banque. La clientèle des cabarets est très mal connue, les seuls points certains étant l'absence quasi totale des femmes et le grand nombre de fripons. Ces derniers exerçaient le plus souvent en groupes de deux à cinq et ne se contentaient pas d'escroquer les joueurs fréquentant habituellement les cabarets : ils y attiraient aussi de naïfs jeunes gens ou des provinciaux de passage à Paris pour profiter malhonnêtement de leur inexpérience. Le nombre de joueurs surpris lors des perquisitions variait de deux à dix par établissement. Le cabaret étant par définition un débit de boissons, les clients qui y jouaient ne gardaient pas toujours leur sang-froid. La police trouva par exemple chez le marchand de vin Nicolas deux hommes pleins de sang qui s'étaient battus à coups de canne pour douze sols contestés au jeu ; la police dut souvent intervenir chez ce cabaretier. Deux autres joueurs furent de même surpris à se disputer chez le marchand de vin Breton, l'un ayant gagné à l'autre trente-six livres et l'écot. Il semble toutefois que certains n'aient pas joué de l'argent à proprement parler, mais seulement leurs consommations. Les tricheurs professionnels, eux, volaient à leurs dupes de trois à quinze cents livres par partie.

Le jeu ne se limitait pas aux boutiques : plusieurs

cabaretiers établirent des salles de jeu clandestines dans des chambres situées au-dessus de la boutique, dans les arrière-boutiques ou, pendant l'été, dans les jardins. La plupart n'y consacraient qu'une pièce, mais quelques-uns voyaient particulièrement grand : la police trouva par exemple chez le marchand de bière Billet plus de cent personnes venues jouer dans l'arrière-boutique, dans le jardin, dans une chambre du premier étage et dans un petit cabinet. Que les cabaretiers aient facile-ment cédé à la tentation de donner ainsi à jouer est compréhensible : c'était d'abord un moyen d'éviter, à chaque patrouille de police, la condamnation à l'amende pour cause de jeu dans la boutique. Leur profession les mettait en outre à même de recruter aisément une clientèle à la fois nombreuse et discrète puisque l'indi-vidu qui n'entrait dans la boutique que pour passer dans la salle de jeu attenante ne se différenciait apparemment pas du client ordinaire. Les cabaretiers pouvaient enfin surveiller en même temps la boutique et la salle de jeu, certains ayant même été surpris à jouer dans cette dernière. Ce type de salles de jeu clandestines compre-naient de deux à six tables par pièce, mais n'étaient pas toujours remplies : le plus souvent une dizaine de joueurs et autant de spectateurs, parfois une centaine de personnes, mais parfois aussi à peine deux ou trois individus. Les deux seuls joueurs passés à la postérité étaient un marchand joaillier et un maître paumier. Les jeux proposés étaient, dans la grande majorité des cas, le piquet et le quadrille, et de temps en temps le piquet-voleur, le commerce, le loto, le brelan, la mouche et la bête : essentiellement donc des jeux de commerce et quelques jeux de hasard sans banque. Les clients jouaient soit de l'argent, soit du vin.

Les foires

On joua en effet dans les deux grandes foires parisiennes, celles de Saint-Germain et de Saint-Laurent. La première se tenait tous les ans du 3 février à la veille du dimanche des Rameaux (mi-avril). Thiéry l'évoque dans son *Almanach du voyageur à Paris* :

« C'est un quarré régulier, percé de rues couvertes qui rendent les unes dans les autres. Ces rues sont garnies de boutiques occupées par des Marchands, des Cafés, des Jeux et des Spectacles, tels que les " Variétés amusantes ", l'" Ambigu-Comique ", les " Danseurs de corde ", le " Waux-Hall " d'hiver, etc. La quantité de monde qui s'y rend, présente un coup d'œil fort gracieux. On y vend toutes sortes de choses[29]. » L'ordonnance de police du 31 janvier 1668 prévoit que la foire sera ouverte tous les jours ouvrables à sept heures du matin et fermée à huit heures du soir. Toujours selon l'*Almanach* de Thiéry, la foire de Saint-Laurent s'étendait du 25 juillet au 20 septembre (et parfois plus) « dans un espace de six à sept arpents (...) percé de rues, dont quelques-unes sont plantées d'arbres. Les boutiques sont occupées par des Marchands de toute espèce, des Limonadiers, Jeux et Spectacles comme à la Foire S. Germain[30] ».

Les modalités du jeu dans ces deux foires évoluèrent beaucoup durant la période : il fut toléré sous toutes ses formes jusqu'en 1722, puis, jusqu'en 1729, seulement pour le paiement des marchandises achetées, et enfin complètement interdit. Ce n'est donc qu'avant 1722 que fut toléré le jeu d'argent à l'état pur, y compris celui de hasard. Nemeitz évoque au début de la Régence les « boutiques où l'on joue aux dés, divertissement très aimé de quelques personnes, et qui rapporte beaucoup de profit au maître de la boutique[31] ». Cet aspect financier fut aussi abordé par Barbier le 15 février 1722, lors même de l'interdiction du jeu d'argent proprement dit : à l'en croire, le profit de ces boutiques était tel qu'elles étaient louées très cher par les marchands ; quatre ou cinq d'entre elles rapportaient même plus de cinq cents livres par jour[32]. L'Etat prélevait d'ailleurs une partie de ces bénéfices : un sol par livre, destiné aux pauvres.

Cette mesure de 1722 fut prise, dit Barbier, sous prétexte d' « empêcher les particuliers et bourgeois de se ruiner, et à cause du nombre de fripons qui sont à Paris[33] ». Les marchands n'eurent donc plus le droit que de donner à jouer leurs marchandises vendues. Cette pratique, dont l'usage était déjà très répandu avant 1722, est ainsi décrite par Nemeitz : « Ceux qui sont en compagnie, surtout ceux qui sont avec des dames, s'asseyent dans une boutique et achètent un objet pour le jouer. Celui qui gagne, le garde, ou, s'il est galant, l'offre à une des dames présentes[34]. » Du point de vue des marchands, tout cela ne procurait pas de profit direct comme c'était le cas pour le jeu d'argent, mais incitait à l'achat les personnes aimant le jeu et voyant là une occasion de satisfaire leur passion, souhaitant faire preuve de galanterie de façon originale et discrète, ou espérant tout simplement s'approprier quelque marchandise en la faisant payer par d'autres.

L'ordonnance de police du 30 juin 1729 signale que plusieurs marchands ont « abusé publiquement de cette tolérance, en facilitant la liberté de jouer aux Dez dans leurs Boutiques et Loges, de l'argent à découvert, sans aucune exposition de marchandises, ce qui a occasionné non seulement des fraudes, mais des pertes considérables ». D'où l'interdiction du jeu dans les foires sous toutes ses formes, « même sous prétexte de vente de marchandises ». La nouvelle législation subit évidemment quelques infractions, mais le jeu diminua considérablement après 1729. Le 17 mars 1762 enfin, un incendie détruisit presque entièrement Saint-Germain ; le duc de Croÿ écrivit ce jour-là que cette foire, « depuis trente ans qu'on avoit défendu les jeux qui la rendoient fameuse, ainsi que ses cafés, avoit toujours été diminuant [35] ».

Les marchands et boutiquiers ayant eu, avant 1729, la liberté de choisir les jeux qu'ils proposeraient à leurs clients, il n'est pas étonnant que les jeux de dés, à la fois peu chers, inusables et lucratifs, aient de très loin occupé la première place dans les foires. En ce qui concerne les joucurs, ceux de la foire de Saint-Laurent n'étaient pas tout à fait semblables à ceux de la foire de Saint-Germain, la première ayant selon Nemeitz une clientèle à la fois moins nombreuse et plus populaire que la seconde : « Là, tout est pêle-mêle, maîtres, valets et laquais ; filous et honnêtes gens se coudoient. Les courtisans les plus raffinés, les filles les plus jolies, les filous les plus habiles sont comme entrelacés ensemble [36]. » Les deux foires avaient de toute façon un point commun : l'abondance des tricheurs professionnels.

En ce qui concerne les gains et les pertes, l'abbé d'Expilly affirmait que de très grosses parties s'étaient jouées à la foire de Saint-Germain et que bien des gens s'y étaient ruinés [37]. Le comte de Horn, par exemple, y perdit quatre mille écus en 1720. Buvat expliqua que cette année d'euphorie monétaire avait été très avantageuse aux marchands : « Les joueurs ne se faisoient point une affaire de coucher sur une carte ou au premier coup de dés jusqu'à la valeur de vingt, trente, quarante, cinquante et soixante mille francs (...) comme si ces billets dont ils avoient leurs portefeuilles remplis n'eussent pas plus valu que de simple papier blanc[38]. » C'est qu'en 1720 le Système de Law battait son plein.

Quelques indications enfin sur le comportement des joueurs dans les foires. Dans *La Foire Saint-Germain* de Regnard et Dufresny, lors de la partie où il se fait duper par deux fripons, Nigaudinet rit et trépigne de joie tant que le sort lui est favorable, puis ne peut s'empêcher de pleurer à chaudes larmes dès que la situation s'inverse[39]. Des querelles éclataient parfois, dont certaines se terminaient très mal. Le 17 février 1719, d'après Dangeau, « le marquis de Bénac fut attaqué l'après-dînée, sortant de la foire, et fut blessé de deux coups d'épée dans le ventre, qu'on croit mortels ; il n'a point voulu dire qui l'avoit blessé. Il étoit fort grand joueur, et on croit que c'est une querelle qu'il a eue au jeu[40] ». Le marquis mourut le 7 mars 1719[41]. L'histoire contée par *Jacques le Fataliste* prend elle-même un tour tragique :

« Dans le temps qu'on jouait aux jeux de hasard aux foires de Saint-Germain et de Saint-Laurent (...) plusieurs officiers entrèrent dans une boutique, et y trouvèrent un autre officier qui causait avec la maîtresse de la boutique. L'un d'eux proposa à celui-ci de jouer au passe-dix (...). M. de Guerchy crut qu'il avait affaire à un filou ; il mit subitement la main à sa poche, en tira un couteau bien pointu, et lorsque son antagoniste porta la main sur les dés pour les placer dans le cornet, il lui plante le couteau dans la main, et la lui cloue sur la table, en lui disant : " Si les dés sont pipés, vous êtes un fripon ; s'ils sont bons, j'ai tort. " Les dés se trouvèrent bons. M. de Guerchy dit : " J'en suis très fâché, et j'offre telle réparation qu'on voudra "[42]. »

Cet incident fut la cause d'une dizaine de duels successifs entre les deux officiers[43].

Derniers lieux où l'on jouait

On jouait beaucoup dans la rue, sur le boulevard ou le long des quais, surtout entre soldats, entre jeunes gens et dans le petit peuple de Paris.

Les prisons aussi abritèrent des joueurs : la dame de Pottonier fut trouvée en 1724 au For-l'Evêque dans la cellule d'un prisonnier qui y donnait à jouer. En 1725, dans la même prison, la police s'étant rendue dans la cellule occupée par les sieurs de Jussan, Le Fluelle, Le Roy, de Solis et de Volonne, elle y découvrit ces derniers autour d'une table de pharaon en compagnie d'autres prisonniers et de gens venus de l'extérieur pour, dirent-ils, leur rendre visite.

Le jeu se réfugia encore dans certains hôtels, malgré les interdictions sans cesse réitérées de la police. « M. de Saint-Ouen, officier des grenadiers de France, et M. de Raumset, jeune homme de dix-huit ans, chevau-léger de la Garde, sont venus chez la Dubuisson, rue du Ponceau, et lui ont demandé une chambre, lui disant qu'ils avoient à parler affaires. Ils se sont mis à jouer au piquet, avec des cartes qu'ils avoient apportées. Ils ont commencé au petit écu le cent, et ont fini à jouer vingt louis la partie ; enfin M. de Raumset a perdu mille écus sur sa parole et fait un billet à M. de Saint-Ouen, payable à un an [44]. » Un autre jour, « M. de Vintimille, le comte de Lusignan, le comte Ocard et le chevalier de Coigny ont soupé à la petite maison de Brissault, avec les demoiselles Verdault, Charlier et Théophile, et ils ont joué toute la nuit au quinze. Le chevalier de Coigny a perdu jusqu'à cent vingt louis. C'est M. de Vintimille qui gagnoit. Cependant, M. de Coigny à la fin du jeu ne perdoit plus que vingt-cinq louis [45] ».

La dernière décennie de l'Ancien Régime vit naître

de nouveaux lieux de sociabilité. En 1783, écrivit le comte de Ségur, « nous commençâmes aussi à avoir des clubs : les hommes s'y réunissaient, non encore pour discuter, mais pour dîner, jouer au wisk et lire tous les ouvrages nouveaux [46] ».

Pour former les nouvelles générations de joueurs, rien ne valait les écoles, du moins est-ce l'avis de Dusaulx : « De mon temps, les plus adroits y ruinoient leurs Camarades, à différens jeux [47]. » Le comte de Cheverny ajoute : « Déjà, au collège, je savais tous les jeux aussi bien que je les joue actuellement ; cette science était entrée dans notre éducation, et toutes nos récréations se passaient au piquet, au trictrac, au quadrille ou au quinze [48]. »

CHAPITRE VI

LA POPULATION JOUEUSE

Démographie du jeu

Combien y avait-il de joueurs à Paris et à la cour aux xviie et xviiie siècles ? Difficile de répondre directement à cette question. Les « historiens » de l'époque pensaient qu'ils n'avaient jamais été si nombreux. Selon Dusaulx, par exemple, le jeu s'était longtemps limité à la la cour et aux grands du royaume [1]. Il se répandit sous Henri IV dans le peuple de Paris, mais Louis XIII promulgua de nouvelles lois contre le jeu : « Le peuple s'arrêta, les grands continuèrent [2]. » C'est sous Mazarin que le jeu passa de nouveau de la cour à Paris, puis de la capitale à toutes les provinces. « Dès lors, on ne vit plus que des joueurs d'un bout de la France à l'autre, ils se multiplioient rapidement dans toutes les professions [3]. » Dusaulx crut enfin déceler deux paroxysmes du jeu, l'un correspondant aux années d'ouverture des hôtels de Gesvres et de Soissons (1715-1741), et l'autre à la décennie 1770-1780 que Dusaulx aurait sans doute prolongée jusqu'à la fin de l'Ancien Régime s'il n'avait publié son ouvrage en 1779 [4]. En fait, la seule poussée qui soit incontestable eut lieu pendant l'euphorie monétaire du Système de Law (1716-1720). Il faut aussi préciser que le jeu ne cessa point avec la Révolution :

peut-être même redoubla-t-il jusqu'à la fin de la Restauration et en particulier sous le Directoire ; ce n'est qu'au milieu du XIXᵉ siècle qu'il connut un lent et progressif déclin[5].

Pour avoir une idée plus précise du nombre de joueurs, mieux vaut examiner chaque couche sociale en particulier. Les milieux les plus favorisés jouaient beaucoup. Les courtisans qui refusaient de participer aux jeux de la cour faisaient figure d'exceptions, et les maisons de la haute société parisienne où l'on ne jouait pas, comme celles de la duchesse de Noailles, de Ninon de Lenclos ou de Mme de Tencin, se comptaient sur les doigts de la main. Ces deux petits mondes privilégiés de la cour et de la ville ne se contentaient d'ailleurs pas de jouer chacun de leur côté : beaucoup de courtisans possédaient un hôtel particulier à Paris où ils invitaient une bonne partie de la cour et de la ville à dîner, jouer et danser, ou bien rendaient régulièrement visite à de grands personnages ayant préféré ne pas quitter Paris pour la cour. Tous ces gens allaient aussi se divertir à la foire de Saint-Germain, et les joueurs les plus acharnés, tels les princes de Conti et de Soubise, les ducs de Bouillon, de Luxembourg et de Villars, n'hésitaient pas à fréquenter les plus huppées des maisons de jeu clandestines.

Le chevalier de Ravanne raconta la soirée que le Régent et le cardinal Dubois, déguisés, passèrent dans un petit établissement de jeu clandestin repéré par ledit chevalier qui faisait alors office d'intendant des plaisirs du Régent[6]. Saint-Simon, l'observateur par excellence de ce microcosme, n'en finit pas de dénombrer les joueurs. Parmi tant d'autres, la marquise d'Alluye « aimoit le monde et le jeu passionnément, avoit peu de bien et le réservoit pour son jeu (...). Le soir, elle alloit souper et jouer où elle pouvoit, rentroit à quatre heures du matin, et a vécu de la sorte grasse et fraîche, sans nulle infirmité jusqu'à plus de quatre-vingts ans[7] ». La comtesse de Fürstenberg, elle, se livrait à « un jeu effréné où elle passoit les nuits chez elle et ailleurs, et y faisoit souvent le tour du cadran[8] ».

La rareté et l'imprécision des sources relatives aux autres milieux de Paris ne permettent pas de savoir si les joueurs y étaient aussi nombreux. Il faudra se contenter de quelques informations, toujours partielles, glanées çà et là. Pour les gens de robe par exemple, J.-B. Thiers déplorait que tant de magistrats se fissent un mérite de jouer aux jeux de hasard[9]. De son côté, le manuscrit anonyme *Les Joueurs et M. Dusaulx* affirme que les parlementaires s'adonnaient aux jeux de hasard[10]. Le sieur Leseron, procureur au Parlement de Paris, se vit interdire les maisons de jeu pour trop y jouer, le sieur de Caumont, conseiller au Grand Conseil, était l'un des clients les plus assidus de l'assemblée de jeu clandestine de la comtesse de Monastérol, et le sieur de Soufflers, conseiller au parlement de Bretagne, était un pilier de l'établissement clandestin du sieur Trudaine. Les officiers et ceux qui l'avaient été jouaient beaucoup, c'est incontestable : surtout à la cour et dans les maisons de jeu clandestines dont ils étaient les premiers clients, mais aussi dans les établissements tolérés, dans les foires et dans les chambres d'hôtels. Beaucoup de joueurs également chez les militaires moins gradés, mais surtout dans les établissements tolérés et dans la rue. Quelques avocats, procureurs et notaires fréquentaient aussi les maisons de jeu clandestines, ainsi que plusieurs gens d'affaires et de finance. En outre, beaucoup de ces gens jouaient chez eux ou chez leurs semblables. Les boutiquiers et maîtres artisans préféraient apparemment les académies de jeu et les cabarets, choix que firent aussi beaucoup de domestiques, de compagnons artisans, de bateliers, de manœuvres et de « batteurs de pavé », qui ne dédaignaient pas non plus de jouer dans la rue. Dusaulx l'affirme : « J'ai trouvé des cartes et des dez dans plusieurs endroits où l'on manquoit de pain : j'ai vu le Marchand et l'Artisan jouer l'or à pleines mains : je n'en impose point[11]. » Un serrurier évoqué dans *Les Joueurs et M. Dusaulx* avait perdu en une nuit plus d'argent qu'il n'en avait gagné en six mois[12]. Les domestiques semblent avoir particulièrement aimé le jeu : dans *La Maison réglée,* Audiger recommanda au moins à quatre reprises de n'en engager qu'après s'être bien assuré qu'ils ne fussent point joueurs[13], et Fleury constatait dans *Les Devoirs des maîtres et des domestiques* que ces derniers n'employaient leurs loisirs qu'au jeu[14].

Une place spéciale doit enfin être réservée aux très gros joueurs parisiens qui, malgré leur origine souvent modeste, parvenaient à s'asseoir aux mêmes tables que la plus illustre noblesse. La première étape à franchir, qui ne souffrait pas trop de difficultés, était l'admission (au titre officieux de « polisson ») au salon de Marly ; sous Louis XIV il était également assez facile de se faire inviter par Monseigneur à Meudon et surtout par Monsieur à Saint-Cloud. La deuxième étape, nettement plus ardue, était l'inscription sur la « liste de Marly », c'est-à-dire l'obtention d'un logement sur place. Le 16 janvier 1744 par exemple, rapporte le duc de Luynes, « M. de Courson, M. Hesse et M. Oels, gros joueurs, coupoient ; ils ont été mis sur la liste à cause du lansquenet[15] ». Ultime palier, l'accès au jeu du roi à Versailles même. Le 15 janvier 1744, continue le mémorialiste, il y avait « un joueur nouveau à la cour, qui jouoit avec le Roi ; c'est M. de Chalabre, qui joue très-gros jeu et qui vient d'avoir depuis peu un bâton d'exempt des gardes du corps, compagnie de

Noailles [16] ». Les sieurs de Chalabre, de Courson, Hesse (un Anglais) et Oels fréquentaient également les plus gros établissements clandestins de l'époque et étaient reçus dans la plupart des hôtels particuliers où l'on jouait.

Les « minorités » et le jeu

Certaines catégories un peu particulières méritent quelque attention : les « jeunes », les femmes, les ecclésiastiques, les « intellectuels », les provinciaux, les étrangers et les professionnels du jeu.

Les maisons de jeu tolérées étaient fermées aux mineurs, mais cela ne les empêchait pas de jouer à l'école, au collège, dans la rue et peut-être chez eux, c'est-à-dire chez leurs parents.

Les femmes, quant à elles, étaient minoritaires au sein de la population ludique. Leur irruption massive dans le monde du jeu fut pourtant l'événement marquant de la seconde moitié du XVIIᵉ siècle. Frain du Tremblay écrit en 1685 : « Je croy que ce qui est un dérèglement tout particulier à notre siècle, c'est que les femmes sont aujourd'huy aussi furieusement possédées de cette passion, que les hommes mêmes ; car je ne me souviens point d'avoir vu qu'on leur ait reproché ce défaut dans les autres temps [17]. » De même Lordelot constate en 1706 qu' « autrefois cette damnable passion n'avoit infecté que les hommes déréglez (...). Aujourd'hui la plupart des femmes s'y laissent emporter avec tant de fureur, qu'elles oublient leurs devoirs, leurs maris, leurs enfans, et le soin de leurs domestiques [18] ». La Princesse Palatine affirme en 1716 que « les dames de ce pays sont extrêmement joueuses [19] ». Les académies de jeu leur étaient pourtant formellement interdites ; les joueuses ne se risquaient presque jamais dans la rue ou dans les cabarets : les femmes des milieux peu favorisés devaient donc se contenter des rares maisons de jeu tolérées ne dépendant pas de la police ouvertes aux deux sexes, des quelques établissements clandestins accessibles aux bourses modestes, des foires lorsque le jeu y était permis, et du jeu qu'elles organisaient peut-être chez elles. Dans les couches supérieures de la société, les femmes avaient à peu près les mêmes possibilités que les hommes : si elles étaient environ trois fois moins nombreuses qu'eux dans les maisons de jeu clandestines, l'égalité était à peu près de mise à la cour et chez les particuliers, encore que le gros jeu y ait souvent été réservé aux hommes.

Les ecclésiastiques n'avaient théoriquement pas le droit de jouer : conciles et théologiens ne cessaient de le leur rappeler[20]. Nonobstant, J.-B. Thiers regrettait que tant d'ecclésiastiques fussent joueurs[21]. Nemeitz dit des précepteurs fournis par l'Eglise qu' « ils perdent au jeu des sommes immenses, qui sont le pur sang des pauvres[22] », et Lapeyre affirme qu' « il est à Paris beaucoup de Bénéficiers qui ne disent le Bréviaire que rarement ; leur principale occupation est de jouer le piquet et le quadrille, de bien manger, de bien boire[23] ». Pour citer quelques cas concrets, il a déjà été dit que le cardinal Dubois avait accompagné le Régent dans son escapade au tripot choisi par le chevalier de Ravanne. A propos du cardinal de Rohan qui passait sa vie « au jeu, à la bonne chère et avec les dames les plus jeunes et les plus jolies », Saint-Simon précise : « Ce n'est pas que nos cardinaux vécussent tous de la sorte, mais ils en avoient toute liberté[24]. » L'archevêque de Reims, dont on a vu qu'il avait perdu deux mille louis en une demi-heure, était aussi qualifié de gros joueur par Saint-Simon[25], qui racontait de même que l'évêque de Langres « jouoit à

toutes sortes de jeux et le plus gros jeu du monde [26] ».
Lorsque Monsieur, frère de Louis XIV, se fâcha définitivement avec l'évêque de Valence, le premier, précise
l'abbé de Choisy, devait au second quatorze mille livres
du jeu [27]. Saint-Simon cita encore pour leur jeu les
évêques d'Autun [28] et de Troyes [29], l'abbé d'Entragues
que le jeu « avoit souvent dérangé [30] », l'abbé de la
Trémoille qui « y consumoit tout ce qu'il avoit et ce qu'il
n'avoit pas [31] », l'abbé de Watteville qui « jouoit fort
bien à l'hombre, et y gagnoit si souvent codille, que le
nom d'abbé Codille lui en resta [32] », et beaucoup d'autres. La police eut de son côté à se plaindre de nombreux
ecclésiastiques, tel le sieur Debord « prêtre et aumosnier
du régiment de Limousin, ne faisant d'autre métier que
de jouer dans les tripots, coureur de bordels et jureur ».
Plusieurs fréquentaient les hôtels de Gesvres et de
Soissons, ainsi que les maisons de jeu clandestines. Chez
la dame de Brie par exemple se retrouvaient « beaucoup
de moines et d'abbés dont l'un nommé Martin est son
amant ».

D'après l'ouvrage anonyme *Diogène à Paris,* « rarement on voit un penseur se plaire beaucoup au jeu, qui
ne prend que dans un esprit et dans un cœur vuides [33] ».
Dusaulx nuance ce propos, même s'il reconnaît l'honnêteté au jeu de ces « intellectuels » : « Parmi les gens de
Lettres, vous n'y verrez guère que des victimes résignées
aux caprices du Sort. Les professions qui supposent le
plus d'enthousiasme, fournissent aussi le plus de
Joueurs : je pourrois, à cet égard, compter dix Poëtes
contre un Savant ou un Philosophe [34]. » Dusaulx cita en
exemple le dramaturge Regnard, auteur du *Joueur,* qui
« plus inquiet qu'avide, joua beaucoup, soit en France,
soit dans les pays étrangers [35] », et son collègue
Dufresny, auteur lui aussi de plusieurs pièces sur le jeu,
qui jouait et blasphémait touɩ son soûl à la cour [36]. Il a

été vu que le romancier Moncrif participait à la cour au jeu de la duchesse de Luynes, et que lors de son séjour en France l'illustre Goldoni joua aussi bien à la ville qu'à la cour. Dusaulx, qui cita encore le cas de l'auteur dramatique Moissy dont le jeu provoqua la ruine[37], avoua lui-même avoir été joueur, et pas des plus honnêtes[38].

Les provinciaux et les étrangers de passage ou provisoirement installés à Paris fournissaient un bon bataillon de joueurs. D'après Dusaulx, « de temps en temps on voit des joueurs d'outre-mer (…) débarquer de part et d'autre avec des millions, défier les Souverains, les Princes, faire tête à tout le monde. Lorsqu'ils ont, pendant la paix, triomphé de leurs Rivaux, ils rapportent insolemment chez eux les Dépouilles Opimes[39] ». Un rapport de police signalait la présence de plusieurs Américains jouant gros jeu dans l'établissement clandestin de la comtesse de Monastérol. L'Anglais Hesse jouait aussi chez cette comtesse ainsi que chez beaucoup de ses collègues, et son gros jeu le fit même inscrire sur la liste des voyages de Marly. L'Ecossais Law vint lui aussi tricher à Paris et à la cour ; le Péruvien Olavidès, comte de Pilos, jouait chez son ami le comte de Cheverny[40] ; l'Espagnol Vanès était l'un des plus gros joueurs des établissements clandestins, sans reparler de l'Italien Goldoni.

Des souverains venaient parfois jouer à la cour. Le roi et la reine d'Angleterre détrônés, et surtout l'électeur de Bavière qui jouait très gros tant chez Louis XIV que chez son ami le duc d'Antin où il logeait pendant ses séjours. De même, sans compter ceux qui profitaient du statut privilégié de leurs demeures pour y tenir des maisons de jeu, plusieurs ambassadeurs étaient de grands joueurs : celui de Venise par exemple, Giustiniani, fut l'un des piliers du jeu de bassette que la comtesse de Soissons tint à la cour, et il semble bien que ce soit lui qui y ait introduit ce jeu d'origine italienne [41]. Saint-Simon qualifiait la duchesse de Shrewsbury, épouse de l'ambassadeur d'Angleterre, de grande joueuse [42], et le secrétaire de l'ambassade de Russie Arcadius Markoff était, d'après la baronne d'Oberkirch, aussi joueur que libertin [43]. La police signala de son côté la présence de quelques étrangers dans les maisons de jeu, ce qui n'aurait pas surpris Mercier : « L'étranger, qui sent qu'on le traite cérémonieusement, éprouve une sorte de gêne, et se jetera le lendemain dans les brelans, chez les traiteurs et chez les filles : c'est là qu'il s'amusera, qu'il jouira [44]. » Lorsqu'il commit le crime qui le fit condamner à mort, le comte de Horn était à Paris depuis deux mois, « menant une vie obscure de jeu et de débauche [45] ». La Princesse Palatine ajoute à ce propos que « le jeu et l'inconduite la plus horrible perdent tous les jeunes gens et en font des fripons ; il ne faudroit jamais les envoyer à Paris ; ils n'y apprennent que des désordres affreux [46] ». Rivals se lança à son tour dans une vive diatribe contre les jeunes provinciaux qui arrivaient à Paris, se ruinaient au jeu et provoquaient ainsi le désespoir de leurs parents [47]. Il serait trop long de citer tous les provinciaux, jeunes et moins jeunes, qui profitèrent de leurs séjours à Paris pour jouer.

Ultime catégorie un peu particulière : les tenanciers, les banquiers de jeu et les fripons, qui tous vivaient du jeu. Il leur arrivait à eux aussi de jouer comme tout le monde : beaucoup de tenanciers de tripots clandestins allaient jouer de temps en temps chez des collègues ou dans des établissements tolérés. Plusieurs banquiers les imitaient, et les tricheurs professionnels se laissaient souvent tenter lorsque ne se présentait aucune occasion de partie malhonnête.

Pourquoi jouaient-ils ?

S'il y avait des joueurs, c'est d'abord parce qu'il y avait du temps pour jouer. Les milieux les plus favorisés n'avaient que cela à faire : le jeu n'était selon Grimod de la Reynière qu'une « occupation frivole inventée pour tromper le temps [48] ». Malgré ses grosses pertes, Bussy-Rabutin ne put jamais cesser de jouer : « Je n'en jouai plus qu'un petit pour m'occuper seulement, car je ne saurois demeurer sans rien faire [49]. » Si le gros jeu était dangereux, pensait le duc de Croÿ, « au moins cela ôtait un peu de la triste monotonie de la prétendue bonne compagnie [50] ».

Oisiveté et ennui pour les plus riches, besoin de se délasser pour les autres : « Mais l'Artisan, demande Dusaulx, mais le Manœuvre, est-ce l'ennui qui les rend joueurs ? C'est le besoin de se reposer comme les sauvages. L'ouvrier, debout avant l'aurore, et celui qui, pendant la nuit, transporte dans nos Villes les fruits de la Campagne, n'ont pas le temps de s'ennuyer : cependant ils jouent et même très-gros jeu, relativement à leurs moyens [51]. » D'où la plaidoirie du duc de Gesvres en faveur de la réouverture de son jeu fermé en 1741 : « Beaucoup d'honnêtes gens, après leurs travaux de la journée, délassent leurs esprits par le jeu. » Le jeu servait aussi à oublier les tracas de l'existence : Ortigue de Vaumorière conseillait de n'en user que « comme un remède au chagrin [52] », et dans la pièce de Dominique *Colombine femme vengée,* Mezzetin ne va jouer chez Eularia que pour oublier tous ses démêlés avec sa femme et sa maîtresse [53].

Dans « jeu d'argent », il y a « argent ». D'après l'*Encyclopédie méthodique,* « les riches jouèrent par avidité ; les pauvres, par besoin [54] ». C'est par exemple parce qu'il jugeait ne pas gagner assez d'argent que le sieur Delonay, garçon de cabaret, se précipitait dans les académies de jeu au moindre instant de liberté. Le sieur Daquet, lui, neveu de l'évêque de Nevers et pourtant sans aucun bien, ne pouvait demeurer à Paris qu'en cherchant dans le jeu des moyens de subsister. Les membres de la bonne société n'étaient pas toujours motivés par l'avidité lorsqu'ils jouaient. D'après son ami Cheverny, c'est parce qu'il était devenu amoureux à dix-huit ans d'une jeune Nancéienne et qu'il avait été refusé pour son peu de fortune, que le baron de Vioménil vendit tout son bien pour jouer et gagner[55]. Et si les grandes dames de la cour et de la ville jouent avec l'intention déterminée de gagner de l'argent, explique Visconti, « ce n'est point pour entasser, mais pour faire face aux dépenses de table et de toilette[56] ».

Beaucoup de gens jouaient aussi pour satisfaire leur ambition ou leur vanité. Faire bien, briller : préoccupation très courante dans la bonne société, et même ailleurs. Faire bien, à la cour, c'était plaire au roi, donc jouer. Et en dehors de la cour, être à la mode c'était imiter la cour. Le jeu, écrit Saint-Simon, « est une plaie qui, une fois introduite, est devenue le cancer intime qui ronge tous les particuliers, parce que de la cour il s'est promptement communiqué à Paris et dans les provinces et les armées[57] ». La Bruyère résume la situation : « Il n'y a rien qui mette plus subitement un homme à la mode et qui le soulève davantage que le grand jeu (...). Je voudrais bien voir un homme poli, enjoué, spirituel, fût-il un Catulle ou son disciple, faire quelque comparaison avec celui qui vient de perdre huit cents pistoles en une séance[58]. » De nombreux bourgeois fraîchement anoblis, ou sur le point de l'être, se mettaient à jouer gros jeu pour tenter d'acquérir cette fameuse apparence « noble » dont ils craignaient tant d'être dépourvus.

L'ambition sociale était souvent à l'origine du jeu, puisque ce dernier était l'un des plus sûrs moyens de s'introduire dans la bonne société : cet aspect sera largement évoqué lorsqu'il sera question des promotions sociales dues au jeu. Un exemple toutefois, un peu marginal, rapporté par Mme de Boigne :

« M. de Créqui sollicitait une grâce de la Cour et, en conséquence, faisait la sienne à M. et Mme de Maurepas. Une de ses obséquiosités était de faire chaque soir la partie de la très vieille et très ennuyeuse Mme de Maurepas ; aussi elle le soutenait vivement, et ses importunités avaient crédit sur M. de Maurepas. Le jour où la grâce fut obtenue, M. de Créqui vint chez Mme de Maurepas. Mme de Flamarens, nièce de Mme de Maurepas et qui faisait les honneurs de la maison, offrit une carte à M. de Créqui, comme à l'ordinaire. Celui-ci, s'inclinant, répondit avec un sérieux de glace : " Je vous fais excuse, je ne joue jamais. " Et, en effet, il ne fit plus la partie de Mme de Maurepas. Cette bassesse, couverte par le piquant de la forme, ne blessa point, et personne n'en riait de meilleur cœur que le vieux ministre[59]. »

L'éducation conditionna sans doute beaucoup de gens à jouer. Dusaulx déplorait que des écoles il fût « sorti plus de Joueurs que de Citoyens[60] ». Le comte de Cheverny évoqua lui aussi le jeu auquel il se livra au collège avec ses amis MM. de Brienne, le comte de Chabot, les quatre Flamarens et M. de Toris, mais contredit le propos de Dusaulx : « Il est assez singulier que pas un de nous n'ait été joueur, et que le marquis de Genlis, élevé au même collège que moi, mais n'étant pas de notre société, et M. de Sillery, son frère, soient devenus les plus gros joueurs de Paris, quoiqu'ils n'eussent au collège nulle connaissance du jeu[61]. » L'éducation ne se limitait de toute façon pas à l'école et, observe

Dusaulx, l'exemple parental jouait aussi : « Entrez dans la plupart des Maisons, vous y verrez les enfans rôder autour des tables, y dévorer des yeux l'or et l'argent que le Père et la Mère, dont ils partagent les passions, disputent aux Etrangers[62]. » Cheverny lui-même apprit consciencieusement à jouer à sa femme : « Persuadé qu'une jolie femme qui débute dans le monde doit être nécessairement occupée, j'étais de l'avis de Mme la marquise d'Amezaga, qui me disait depuis : " J'aime mieux que mes filles soient occupées à jouer, plutôt que d'aller faire l'amour ou écouter des fleurettes dans un coin de l'appartement "[63]. » Des maris jaloux poussaient ainsi leurs femmes à jouer chez elles en espérant que le jeu les empêcherait de penser à mal[64].

A supposer que l'éducation n'ait pas déterminé les gens à jouer, les nécessités de la vie sociale, du moins celles du monde, s'en chargeaient. Si le jeu ne fut peut-être à l'origine qu'un agréable prétexte pour voir ses amis, il se transforma vite en condition sine qua non pour ne pas se retrouver complètement seul. Dupuy : « A moins de jouer il est presque impossible d'avoir quelque agrément dans le monde[65]. » Chevrier : « Propose-t-on à une dame du bel air de lui présenter un homme de mérite ? " Joue-t-il ? " Voilà la réponse ordinaire. Si l'homme de mérite est assez sage pour ne pas jouer, " il n'est bon à rien ", et on ne le reçoit que comme un de ces importuns, avec lesquels la bienséance veut qu'on s'ennuie une heure par mois[66]. » La Princesse Palatine l'avoua enfin : « On m'a souvent dit en face : " Vous n'êtes bonne à rien, vous n'aimez pas le jeu "[67]. » En outre, on l'a vu, nombre de maîtres et de maîtresses de maison imposaient le jeu à leurs hôtes dans un dessein purement financier.

Pour finir, quelques motivations diverses : selon le duc de Croÿ, la marquise de Pompadour « n'aimait aucun jeu, et jouait plutôt pour polissonner et être assise que par goût[68] ». Si le chevalier d'Arcis fréquentait assidûment tel jeu de pharaon clandestin, c'est que, d'après son ami le chevalier de Ravanne, il en aimait l'une des organisatrices[69]. L'abbé Hennebert voyait dans la bêtise et dans l'ignorance une bonne raison de jouer : « Des personnes m'ont avoué de bonne foi qu'elles ne jouoient que par incapacité de soutenir une conversation suivie[70]. » Ce qui convenait parfaitement à Ortigue de Vaumorière pour qui « le jeu a cela de commode, qu'il vous dispense quelquefois d'entretenir des fâcheux, qui vous seroient fort à charge, et à qui l'on ne sauroit que dire[71] ».

Le joueur et sa passion

Quels que fussent leur sexe, leur âge, leur origine sociale ou leur motivation, les joueurs étaient dans l'ensemble très passionnés. Dusaulx en témoigne : « Si je disois qu'on en a vu même jouer en dormant, on auroit de la peine à le comprendre : un joueur épuisé de fatigue, ne pouvant pas se résoudre, parce qu'il perdoit, à quitter la partie, conjura son adversaire de jouer pour lui de la main gauche ; ce qu'il y a de plus singulier, c'est que cette main gauche ruina la droite, tandis que celui dont il s'agit ronfloit au bruit des dez[72]. » La passion du jeu passait pour indestructible, comme l'illustrent ces vers du *Joueur* de Regnard :

« Quiconque aime, aimera.
Et quiconque a joué, toujours joue, et jouera.
Certain Docteur l'a dit, ce n'est point menterie[73]. »

De même, ces répliques tirées de *La Cause des femmes* de Delosme de Monchenai :

M. Tuetout : « Oh, si Isabelle est jamais la mienne, je sçaurai bien la dégoûter du jeu par un remède (...).

Colombine : — Hé, Monsieur, la Médecine est déjà assez décriée, sans que vous l'alliez commettre, en voulant guérir un joueur de son entêtement. C'est comme si vous entrepreniez de faire descendre la lune en terre[74]. »

Frain du Tremblay est à peine plus optimiste sur le sort des joueurs : « Leur guérison est difficile. Mais avec la grâce de Dieu, qui guérit les paralytiques et ressuscite les morts, tout est possible (...). C'est un miracle de la grâce de Jésus-Christ que la délivrance de ceux qui sont possédés du démon du jeu[75]. »

Pour reprendre une expression de Delosme de Monchenai, les « agitations continuelles où vous jette à tout moment l'attente d'une carte, qui vous fait sécher sur le pied, et changer de couleur vingt fois en un instant[76] » étaient habituelles à la plupart des joueurs. Dans leur fureur, ils n'hésitaient pas à déchirer les cartes, d'où la satisfaction de M. David, le syndic des maîtres cartiers dans la pièce *Le Wish et le Loto* de Delaulne : « C'est cette petite colère qui fait aller le commerce[77]. » Les heures qui suivaient la partie de jeu n'étaient pas non plus toujours très sereines, Rivals en témoigne : « Je voudrois vous peindre l'état d'un joueur après une forte perte. Il n'est pas possible d'en faire une fidelle peinture ; il est absorbé, lassé de sa propre existence ; il s'abhorre lui-même ; il maudit l'instant qu'il a vu la lumière[78]. »

Sans pour autant entrer dans la catégorie des tricheurs professionnels, un certain nombre de joueurs, et surtout de joueuses, tentaient d'aider un peu la chance : mauvaise habitude liée au désir souvent dicté par l'ennui d'ajouter au piment du jeu proprement dit le risque de se faire prendre en flagrant délit de tricherie.

D'après Fougeret de Monbron, « ce qui fait que les femmes sont si passionnées pour le jeu, c'est qu'elles ont le privilège de friponner tant qu'il leur plaît. Quelques grossières que soient leurs manœuvres, il n'est pas permis de s'en apercevoir, encore moins de s'en plaindre. On passeroit dans le monde pour un brutal et un chicaneur [79]. » Parmi les contemporains déplorant ce fait, Dusaulx constate que « ceux qui ne veulent pas qu'on les ruine à coup sûr, se dispensent de jouer avec les Femmes, sous prétexte que les Hommes sont aujourd'hui trop malheureux [80] ». Dusaulx souligne aussi le rôle des Mémoires du comte de Grammont rédigés par Hamilton et relatant les exploits du plus illustre tricheur du XVIIᵉ siècle. Les tricheries « ne passoient que pour des bassesses chez le plus grand nombre : mais la publication de certains Mémoires mit tout le monde à l'aise. Bien des gens crurent qu'il étoit permis de friponner au jeu, pourvu que l'on fût brave, que l'on eût de l'enjouement et de l'esprit. Ces Mémoires firent et font encore la plus grande sensation, parce que le vice y est couvert de fleurs (...) ; ils devinrent le Manuel de la Jeunesse, des Gens du Bon-ton ; et sur-tout des Escamoteurs, dont le règne pacifique ne fut plus troublé que par des boutades passagères [81] ».

Une constante chez tous les joueurs était, observe l'*Encyclopédie,* le caractère sacré des dettes de jeu : « On a demandé pourquoi les dettes contractées au jeu se payoient si rigoureusement dans le monde, où l'on ne se fait pas un scrupule de négliger des créances beaucoup plus sacrées. On peut répondre, c'est qu'au jeu on a compté sur la parole d'un homme, dans un cas où l'on ne pouvoit employer les lois contre lui. On lui a donné une marque de confiance à laquelle il faut qu'il réponde. Au lieu que dans les autres circonstances où il a pris des engagements, on le force par l'autorité des tribunaux à y satisfaire [82]. » Le premier réflexe du joueur endetté était de chercher à emprunter auprès de ses parents ou de ses amis, le deuxième consistait à se précipiter chez l'usurier, le troisième à vendre ses biens et le quatrième à chercher une « affaire » à conclure, c'est-à-dire quelque mauvais marché aux conditions exorbitantes [83]. Monsieur, frère de Louis XIV, eut une bonne surprise en octobre 1673. D'après Bussy-Rabutin, il « avoit perdu cent mille écus au jeu la campagne dernière, contre Dangeau, Langlée et quelques autres, et n'ayant point d'argent, avoit commandé à Mérille, un de ses premiers valets de chambre, de vendre sa vaisselle d'or, son balustre d'argent et quelques-unes de ses pierreries pour payer ces gens-là ; que Mérille sachant avec quel chagrin M. le duc se défaisoit de tout cela, avoit, sans lui en rien dire, ruiné ses parents et amis pour trouver de l'argent à emprunter ; qu'il avoit trouvé cinquante mille écus, qu'il avoit donnés à Dangeau et Langlée sur et tant moins ; qu'il avoit rapporté à Monsieur tous ses meubles ; que cette action lui avoit attiré une grande amitié de son maître et l'estime de tout le monde [84] ».

Palmarès des jeux

A quoi jouait-on ? Une liste de soixante-deux jeux a été donnée dès le premier chapitre, mais les jeux en usage à la fin du XVIIIe siècle ne l'avaient pas toujours été au XVIIe, et les gens qui y jouaient ne furent pas toujours les mêmes, tant en qualité qu'en quantité.

Les jeux de hasard les plus joués furent le pharaon, puis les dés, le lansquenet et le biribi. Pour les jeux de commerce, c'étaient le piquet, le quadrille, le trictrac et la triomphe. Tous ces jeux ont couvert la période entière (ou presque), mais d'autres au destin plus éphémère comme la bassette (fin xviie siècle), la belle et le loto (fin xviiie) connurent eux aussi de très vifs succès. A l'inverse, plusieurs jeux ne virent le jour que pour quelques semaines et dans des milieux très restreints : par exemple, à la cour, le roi-qui-parle et le minquiat.

Certains des soixante-deux jeux cités remontaient à l'Antiquité (jeux de dés) ou au xve siècle, époque de la généralisation des cartes à jouer (piquet, trente et quarante, triomphe) ; les autres avaient été importés ou inventés au xvie siècle (brelan, lansquenet, reversi), au xviie (bassette, biribi, hombre, impériale, pharaon) et au xviiie (cavagnole, comète, roulette, whist et, à l'extrême fin du siècle, belle, boston, bouillotte, creps, loto et loto-Dauphin)[85].

Un grand nombre de ces jeux n'étaient pas d'origine française. Au xvie siècle, pendant les guerres de Religion, les lansquenets allemands apportèrent en France le jeu qui prit leur nom. Aux xvie et xviie furent importés d'Espagne le reversi, l'hombre et le trésept. Aux xviie et xviiie, l'Italie fournit le hoca, la bassette, le biribi, le cavagnole, le minquiat, le loto et la belle ; et c'est enfin d'Angleterre que vinrent, à la fin du xviiie, le whist et le creps, suivis de peu par le boston, originaire bien sûr de la ville américaine[86]. Il faut voir là l'effet des vagues successives d'hispanomanie, d'italomanie et d'anglomanie qui touchèrent la France et surtout la cour et Paris du xvie à la fin du xviiie siècle.

En dehors de certains jeux très éphémères qui ne dépassèrent pas le cadre de la cour, aucun jeu ne resta longtemps l'apanage d'un seul milieu ; mais tous ceux qui apparurent aux xviie et xviiie siècles commencèrent leur carrière à la cour ou dans la haute société parisienne, se répandant ensuite dans toutes les couches de la population au fur et à mesure de leur succès.

Pourquoi tel jeu était-il préféré à tel autre ? Parce

qu'il était à la mode. A la cour, était à la mode ce qui était nouveau, et en particulier ce qui était espagnol (aux xvie et xviie siècles), italien (aux xviie et xviiie), anglais (fin du xviiie) et même américain comme l'observa le comte de Ségur en 1776 : « L'insurrection américaine prit partout comme une mode ; le savant jeu anglais, le wisk, se vit tout à coup remplacé dans les salons par un jeu non moins grave qu'on nomme le " boston "[87]. » A Paris et ailleurs, était à la mode ce qui l'était à la cour, c'est-à-dire les mêmes jeux, mais avec un temps de retard. Colbert l'affirme en 1671 : « Si le hoca devient un jeu de la cour, il est certain qu'il s'introduira aussitôt après parmi les bourgeois, les marchands et les artisans de Paris, et qu'il fera plus de désordre que jamais. Le seul bruit qui a couru qu'il alloit être à la mode a fait faire déjà une infinité de ces jeux[88]. » Le hoca devint bien un jeu de la cour et connut effectivement un immense succès à Paris sous le nom de pharaon. Les modes étaient parfois contradictoires, comme dans le cas imaginé par Delaulne dans sa pièce *Le Wish et le Loto*, où M. et Mme Cartino, tous deux joueurs, ne font que s'opposer sur le choix du jeu : l'épouse clame « Vive le Loto ! (...) C'est le jeu à la mode ! C'est celui du bon ton[89]. » L'époux, qui est habillé et coiffé à l'anglaise et qui se fait traiter par sa domestique de « vieux bourru qui veut faire l'Anglois, sans en avoir le flegme et le ridicule », ne jure que par le « wish »[90].

CHAPITRE VII

LES FRIPONS

Diversité de la gent friponne

Ceux qui gagnaient leur vie en trichant au jeu étaient appelés « fripons », « filous » ou « Grecs ». Pourquoi « Grecs » ? Peut-être à cause d'un chevalier d'origine grecque pris en flagrant délit de tricherie à la cour de Louis XIV[1] ; d'autres n'y voient que la réputation de ruse et de fourberie dont jouissait alors le peuple grec[2], et les derniers croient pouvoir établir la filiation suivante : « Un Grec, un homme habile dans la connaissance de la langue grecque », « être grec en quelque chose, y être habile », et enfin « un Grec, un homme qui filoute au jeu[3] ».

Les tricheurs professionnels ne formaient pas un monde très homogène : d'un côté la masse des petits escrocs exerçant leurs talents dans les lieux publics, et de l'autre leurs collègues opérant à domicile ou chez les particuliers. Pour les premiers, inutile de chercher à étudier séparément les fripons d'académies de jeu, de maisons de jeu clandestines, de cabarets ou de foires, car c'étaient les mêmes : plus ils multipliaient leurs terrains d'opération, plus ils avaient de chances de trouver de nouvelles victimes et d'éviter de se faire trop vite repérer par la police. Beaucoup partaient même écumer quelque temps la province ou l'étranger. Aucune femme parmi tous ces fripons ; mais 10 % d'étrangers et 10 % de noms à particule, peut-être usurpés. Presque la moitié étaient ou avaient été militaires, les autres provenant de tous les milieux, y compris de l'Eglise. Quelques-uns étaient banquiers de maisons de jeu clandestines, d'autres détroussaient leurs contemporains au billard ou au bonneteau, certains même n'hésitaient pas à voler directement les joueurs, tel le sieur Lebrun qui, lorsque aucune occasion de tricher ne se présentait, attendait les gros gagnants à la sortie pour leur demander de l'argent, de façon très persuasive. Assez rares furent cependant ceux dont les activités délictueuses débordaient le cadre du jeu : à peine quelques cas de proxénétisme et d'escroqueries diverses.

Les fripons sévissant chez les particuliers, moins nombreux que les précédents, se divisaient en deux catégories bien distinctes : ceux qui exerçaient chez eux et ceux qui s'introduisaient chez les autres. Les premiers, qui se contentaient d'attirer les dupes chez eux, ne doivent pas être confondus avec les petits fripons de lieux publics qui emmenaient de temps en temps une dupe dans leur chambre : il s'agissait en effet de personnages apparemment très respectables. Parmi eux, le chevalier Steguerty, le baron de Malditz, l'abbé Lehoux (chanoine de la cathédrale de Tours), le sieur d'Hugues (fils d'un inspecteur général des vivres de Flandre), et même la maréchale de la Ferté qui recevait la meilleure compagnie de la cour et de la ville. Goudar, auteur d'une *Histoire des Grecs ou de ceux qui corrigent la fortune au jeu,* citait encore dans cette catégorie le sieur de R. et la dame de N. [4].

Les fripons s'introduisant chez les particuliers sont mal connus, mais ils devaient forcément faire assez bonne figure pour être admis dans les riches demeures parisiennes ; riches, car ces fripons ne pouvaient que viser les maisons les plus largement ouvertes pour espérer s'y glisser. Ainsi, pendant la convalescence à Paris de Candide, le héros de Voltaire étant tombé malade à son retour du pays d'Eldorado où il avait fait fortune, « il y eut très bonne compagnie à souper chez lui. On jouait gros jeu. Candide était tout étonné que jamais les as ne lui vinssent ; et Martin ne s'en étonnait pas [5] ». Le dramaturge Philippe Poisson consacra une pièce entière, *Les Pipeurs,* à l'intrusion de deux fripons dans une demeure parisienne.

Enfin, à la limite du jeu chez les particuliers et du jeu dans les lieux publics, le gros jeu pratiqué à la cour attirait toutes sortes de tricheurs professionnels, du gendarme Dhercules aux deux grands seigneurs qu'é-taient le marquis de Seissac et surtout le comte de Grammont.

Devenir fripon

Tout d'abord, pourquoi embrasser cette « profession » ? Les contemporains, dont Diderot dans l'*Ency-clopédie,* ne cessent de citer Mme Deshoulières, poète du xviie siècle : « On connoît à ce sujet les vers si délicats et si pleins de vérité de Mme Deshoulières :

Le désir de gagner, qui nuit et jour occupe,
Est un dangereux aiguillon :
Souvent, quoique l'esprit,
Quoique le cœur soit bon,
On commence par être dupe,
On finit par être fripon [6]. »

Goudar renchérit : « Tous les joueurs en général aiment les femmes, la dépense, la parure, et la table. Les revers que la fortune leur fait souvent éprouver, ne diminuent pas ces passions ; au contraire elles en augmentent l'activité ; et pour lors la probité la plus épurée est bien foible contre tant de désirs : tout le monde sçait le proverbe qui dit qu'au jeu on commence par être duppe, et qu'on finit par être fripon[7]. » Le sieur de R. ne dépouillait les gens qu'il recevait chez lui « que pour rétablir sa fortune en perdition[8] ». Quant à la dame de N. dont le mari lui avait laissé un bien considérable, la banqueroute de Law la ruina entièrement : « Comme le Papier avoit fait le mal, elle crut qu'il falloit que les cartes le réparassent ; elle se mit dans l'Ordre des Grecs[9]. »

Une fois la décision prise, le futur fripon devait apprendre le « métier », ce qui se faisait parfois en famille lorsqu'un parent le connaissait. La maréchale de la Ferté, elle, reçut les leçons d'un tricheur qui s'était introduit au jeu qu'elle organisait chez elle[10]. C'est l'un des fripons sévissant à l'hôtel de Transylvanie qui se chargea d'initier le chevalier des Grieux alors tout jeune novice[11]. Il existait en effet des « écoles » attachées aux plus grosses maisons de jeu tolérées du début du XVIIIe siècle. Selon Goudar, « les Hôtels de Gesvres et de Soissons causèrent une révolution chez les Grecs. Il y eut des Ecoles de dupperie ; des Professeurs enseignèrent à tromper. On apprit par règle à être fripon, comme on apprend aujourd'hui à être Maltotier[12]. » Mais les plus habiles tricheurs, poursuit Goudar, « avoient parcouru longtemps l'Europe pour se perfectionner. On les auroit pris pour des Italiens, tant ils étoient subtils. Il est vrai qu'ils avoient fait leurs premières armes à Naples, à Rome, à Venise, à Florence, à Milan, à Turin, et autres villes d'Italie, où les Universités de filouterie sont dans un état florissant ; et où un Grec qui veut se distinguer, doit aller recevoir ses grades, à peu près comme on va aujourd'hui à Montpellier, pour y prendre le bonnet de Docteur [13] ».

L'infortune du fripon selon Goudar

« On s'imaginera sans doute que les Grecs sont des gens riches et pécunieux. Point du tout ; il n'y a point d'hommes sur la terre plus pauvres et plus indigens ; et quoique j'aye avancé que des sommes considérables leur passoient par les mains, on ne doit pas conclure de là qu'ils soient riches ; car il n'y a point de gens qui aiment plus à faire circuler les espèces que les Grecs. On en voit qui après avoir regorgé d'or et d'argent dans certains tems, se trouvent réduits à une indigence affreuse dans d'autres. Il n'y a point d'état dans la société où les changemens soient plus marqués, et les révolutions si grandes. C'est quelque chose de prodigieux que leurs chutes. J'ai eu l'honneur moi-même de faire l'aumône à plus de cent Cordons-Bleus de l'Ordre, que j'avois vus briller dans les Cours étrangères, et qui n'avoient pas moins de trente domestiques à leur suite, sans compter les pages et les écuyers.

« Pour expliquer ces vicissitudes, il ne faut pas avoir recours aux caprices de la fortune. Les révolutions des Grecs ont des causes très naturelles. La première est (...) une dépense immodérée (...). Un Grec n'a pas plutôt dépouillé deux ou trois duppes, et gagné quelque centaine de louis, qu'il étale le lendemain un bel équipage. Sa garde-robe devient aussitôt une friperie entière. Tous les habits de la rue de la Harpe sont chez lui. On le voit dans peu en liaison d'affaires avec le Tapissier, le Bijoutier, l'Horloger, le Gallonier, le Tailleur, le Sellier, l'Orphèvre, le Marchand, etc. Il tient table ouverte et fait le Seigneur. S'il y a un Hôtel magnifique dans Paris, il veut l'habiter ; s'il y a un Colifichet dans un goût nouveau, il veut l'achetter ; s'il y a une Demoiselle à l'Opéra qui coûte cher, il veut l'avoir. Toutes les entremetteuses sont à ses gages. On lui présente plus de petites filles qu'à un Fermier Général (...). Mais dans peu de tems sa maison est assiégée par les Créanciers (...).

« La seconde, est le revers qu'ils éprouvent eux-mêmes au jeu ; car on se tromperoit beaucoup si l'on croyoit que les fripons ne font pas d'autres Parties que celles qu'ils font avec les duppes. Tous les Grecs sont naturellement joueurs ; le jeu est leur passion dominante. Or, lorsqu'ils ne trouvent pas à jouer avec avantage, ils jouent sans avantage ; et alors la fortune qu'ils corrigent ailleurs, se venge toujours ici sur eux ; elle les traite comme ils la traitent. En un mot, une table de jeu où un Grec ne peut pas mettre son sçavoir-faire, est pour lui une Chambre de Justice, il y rend gorge de l'argent qu'il a friponné dans les autres Parties, et presque toujours avec usure (...).

« Mais une troisième cause de la ruine des Grecs (...) ce sont les femmes. C'est une loi presque immuable de la nature, que le jeu et la volupté se donnent la main ; ce second vice est comme une suite nécessaire du premier. Ce seroit un phénomène de voir un Grec qui ne fût pas débauché et crapuleux (...). On s'imagine que les femmes sont d'un grand secours aux Grecs. Il est certain, comme on l'a dit ailleurs, qu'elles contribuent à faire venir l'eau au moulin ; mais pour un écu qu'elles font gagner aux joueurs qui sont associés avec elles, elles leur en font dépenser trois ; car ces créatures sont ordinairement plus capricieuses que toutes autres de leur sexe. Ce qui ruine toujours le ménage, c'est la sotte vanité qu'elles ont de vouloir aller de pair, pour la parure, avec les premières Dames de Condition du Païs où elles se trouvent, et de vouloir dépenser autant qu'elles en équipages, bals et spectacles (...). Un joueur vivroit dix ans de la dépense qu'il fait avec une de ces femmes dans une seule année.

« Mais une des principales causes de la misère où tombent les Grecs, c'est la publicité de leur profession, malgré tous les moyens qu'ils employent pour la cacher. On diroit que tous les Grecs portent un écriteau derrière le dos, qui avertit le public d'être sur ses gardes (...). Un Grec connu est un homme perdu. Or, ils le sont presque tous peu de tems après leurs premières friponneries ; et alors, pour une partie combinée, où ils dépouillent une duppe, ils passent ensuite des années entières sans en pouvoir faire une seconde ; et par-là, ils se trouvent ruinés, parce qu'ils n'ont pas de quoi attendre. Dans peu, les dettes les accablent, les emprisonneurs viennent, et la misère les saisit de toutes parts [14]. »

La carrière du fripon

Goudar aurait encore pu noircir le tableau en évoquant les sanctions pénales qu'encouraient les fripons : nombre d'entre eux purgèrent des peines de prison (d'un mois à deux ans) et d'exil (de trois mois à quinze ans). Encore ces derniers avaient-ils la chance d'échapper à l'assassinat, car certaines dupes n'hésitaient pas à châtier sur-le-champ ceux qui les avaient dépouillés.

Comment finissait le fripon ? D'après Goudar, « lorsqu'un fripon, après s'être enrichi au jeu, s'est ruiné avec une Fille de Spectacle, il a sa retraite toute prête. Il se fait Espion de la Police [15] ». Mais il y eut tout de même de belles réussites, Goudar lui-même le reconnaît : selon lui, la fièvre du jeu engendrée par le Système de Law (1716-1720) fit la fortune de nombreux fripons qui achetèrent alors terres, titres et châteaux, quittèrent la profession et épousèrent la fine fleur de la noblesse, au point que Goudar préfère taire l'identité des acteurs de son *Histoire des Grecs* publiée en 1758, prétextant que « beaucoup d'honnêtes gens qui tiennent aujourd'hui un rang distingué dans le monde, voyant par cette Histoire qu'ils doivent leurs charges et leurs postes aux friponneries de leurs pères, n'auroient pu la lire sans horreur. C'eût été alors un livre abominable ; au lieu qu'il pourra passer pour une brochure amusante [16] ».

Voici enfin ce qu'un tricheur professionnel gagnait à ses victimes : dans les académies de jeu, de dix à cinquante livres par partie ; dans les cabarets, de cent à cinq cents livres ; dans les maisons de jeu clandestines, de cinq cents à cent mille livres ; et chez le fripon lui-même, de cinquante à dix mille livres.

Les conditions de travail

Avant de toucher cet argent, il fallait remplir plusieurs conditions, en particulier trouver de bons lieux de travail. Les fripons les plus favorisés étaient évidemment ceux qui opéraient chez eux. Ceux qui s'introduisaient dans les demeures parisiennes où l'on jouait ne se heurtaient pas non plus à de grandes difficultés : les maîtres de maison tenaient tellement à leur gros jeu que toute personne pouvant l'alimenter était la bienvenue, quelle que fût son origine. Puis — Dusaulx s'en désolait — « au sortir de chez eux, des Brigands nantis de paroles d'honneur et chargés d'or, s'autorisoient de leur commerce pour se glisser ailleurs. Le mal circuloit de cotterie en cotterie, s'étendoit de jour en jour et dévastoit la ville [17] ». Le principal danger provenait parfois des tricheurs eux-mêmes puisque d'après Goudar, la répression qui s'abattit peu après 1740 sur les maisons de jeu clandestines amena les fripons à s'introduire en si grand nombre chez les particuliers que, vers 1750, « lorsqu'un Grec savoit qu'un autre s'étoit introduit dans une maison de condition où l'on jouoit, ou bien dans quelque autre, où son Confrère pouvoit gagner considérablement, son premier soin étoit d'aller trouver le maître ou la maîtresse du logis ; et là, après lui avoir fait promettre qu'il ne le commettroit pas, il l'avertissoit qu'il avoit un fripon dans sa partie, et le lui désignoit : de façon que le Grec étoit remercié le lendemain [18] ».

La majorité des fripons fréquentaient les maisons de jeu tolérées ou clandestines, les cabarets et les boutiques de foires : les conditions de travail dépendaient alors des relations avec les tenanciers de ces établissements. Quelques-uns parmi ces derniers firent délibérément appel aux tricheurs professionnels pour dépouiller la clientèle : la liberté d'action des fripons n'avait alors comme contrepartie que le partage obligatoire des bénéfices avec ces tenanciers complaisants et peu scrupuleux. Mais les fripons n'étaient la plupart du temps que tolérés, et par pure nécessité financière : ils faisaient une telle consommation de jeux de cartes que les tenanciers, dont c'était un des principaux revenus, avaient tout intérêt à ne pas les chasser, et même à les soutenir lors des contestations entre joueurs. Enfin, quand les tenanciers étaient vraiment trop intègres, les fripons avaient souvent la chance de trouver des complicités chez les garçons de jeu. Les plus complaisants des tenanciers étaient toutefois contraints de prendre parti pour les victimes lorsque les tricheries étaient trop manifestes : il leur fallait même expulser les fripons devenus trop gênants pour la réputation de leurs établissements, soit qu'ils eussent été repérés par tout le monde, soit que leur comportement risquât d'attirer l'attention de la police. Il est vrai que ces personnages ne se contentaient pas toujours de tricher : le sieur Saint-Gilles était connu pour être un « tapageur », le sieur Tournus un « jureur et blasphémateur abominable », le sieur Deschamps un « fripon soutenant la débauche » qui « insinue de mauvais sentimens », et le sieur Petit une « mauvaise langue » qui « fronde le gouvernement ». La découverte des tricheries provoquait aussi des disputes dont les suites ne pouvaient qu'indisposer les tenanciers contre les fripons.

L'association

A l'exception de ceux qui s'introduisaient chez les riches particuliers, les fripons avaient tout intérêt à s'associer pour dénicher de nouvelles dupes, les attirer à la table de jeu et les escroquer. La plupart des tricheurs exerçant chez eux avaient des complices, et leurs collègues des lieux publics formaient très souvent de petites équipes à deux ou trois, et parfois même jusqu'à neuf ou dix ; mais ces associations étaient dans l'ensemble très éphémères, se formant et se dissolvant au gré des circonstances dans un petit monde d'individus tacitement liés. C'est sans doute ainsi qu'un officier de police pouvait écrire des sieurs Blaciart et Marou qu'ils étaient associés avec tous les fripons de Paris.

L'organisation de ce petit monde pose toutefois problème. D'une part, la lecture des archives de police et des Mémoires des contemporains tend à la réduire à une solidarité effective, certes, mais toujours tacite, fondée sur des intérêts communs immédiats et ne se matérialisant qu'à l'échelle de quelques individus ; mais deux textes, dont la fiabilité historique prête d'ailleurs à discussion, évoquent une organisation bien structurée du milieu des fripons. En premier lieu, l'*Histoire du chevalier des Grieux et de Manon Lescaut* de l'abbé Prévost, où ledit chevalier se fit voler toute sa fortune et demanda conseil au frère de Manon sur les moyens de la rétablir par le jeu :

« Il me dit (...) qu'entreprendre de jouer simplement avec les espérances communes, c'était le vrai moyen d'achever ma perte ; que de prétendre exercer seul, et sans être soutenu, les petits moyens qu'un habile homme emploie pour corriger la fortune, était un métier trop dangereux ; qu'il y avait une troisième voie, qui était celle de l'association, mais que ma jeunesse lui faisait craindre que messieurs les Confédérés ne me jugeassent point encore les qualités propres à la Ligue. Il me promit néanmoins ses bons offices auprès d'eux (...) ; il ne désespérait point qu'en sacrifiant de bonne grâce une centaine de francs pour traiter ses associés, je ne pusse être admis, à sa recommandation, dans la Ligue de l'Industrie (...). M. Lescaut me présenta, le soir même, comme un de ses parents ; il ajouta que j'étais d'autant mieux disposé à réussir, que j'avais besoin des plus grandes faveurs de la fortune. Cependant, pour faire connaître que ma misère n'était pas celle d'un homme de néant, il leur dit que j'étais dans le dessein de leur donner à souper. L'offre fut acceptée. Je les traitai magnifiquement. On s'entretint longtemps de la gentillesse de ma figure et de mes heureuses dispositions. On prétendit qu'il y avait beaucoup à espérer de moi, parce qu'ayant quelque chose dans la physionomie qui sentait l'honnête homme, personne ne se défierait de mes artifices. Enfin, on rendit grâces à M. Lescaut d'avoir procuré à l'Ordre un novice de mon mérite, et l'on chargea un des chevaliers de me donner, pendant quelques jours, les instructions nécessaires[19]. »

Le chevalier des Grieux exerça ses nouveaux talents à l'hôtel de Transylvanie où, bien qu'il partageât « de bonne foi » avec ses associés, il gagna vite des sommes considérables[20].

Le second texte, bien plus étonnant encore, est l'*Histoire des Grecs ou de ceux qui corrigent la fortune au jeu* d'Ange Goudar. A une date non précisée par l'auteur (entre 1720 et 1750), un illustre fripon, le marquis de Mont.[21], aurait réuni une cinquantaine de ses plus fameux collègues parisiens pour structurer le monde des Grecs jusqu'alors en pleine anarchie. Cette assemblée aurait recensé la population friponne de la ville, puis élaboré toute une série de statuts de l' « Ordre des Grecs » : conditions pour être reçu dans l'Ordre, limitation du nombre de ses membres, obligation pour eux de réduire leur train de vie et de se soumettre à plusieurs règlements relatifs à la manière d'escroquer, etc. Mais à peine cette « législation » aurait-elle été connue par les intéressés qu'elle aurait déchaîné la fureur de la grande majorité d'entre cux, épris d'individualisme et de liberté, et ce projet aurait immédiatement été abandonné[22].

Que furent la « Ligue de l'Industrie » et l' « Ordre des Grecs » ? Ce dernier, s'il exista vraiment (Goudar, qui protesta pourtant longuement de sa bonne foi, fut bien le seul à l'évoquer), eut à peine le temps de voir le jour. Quant à l'abbé Prévost, qui situait l'action de son récit au début de la Régence mais le publia en 1731, peut-être s'inspira-t-il du phénomène décrit par Goudar, et rien n'indique de toute façon que l'abbé se soit juré de ne nourrir son œuvre que de détails purement historiques.

Trouver les dupes

Avant de songer à user de ses talents pour « corriger la fortune », le fripon devait amener ses futures victimes à jouer, et ce problème ne se posait pas seulement pour les tricheurs exerçant chez eux : leurs collègues de maisons de jeu, de cabarets ou de foires se faisaient très vite repérer des habitués de ce genre d'établissements, et étaient donc bien obligés de chercher à attirer des dupes de l'extérieur. Ainsi les frères Puget étaient-ils accusés d'inviter du monde à souper pour le duper au jeu. Les sieurs Berthelot, Courtain, Lecoq et Paviette venaient souvent tenter leur chance dans les jardins publics auprès des écoliers lors de leurs jours de congé. L'auteur du rapport de police, qui se promenait au jardin du Luxembourg, se vit lui-même proposer de jouer avec eux au petit palet (jeu d'adresse) où il perdit deux bouteilles de vin, leur appât ordinaire pour attirer la dupe au cabaret, à la suite de quoi il fut effectivement invité à boire et à jouer dans leur cabaret habituel. Le sieur Desrochers ne bougeait pas des jeux de roulette et des académies, dans l'espoir d'y trouver les dupes qu'il mènerait au cabaret pour les friponner à toutes sortes de jeux. Et lorsqu'il était à Paris, le sieur Girault allait dans tous les hôtels pour y prendre ses repas, faire connaissance avec de nouvelles dupes et les escroquer après souper.

La plupart des fripons exerçant chez eux attiraient leurs futures victimes en leur promettant un bon repas et une agréable compagnie féminine : il n'était presque jamais question de jeu, du moins avant la fin du repas. Le sieur d'Hugues « se fait appeler d'Hugues de Geversac, ce qui fait que ceux qu'il fréquente le prennent réellement pour un duc, cela le flatte beaucoup et il profite de cette erreur pour se faufiler dans les spectacles et dans les promenades avec de jeunes seigneurs étrangers qu'il attire chez lui où il leur donne de grands repas à la suite desquels il leur propose de jouer, c'est alors qu'il leur gagne ce qu'il veut ». Un jeune homme débutant dans les affaires accepta l'invitation à souper du chevalier de Steguerty qui lui avait promis la compagnie de jolies femmes et la possibilité de rencontrer le sieur de Vrilly, complice de Steguerty « qu'on luy avoit assuré être en état de luy procurer des connoissances dans la finance » : le jeune homme ne fit évidemment que perdre son argent. L'abbé Lehoux, lui, recourait aux services des sieurs de Champblanc (dit Chambrelant), Danson, Plancy et Gautier : les trois premiers « courent journellement les endroits, soit auberges, ou jeux, ou promenades et spectacles pour faire connoissance avec les gens nouvellement arrivés de province ou soupçonnés d'estre porteurs de beaucoup d'argent ; lorsque la connoissance est faite, on prie les particuliers à venir manger un morceau chez l'abbé Lehoux (...) on soupe, le vin surtout n'y manque pas, les filles font les yeux doux à l'étranger, le vin opère, on se caresse, l'étranger se grise ou pour mieux dire on le soulle, ensuite on rachève de le dupper ; si on voit qu'il a des diamans et autres meubles, on lui fait offres de services, on lui prête de l'argent pour l'engager à revenir et on lui promet de lui en faire prester tant qu'il voudra, enfin on ne quitte point qu'il ne s'est totalement dépouillé ». Quant au quatrième larron, le sieur Gautier, « on lui donne de l'argent pour aller dîner et souper dans les bons hostels garnis pour voir si il n'y a pas de duppes ou des étrangers. Si il y en a, il fait connoissance avec eux, après le dîner il les menne au caffée, il les régalle de liqueur, ensuite on va à la comédie, après la comédie l'étranger pour le remercier le prie de souper, Gautier

est à ce qu'il paroist au désespoir de n'avoir point cet
honneur, attendu qu'il est prié de souper dans une
bonne maison (qui est celle de l'abbé Lehoux) où il y
a bonne compagnie et surtout des dames bien aima-
bles, et engage par ses instances l'étranger à y venir
avec luy (...) il bat les buissons et ces messieurs
prennent les moineaux ». Les fripons honorablement
connus se voyaient évidemment la besogne facilitée :
la maréchale de la Ferté par exemple recevait tous les
jours l'élite de la cour et de la ville. Toutefois, selon
Bussy-Rabutin, quelque temps après que la maréchale
eut commencé à tricher, ladite compagnie se lassa de
perdre son argent : « on cessa d'y aller, et l'avantage
qui lui en revenoit ayant cessé par conséquent, elle fit
venir dans sa maison un certain nombre de femmes
choisies, afin que les jeunes gens, attirés par le bruit
de leur beauté ou de leur esprit, fussent induits à la
venir voir[23] ».

L'idée la plus ingénieuse revient sans conteste à
l'assemblée qui, d'après Goudar, s'était réunie pour
créer l'Ordre des Grecs : elle avait envoyé dans chaque ville du royaume des fripons chargés de leur
signaler le départ pour Paris de toutes les dupes potentielles[24]. Goudar cita plusieurs lettres, dont par exemple celle du correspondant de Calais :

« Il débarqua hier ici deux Milords, venant de
Londres, et allant à Paris. Ils partiront ce soir à huit
heures, et arriveront probablement demain à deux
heures après-midi. Ils vont loger à l'hôtel d'Antragues,
rue Tournon. Leur bourse et leur porte-feuille sont
des plus cossus. Outre deux ou trois mille guinées
qu'ils ont en argent comptant, ils ont encore des
lettres de change, payables à vue, pour plus de quarante mille francs. Ils m'ont payé ici quatre cents
guinées pour leur droit de passage ; et je les aurois

dépouillés entièrement, s'il n'étoit du bon ordre que les grands coups de filouterie se frappassent à Paris[25]. »

Bien tricher

Les fripons avaient le choix entre trois tactiques : truquer les accessoires du jeu, s'informer subrepticement du jeu des autres joueurs et s'emparer de plus d'argent que ne le prévoyait le résultat de la partie.

Les accessoires les plus souvent utilisés étaient les dés et les cartes. Presque tous les tricheurs avaient dans leurs poches des dés « pipés », dits encore « chargés », « plombés » ou « faux », c'est-à-dire dont le centre de gravité avait été déplacé pour augmenter la probabilité de tomber sur telle ou telle face. Les cartes donnaient encore davantage de possibilités aux fripons : elles pouvaient être coupées, marquées, fabriquées dans des cartons différents, ou rangées dans un ordre prédéterminé, toujours pour être plus facilement reconnues.

« Les uns marquent les cartes avec une pierre ponce, lit-on dans *Diogène à Paris,* ou avec des cheveux, ou de petites pailles presque imperceptibles, qu'ils y collent proprement. Ils affectent d'avoir la vue basse et ils portent des lunettes qui grossissent les objets, et leur font voir sur le dos d'une carte des atomes imperceptibles, à l'aide desquels ils la discernent (...). D'autres encore ont des cartes préparées, où, sur les as noirs, la veine du papier qui fait le dos de la carte, au lieu d'être collée en long, est collée en large. Ils font un pont dans l'endroit où ils veulent qu'on coupe. Ils mettent une carte plus large que les autres, ou en font sortir une de côté, de sorte qu'on coupe, sans le vouloir, précisément dans l'endroit qu'ils souhaitoient. D'autres enfin ont une main " exquise ". Ils connoissent la figure en maniant la carte par dessous, et ils la filent avec la dernière adresse[26]. »

Bien rares étaient les fripons à se promener sans un jeu de cartes « apprêtées » sur eux. D'après Goudar, la roulette des hôtels de Gesvres et de Soissons excita aussi l'imagination des tricheurs : « Ce jeu avoit d'abord été imaginé pour que le Public pût jouer son argent en toute sûreté (...). On avoit bien fait d'abord quelques tentatives pour y faire jouer de malheur, soit par la position de la Table, ou autres moyens ; mais ces friponneries avoient souvent eu un effet contraire ; et ceux qui vouloient dupper, avoient été souvent eux-mêmes pris pour duppes. Mais un Grec Geomettre trouva un moyen. Il fit faire une Roulette, où les Cases d'une couleur étoient plus grandes que celles de l'autre, de façon que ceux qui étoient du secret, se servant de la balle dont les Cases étoient plus grandes, avoient par là un avantage considérable[27]. » Il fallait pour cela la complicité des garçons de jeu, mais Goudar précisa qu'il était facile de les corrompre[28].

La deuxième catégorie de tricheries comprenait tous les moyens de prendre connaissance du jeu des autres joueurs. Dans *Les Astuces de Paris* de Nougaret, un provincial s'étant aventuré dans une académie de jeu parisienne se plaignit en ces termes : « Je perdis tout ce que j'avois gagné, et douze louis de plus. L'inconnu empochoit froidement mon argent ; et me présentant à chaque minute sa tabatière, qu'il tenoit devant lui, m'invitoit à prendre une prise de tabac[29]. » Un de ses amis parisiens dut l'éclairer : « De son côté votre Adversaire possédoit encore le moyen de connoître tout votre jeu. Sa tabatière, dont le verni est si luisant, n'étoit pas là sans dessein : toutes les cartes qu'il vous donnoit se réfléchissoient sur le couvercle, comme dans un miroir[30]. »

Les meilleures méthodes, explique Goudar, nécessitent l'association : « Dans tous les jeux de commerce à quatre, on peut être trompé malgré toutes les précautions qu'on peut prendre pour éviter de l'être. Il suffit que deux fripons s'accordent ensemble ; car la dupperie n'est point alors dans les cartes. Elle est dans l'avantage qu'on retire de la certitude de la position générale du jeu ; car deux joueurs, en se communiquant mutuellement leur jeu par certains signes, se déclarent par là celui des deux autres[31]. » Goudar trouvait encore plus efficace de « faire le service », ce qui permettait de connaître directement le jeu de l'adversaire : « Un Grec se mettoit à côté de celui à qui on vouloit gagner son argent, et par certains signes déclaroit le jeu à l'autre[32]. » S'il tenait par exemple son chapeau ou sa canne avec trois doigts, son complice savait que la victime possédait trois bonnes cartes, à moins que la communication ne se fît sous la table par coups de pied.

Mais la quintessence de la tricherie restait, aux yeux de Goudar, la « contrepartie » : « Si on demande ce qu'elle est, je dirai que c'est la friponnerie de la friponnerie. Un Grec faisoit semblant de s'entendre avec un autre, pour gagner l'argent d'un troisième ; mais ce tiers étoit réellement d'intelligence avec le premier, et ils trompoient tous deux le second[33]. » Une bonne tactique consistait encore à dépouiller comme suit les parieurs dans les académies de jeu : deux fripons entamaient une partie, un complice à la mine patibulaire misait une forte somme sur l'un des deux joueurs, l'assistance pariait évidemment sur l'autre, et les deux fripons s'arrangeaient pour faire gagner leur complice parieur. Il arrivait aussi, aux jeux de hasard, que le banquier se mît d'accord avec un ou deux fripons pour faire sauter la banque et la partager aussitôt après.

Les dernières tricheries usitées consistaient à s'approprier davantage d'argent que ne le prévoyait l'issue du jeu. Le sieur Lebeau, par exemple, fut l'objet de plaintes, « entre autres le 3 octobre 1764 pour avoir pris dans l'académie de la dame Longpré dix-huit livres au lieu de douze qui lui revenoient ; le 28 novembre 1764 pour avoir fait une erreur volontaire de six livres ; le 6 février 1765 pour être connu pour faire des erreurs ». D'autres fripons glissaient au jeu des pièces de monnaie fausses ou rognées pour en récupérer de bonnes.

Bien tricher n'impliquait pas forcément toucher beaucoup d'argent car, note Goudar, les joueurs dupés contractaient souvent de trop fortes dettes : « Non seulement ils ne les payoient pas ; mais même ils ne revenoient plus jouer, et par là il arrivoit que les Grecs avec le Capital perdoient le revenu de leur filouterie [34]. » D'où la recommandation du marquis de Mont., l'inspirateur supposé de l'Ordre des Grecs : « Je voudrois, Messieurs, que tous les Grecs apprissent par cœur cette importante maxime : Qu'il faut gagner peu ; mais que lorsqu'on a gagné beaucoup, il ne faut pas se contenter de peu [35]. »

Echapper à la police

Savoir attirer et escroquer de bonnes dupes ne servait à rien si les fripons passaient leur vie en prison ou en exil : d'où un certain nombre de précautions. D'abord, les tricheurs de lieux publics essayaient d'entretenir les meilleures relations possibles avec les tenanciers qui, il est vrai, ne les dénonçaient que très rarement à la police. Ensuite, pour brouiller les pistes, les fripons changeaient souvent de nom et d'adresse. C'est ainsi que ceux qui exerçaient dans les académies de jeu et dans les cabarets ne se faisaient que très exceptionnellement appeler par leur vrai nom : le sieur Couturier par exemple « est un de ces coquins qui changent de nom dans chaque académie où ils vont. Il est nécessaire de faire des exemples de ces drôles-là qui s'imaginent mettre par ce stratagème la police en défaut ». Ces noms de guerre étaient le plus souvent inspirés de l'origine géographique ou de la profession : le Cartier, Bourguignon, Paysan, Languedoc, l'Auvergnat, Chaudronnier, Dauphiné, Marchand de melons, etc. Quant aux adresses, d'après l'ouvrage anonyme *Police...*, les fripons se réfugiaient à Paris dans les hôtels ou les chambres garnies : « Il y en a qui y demeurent depuis cinq, dix, vingt et vingt-cinq ans totalement ignorés de la Police, logeant huit jours dans un quartier de la Ville, quinze jours dans un autre, ensuite dans un des Fauxbourgs, de là à l'extrémité d'un autre Fauxbourg, et *vicissim* dans chaque coin de la Ville et des Fauxbourgs [36]. »

Les tricheurs tâchaient aussi de ne pas se faire dénoncer par leurs victimes : si elles ne se rendaient pas compte qu'elles avaient été escroquées, tout allait bien ; dans le cas contraire, les fripons tentaient par tous les moyens de les décourager de porter plainte. S'étant fait duper de plus de huit cents livres dans des académies de jeu et dans des cabarets, le sieur Lemaire suivit le conseil d'un garçon d'académie et porta plainte contre les sieurs Aveline, Pecquet, Trotet et Tubœuf, tous quatre tricheurs notoires : ces derniers, selon ledit garçon d'académie, « ont eu la subtilité de faire donner audit Lemaire un désistement après l'avoir mis en débauche avec des filles et l'avoir enivré, ils luy ont en même tems tiré l'aveu de celuy qui l'avoit conseillé » ; et d'après un rapport de police, les quatre fripons « l'ont menacé et enfin engagé, peut-être forcé, à donner son désistement. Ils l'ont fait dit-on partir de Paris en luy faisant peur et luy ont prêté 50 livres pour faire son voyage ». L'intègre garçon d'académie reçut enfin de telles menaces de la part des tricheurs qu'il dut demander la protection de la police. Les fripons cherchaient encore à intimider les témoins gênants : ayant malhonnêtement gagné au sieur Caret quelques billets en présence du sieur Robert, fils de fermier général, le prétendu chevalier de Breteuil « a même eu l'insolence d'aller menacer, chez luy, le sieur Robert, jusqu'à luy dire que, s'il parloit jamais de ce qui s'est passé entre le sieur Caret et luy, chevalier de Breteuil, il passeroit son espée au travers du corps du sieur Robert, qui n'est pas encore bien revenu de la peur de cette menace [37] ».

Certains fripons pensaient, et parfois avec raison, qu'une bonne protection ou une fonction honorifique les mettrait à l'abri de la police : le sieur Vendosme avait par exemple la réputation d'être protégé par Mme de Saverne, et le sieur Tubœuf, « disant être brigadier de la Monnoye, privilège qu'il a acheté à M. de Valicourt pour friponner plus impunément, s'imaginant qu'on n'oseroit l'arrêter (...) a dit dans l'académie de la veuve Gosseaume qu'il n'avoit rien à faire à la police, qu'il s'en f... parce qu'il étoit officier de la Monnoye », ce qui ne l'empêcha d'ailleurs pas d'être condamné à plusieurs reprises et à d'assez lourdes peines.

Lorsqu'ils étaient sérieusement inquiétés, les fripons n'avaient plus qu'à essayer de corrompre la police. A en croire Goudar, « ce n'est point que la Police les détruise ; car ils peuvent toujours trouver des accommodemens avec elle, quelque avérées que soient leurs friponneries [38] ». Et selon Dusaulx, « nos Chevaliers d'industrie ne sont plus, comme autrefois, sur le Qui-Vive : ils payent, et on les souffre. Quand on est forcé de sévir, l'animadversion ne tombe plus que sur des misérables sans aveu [39] ». Enfin, s'ils étaient condamnés, les fripons s'attachaient à faire jouer toutes leurs relations pour obtenir la suspension ou l'allégement de leurs peines : cela apparaîtra dans un chapitre ultérieur.

Les dupes

Pas de fripons sans victimes. Ces dernières étaient de deux sortes : les joueurs ordinaires qui avaient de temps en temps la mauvaise surprise de tomber sur un ou plusieurs tricheurs, et les véritables « dupes », c'est-à-dire les personnes qui n'auraient pas joué sans les manœuvres de ces fripons. Une remarque préliminaire : le mot « dupe » était très largement utilisé aux xviie et xviiie siècles, et c'est à peine si les termes « pigeon » et « miché » risquèrent quelques apparitions concurrentes. En règle générale, les proies de prédilection des fripons étaient les personnes les plus inexpérimentées au jeu et les plus riches possible, c'est-à-dire les fils de famille et les provinciaux ou étrangers venant juste d'arriver à Paris (voyageurs d'agrément, marchands, officiers...). Très recherché aussi était l'imprudent enthousiasme de ceux que la fortune venait soudainement de toucher. C'est pourquoi La Bruyère ne s'étonnait point que les fripons voulussent toujours savoir « qui a descendu à terre avec un argent frais d'une nouvelle prise, qui a gagné un procès d'où on lui a compté une grosse somme, qui a reçu un don, qui a fait au jeu un gain considérable, quel fils de famille vient de recueillir une riche succession, ou quel commis imprudent veut hasarder sur une carte les deniers de sa caisse [40] ».

La période d'euphorie du Système de Law vit affluer les dupes potentielles : « La rapidité avec laquelle les fortunes se faisoient alors en France, raconte Goudar, formoit elle-même une moisson abondante pour les joueurs. Comme un Mississippien voyoit dans un jour doubler et tripler le capital de ses richesses, on se livroit facilement au jeu ; parce que les pertes qu'on y faisoit n'étoient pas considérées comme telles, mais seulement comme une diminution sur les profits immenses qu'on faisoit d'un autre côté (...). D'un autre côté, une foule de Provinciaux, sur le bruit des grandes fortunes qui se faisoient à Paris, y accouraient de toutes parts, et apportoient des sommes considérables pour acheter des actions, et partager avec les Parisiens les profits du Mississippi. Les Grecs qui les attendoient à l'arrivée de la diligence, tâchoient par le moyen des cartes de faire en sorte qu'ils ne changeassent pas tout leur argent en papier [41]. »

Comment réagissaient les dupes lorsqu'elles découvraient l'escroquerie ? Parfois brusquement, comme l'illustre cette histoire que Casanova dit s'être fait raconter par un fripon exerçant chez la dame Lambertiny sa complice :

« Hier soir, un jeune homme employé aux fermes, qu'une vieille friponne génoise a conduit à souper chez nous, après avoir perdu quarante louis aux " petits paquets ", jeta les cartes au nez de mon hôtesse en l'appelant voleuse. Dans un premier mouvement, je pris le flambeau et je lui éteignis la bougie sur la figure, au risque de lui crever un œil ; je l'attrapai heureusement à la joue. Il courut à son épée ; j'avais déjà dégainé la mienne, et si la Génoise ne se fut jetée entre nous, un meurtre aurait pu s'ensuivre. Ce malheureux, en voyant sa joue au miroir, devint si furieux, qu'on ne put l'apaiser qu'en lui rendant son argent. Elles le lui rendirent malgré mon instance, car la restitution ne pouvait se faire qu'en avouant, tacitement au moins, qu'on le lui avait gagné par tricherie. Cela donna lieu à une dispute très aigre entre la Lambertiny et moi après le départ du jeune homme [42]. »

Ayant soupé, joué et perdu chez le sieur d'Hugues, le sieur de Pimont reconnut après réflexion que son hôte avait triché : l'épouse de la victime prévint alors la police que Pimont voulait aller trouver d'Hugues pour se faire rendre son bien et, craignant les suites de cette affaire, elle demanda que fût expédié un ordre d'arrestation contre le tricheur. Mais la police ne fit rien, et le sieur de Pimont ne parvint pas à récupérer quoi que ce fût. Les victimes de fripons et surtout de friponnes trop illustres pouvaient en outre difficilement se venger. Bussy-Rabutin cite à ce sujet l'anecdote suivante, relative au jeu que la maréchale de la Ferté organisait chez elle :

« Un officier suisse, qui y avoit perdu le fonds et le très-fonds, et qui avoit remarqué quelque chose, en fit grand bruit ; mais, comme il avoit affaire à des gens de qualité, et que ses amis l'avertirent qu'il y alloit encore pour lui de la bastonnade s'il s'amusoit à faire les contes qu'il faisoit, il prit un autre parti, qui fut de faire imprimer des placards et de les faire afficher aux portes de Paris, par lesquels il donnoit avis à tous ceux qui arrivoient dans cette grande ville de se donner de garde de cette maison [43]. »

Dans l'ensemble, peu de dupes portaient plainte : soit qu'elles ne tinssent point à dire à la police qu'elles avaient joué dans des conditions illicites, soit qu'elles cédassent à la peur des représailles.

CHAPITRE VIII

LE JEU ET SON CORTÈGE DE MALHEURS

La mort et le crime

Les duels d'abord : plusieurs exemples en ont déjà été cités, relatifs aux hôtels de Gesvres et de Soissons, au jeu établi chez l'ambassadeur de l'Empire, à la cour et à la foire de Saint-Germain. Dans les années 1770-1780, d'après *Les Joueurs et M. Dusaulx,* on ne parlait chaque jour que de gens qui s'étaient assassinés ou battus en duel à la suite du jeu [1].

Beaucoup de suicides également. Le jeu, remarque Dampmartin avec humour, « parvient quelquefois à former de grands philosophes, terminant leur cours pratique, soit dans la Seine, soit un pistolet à la main [2] ». A en croire *Les Joueurs et M. Dusaulx,* une employée du jeu de l'ambassadeur de Venise tenait soigneusement la liste de tous ceux qui s'étaient tués au sortir du jeu [3]. En 1779, Dusaulx compta quatre suicides et un crime en moins de deux jours [4]. Et quelques pages plus loin : « Un joueur vient, dans le jardin du Luxembourg, de tirer un coup de pistolet sur sa jeune Epouse irréprochable : il s'est tué lui-même, de dix coups de poignard. D'où venoit sa fureur ? du jeu, et des liaisons qu'il y avoit contractées [5]. » Saint-Simon regretta longtemps son ami Permillac, officier qui « se tua un matin dans son lit, d'un coup de pistolet dans la tête, pour avoir perdu tout ce qu'il n'avoit pas ni ne pouvoit avoir, ayant été gros et fidèle joueur toute sa vie[6] ». En ce qui concerne les hôtels de Gesvres et de Soissons, d'après Barbier, « un officier, ayant perdu tout ce qu'il avoit, revint désespéré à son auberge et se mit une si bonne dose d'opium dans le corps qu'il creva la nuit[7] ». Quant à la dame Gohart qui dilapidait l'argent de son mari marchand de fer, elle voulut d'abord s'étrangler, puis, peu de jours après, s'étant fait saigner sous un faux prétexte, délia son bras, et il fallut la tenir à quatre pour lui remettre sa ligature ; elle fut en outre soupçonnée de vouloir tuer son mari[8]. Les pontes n'étaient d'ailleurs pas les seuls à mettre fin à leurs jours : il a été vu qu'un banquier de jeu s'était lui aussi jeté dans la Seine pour avoir trop perdu.

Le jeu provoqua encore une foule de crimes crapuleux. Le marquis d'Argenson racontait qu'en 1739 l'abbé Gaillande, docteur et confesseur des pendus, avait affirmé au cardinal de Fleury que les trois quarts des pendus et des roués lui avouaient que la première cause de leurs crimes provenait des pertes faites aux jeux des hôtels de Gesvres et de Soissons[9]. Le plus beau cas de crime engendré par le jeu est celui du comte de Horn dont l'exécution publique en 1720 fit scandale : le jeune comte avait assassiné un commis de la Banque royale pour lui voler de quoi rembourser les dettes de jeu qu'il avait contractées à la foire de Saint-Germain.

Un mémoire rédigé sur l'académie du sieur Herbert prouve que la passion du jeu pouvait conduire à la mort sans la moindre violence :

« Entr'autres, le chevalier de Saint-Laurent. Mort inouïe ! Pendant quinze mois Saint-Laurent ne s'est pas couché : ce fait paraît dénué même de vraisemblance, rien néanmoins n'est plus vrai. Les jambes du malheureux chevalier sont devenues adémateuses, purulentes et sanguinolentes, il avoit les yeux cavés, la bouche empestiphérée de l'atmosphère académique, la contenance d'un spectre ambulant, on ne lui voyoit point de poitrine, le devant de son habit figuroit sur son corps comme s'il eût été étendu sur un bouton de garde-robe. En cet affreux équipage personne ne lui a tendu secours ; la Charité, la seule Charité, l'a reçu dans son sein. La Charité n'a jamais vu d'être si pitoyable : les frères les plus intrépides, les plus chauds de religion ont pâli à la vue de sa chemise pleine de sang et de vermine (...). Saint-Laurent est mort quelques jours après son entrée à cet hôpital. »

Même si le jeu ne menait pas toujours directement à la mort, certains prétendirent plus ou moins sérieusement qu'il pouvait nuire à la santé : si le marquis de Dangeau souffrait de l'anus, écrivait Visconti, « c'était pour être resté trop longtemps assis et en grande réflexion au jeu. Le comte de Grammont disait que le diable battait Dangeau, et que, comme le pacte pour gagner était à son terme, le marquis périrait bientôt [10] ». C'est une autre maladie que Dufresny évoque dans *La Joueuse,* où un joueur répond ainsi à ceux qui s'étonnent de son absence prolongée du tapis vert : « J'ai demeuré un mois à une de mes terres, heu, où je me suis mis au lait (...). Oui, je me suis mis au lait ; car les veilles, les disputes, les juremens nous ruinent la poitrine à nous autres joueurs [11]. » Enfin, regrette Hennebert, « depuis que le jeu de cartes fait une des principales branches de nos plaisirs, des infirmités foudroyantes assiègent l'humanité. Nos corps efféminés sont baignés de sueur au moindre effort ; notre courage énervé succombe aux fatigues d'une campagne. En perdant l'usage des exercices corporels, nos forces ont dégénéré [12] ».

Pour en revenir aux délits occasionnés par le jeu, les

vols figuraient en bonne place : la législation dénonçait en particulier les vols domestiques, c'est-à-dire des enfants sur leurs parents et des domestiques, apprentis ou garçons de boutique, sur leurs maîtres. Le 22 septembre 1730 fut pendu à la Croix du Trahoir le sieur Le Beer : ce gentilhomme, gouverneur du marquis de Charost et surtout gros joueur, avait volé la cassette du duc, père du marquis[13]. La dame Gohart, femme de marchand de fer et déjà citée, jouait et perdait beaucoup : comme son mari refusait de payer, elle lui vola sa vaisselle d'argent, menaça de l'empoisonner, crocheta ses coffres et ses armoires[14]...

La ruine assurée

Le jeu menait inéluctablement à la ruine, les contemporains en étaient unanimement persuadés. Fréminville : « La ruine des grandes Maisons, ainsi que des petites, ne vient le plus souvent que du Jeu[15]. » L'*Encyclopédie :* « Les personnes ruinées par le jeu, passent en nombre les gens robustes que les médecins ont rendus infirmes[16]. » *Les Joueurs et M. Dusaulx :* « Chaque jour on ne parloit que de gens ruinés au jeu[17]. »

L'auteur inconnu de *Police...* attribue aux fripons une lourde part de responsabilité dans ces ruines : « Je composerois dix Volumes in-folio, si je voulois rappeler tous les maux que commettent ces êtres abominables ; je ferois répandre des larmes de sang à une multitude de familles qu'ils ont réduites à la plus affreuse misère[18]. » Dusaulx confirme le rôle de ces tricheurs professionnels : « La plupart des compagnons de ma jeunesse, ont passé par leurs mains : les plus à plaindre, aujourd'hui, ne sont pas ceux qui n'ont perdu que la moitié de leur Patrimoine ; ni ceux qui réduits au simple nécessaire, après avoir nagé dans l'abondance, sont encore en état de subsister [19]. »

Les exemples concrets de ruines dues au jeu sont si nombreux que seuls quelques-uns seront ici cités, les deux premiers pris dans les *Mémoires* de Saint-Simon. La dame de Polignac « joua tant, qu'elle se ruina et s'en alla en Auvergne où elle mourut assez étrangement, ce dit-on, et fort lasse de vivre [20] ». Le marquis de Pompadour, lui, s'étant mis à jouer gros jeu et à perdre, « abandonna la guerre et puis la cour, fit le plongeon au grand monde, et s'enterra dans une entière obscurité. Il vendit son gouvernement et mit ses affaires dans le plus grand désordre [21] ».

Voici enfin deux beaux cas de ruines à répétition. Le premier est exposé par Marais : « Maurin donc étoit un gentilhomme de Béziers, né avec une fureur extrême pour le jeu ; il jouoit dans son pays avec M. le duc de Verneuil, qui en étoit gouverneur, avec M. de Bezons, intendant, et ruinoit tout le monde et se ruinoit lui-même (...). Notre homme voulut avoir un plus grand théâtre que le Languedoc ; il vint à Paris, joua avec les plus grands joueurs, s'abîma de dettes. » Il dut passer en Angleterre, fit là-bas une fortune de plusieurs millions, revint à Paris, perdit à nouveau, retourna en Angleterre, revint à Paris encore assez riche, perdit enfin tout ce qu'il avait, et se retira avec sa femme dans une petite maison à Boulogne près de Paris [22]. Le second exemple est celui de l'auteur dramatique Moissy qui, d'après Dusaulx, commença à jouer le jour même du succès de sa pièce *La Nouvelle Ecole des femmes* : « Il perd d'abord son patrimoine, et bientôt son talent : il perd ensuite un héritage, qui l'avoit remis dans son premier état. Ruiné trois fois (...), il s'exila : passa en Russie, pour y remplir la fonction d'Instituteur. Quelques années après, il revint à Paris où il perdit ce qu'il avoit acquis par cette voie honnête[23]. »

Non seulement le jeu faisait perdre de l'argent, mais il poussait aussi à négliger études et activités professionnelles, et parfois même à les abandonner complètement. Dupuy l'affirme, c'est au jeu que le jeune homme « perd absolument tout goût pour l'étude, pour les sciences, pour les beaux-arts, pour les obligations de son état, pour une vie sage et réglée[24] ». Un article entier du mémoire déjà cité sur l'académie du sieur Herbert était consacré au temps précieux qu'y perdaient les élèves en chirurgie. Le sieur Varoquier, commis de M. Pâris, oubliait son métier pour se livrer entièrement au jeu, et le sieur Leseron, procureur au Parlement de Paris, compromettait lui aussi sa fortune et son état en passant ses nuits et la plupart du temps de son travail dans les académies de jeu.

Le jeu condamnait encore certains individus à se passer de profession, mais cette fois malgré eux. D'après Rivals, non seulement la plupart des joueurs perdent leur fortune, « mais encore ils se mettent à même de n'être propres à rien, et de ne pouvoir réparer leurs pertes par aucun emploi ; ils ont perdu la confiance de tout le monde. Comment voulez-vous qu'un ministre puisse donner une charge à un homme qui est hors d'état de la remplir ; mais supposez même que celui qui est en place soit surpris et qu'il lui accorde ce qu'on lui a demandé, le joueur ne se met-il pas lui-même par ses dérangemens et sa conduite, dans le cas de perdre sa place ? Voilà donc un homme qui ne peut être que malheureux toute sa vie[25] ». Deux cas entre autres cités par Saint-Simon : « Reineville, lieutenant des gardes du corps, officier général distingué à la guerre, fort bien traité du roi et fort estimé des capitaines des gardes, disparut tout d'un coup sans avoir pu être trouvé nulle part, quelque soin qu'on prît à le chercher; c'étoit un homme d'esprit qui avoit un maintien de sagesse qui imposoit. Il aimoit le jeu; il avoit perdu plus qu'il ne pouvait payer; il étoit homme d'honneur, il ne put soutenir son infortune. Douze ou quinze ans après, il fut reconnu par hasard dans les troupes de Bavière, où il étoit allé se jeter pour avoir du pain et vivre inconnu [26]. » Puis Saint-Adon, capitaine aux gardes qui, à force de jouer et de perdre, « avoit vendu sa compagnie, et n'osant plus se montrer, s'étoit retiré en Flandre, où l'électeur de Bavière, qui ramassoit tout, lui avoit donné une réforme de colonel de dragons. Il ne put s'empêcher de jouer; il ne fut pas plus heureux qu'il l'avoit été dans ce pays-ci. Il se tua un matin dans son lit [27] ». Dangeau signale peu après que Boisemont, le frère de Saint-Adon, « est tombé dans les mêmes malheurs que son frère : il a perdu plus d'argent qu'il n'en pouvoit payer, et a quitté Paris sans que l'on sache où il est allé [28] ». Enfin, un trop gros jeu nuisait à la carrière ecclésiastique : d'après Saint-Simon, il avait par exemple fortement éloigné l'abbé de Lionne de l'épiscopat [29].

La réussite : l'exception

Les promotions dues au jeu ne furent effectivement pas très nombreuses. Elles étaient de deux sortes : les gros gains au jeu d'une part, et de l'autre l'utilisation du jeu pour entrer à la cour et y faire carrière, la réussite étant dans ce dernier cas davantage due à l'importance des pertes que le joueur acceptait de subir qu'aux sommes qu'il gagnait.

Les joueurs qui bénéficièrent longtemps de la fortune furent très rares, surtout parmi les gens honnêtes ou supposés tels : c'était mathématiquement prévisible. Le baron de Vioménil en constitue toutefois un bel exemple, ici évoqué par le comte de Cheverny : « Tout le monde joueur s'acharnait contre sa fortune ; elle était étonnante. Il pariait, tenait les cartes ou les laissait tenir, à quelque jeu que ce fût, et il gagnait (...). A Paris, il jouait et ne savait pas perdre. Il était cousu de bijoux, et s'il y en avait un qui vous plût, il offrait de le jouer contre cinquante louis. Il vous laissait prendre les cartes et il gagnait : c'était une chose incroyable (...). Avec quatre-vingt mille livres, en six mois, il gagna plus d'un million cinq cent mille livres. Aussi prudent qu'heureux, il acheta des terres, garda des fonds disponibles, et augmenta tous les ans sa fortune [30]. » Autre exemple, rapporté cette fois par le marquis d'Argenson : « Le petit Houel, officier aux gardes (...) a gagné cent mille écus avec une orange, voici comment : il était au jeu de Mme la Duchesse, et n'avait rien ; il tenait une orange, Mlle de Charolais la lui demanda, il dit qu'il n'était pas en état de rien donner à une si grande princesse qu'elle. Elle lui bailla un écu, et avec cet écu il gagna beaucoup cette soirée, et, de là, il a continué à jouer et gagné ce que je vous dis là [31]. » Barbier précisa quelques années plus tard, à l'occasion d'un gain de quatre cent quatre-vingt mille livres fait par le sieur Houel, que l'officier jouissait alors de plus de quarante mille livres de rente avec de gros fonds en argent [32]. N'ont évidemment été cités ici que des personnages durablement promus par le jeu, car, observe La Bruyère, « la fortune du dé ou du lansquenet les remet souvent où elle les a pris [33] ».

La seconde catégorie de promotions par le jeu est très bien présentée par Nemeitz : « Combien d'exemples n'a-t-on pas de gens qui, en dépit de leur basse extraction, se sont introduits par le jeu auprès des princes et des grands seigneurs, et ont ainsi fait leur

fortune [34] ! » A en croire Barbier, le jeu aida beaucoup
le marquis de Pézé, modeste cadet du Mainc à son
entrée dans le monde, à acquérir la faveur du roi, de
grands biens et de bonnes places [35]. Voici maintenant
trois cas relevés par Saint-Simon. Le premier est relatif à
Mlle de Rohan-Chabot : Louvois « la trouva propre au
monde et à la cour. Il lui conseilla de s'y mettre, elle le
crut, elle s'y introduisit par le gros jeu et par Monsieur,
et, soutenue par Louvois, elle fut bientôt de tout [36] ».
Elle finit par épouser le prince d'Epinoy, et sa fille
cadette appliqua la même tactique : elle « se fourra chez
Mme la princesse de Conti, encore plus chez Mme la
Duchesse, et tant qu'elle pouvoit par elle et par le jeu,
dans les parties de Monseigneur [37] ». Mlle de Bautru,
elle, « étoit toujours à Saint-Cloud et au Palais-Royal
quand Monsieur y étoit, à qui on reprochoit de l'y
souffrir, quoique sa cour ne fût pas délicate sur la vertu.
Elle n'approchoit point de la cour, et personne de
quelque sorte de maintien ne lui vouloit parler quand
rarement on la rencontroit. Elle passoit sa vie au gros
jeu et en débauches, qui lui coûtoient beaucoup
d'argent. A la fin, Monsieur fit tant que, sous prétexte
de jeu, il obtint un voyage de Marly. Les Rohan, c'est-à-
dire alors Mme de Soubise, l'y voyant parvenue, la
soutint de son crédit ; elle joua, fit cent bassesses à tout
ce qui la pouvoit aider, s'ancra à force d'esprit, d'art et
d'hardiesse. Le jeu l'appuya beaucoup [38] ». Et Mlle de
Bautru épousa le prince de Montauban. Le prince de
Rohan enfin, qui voulait consolider son rang de prince
étranger, « redoubla donc de jeu, de soins, de fêtes,
d'empressement pour Mme la Duchesse. Il s'étoit servi
de sa situation brillante auprès de Monseigneur, et de ce
qui le gouvernoit pour s'approcher de Mme la Dauphine
par un jeu prodigieux, une assiduité et des complaisances sans bornes [39] ».

Le jeu aida aussi certains courtisans à revenir en grâce. Saint-Simon a évoqué en particulier le marquis de Seissac, exilé pour avoir triché au jeu du roi : « A son retour il eut liberté de se tenir où il voudroit, hors de se présenter devant le roi. Il s'établit à Paris où il tint grand jeu chez lui. Après, Monsieur, à qui tout étoit bon pour le jeu, demanda permission au roi pour que Seissac pût jouer avec lui à Paris et à Saint-Cloud. Monseigneur, à la prière de Monsieur, obtint la même permission pour Meudon, et de là à Marly, où, sur le pied de joueur, il étoit à la fin de presque tous les voyages [40]. » La manœuvre réussit moins bien au duc de Lauzun qui, venant de recevoir l'ordre de ne point approcher de la cour après six années passées en prison, eut pourtant l'intelligence de s'installer à Paris et d'y jouer beaucoup : « Monsieur, qui faisoit quelquefois de petits séjours à Paris, et qui y jouoit gros jeu, lui permit de venir jouer avec lui au Palais-Royal, puis à Saint-Cloud, où il faisoit l'été de plus longs séjours. » Mais plus le duc « se trouvoit près de la cour et parmi le grand monde, plus la défense d'en approcher lui étoit insupportable. Enfin, n'y pouvant plus tenir, il fit demander au roi la permission d'aller se promener en Angleterre, où l'on jouoit beaucoup et fort gros [41] ». Le duc de Lauzun avait pourtant à la cour une antenne dévouée : « Sa femme, jeune, gaie, sage, aimable, fut fort goûtée. Le gros jeu qu'il lui faisoit jouer, et où elle fut heureuse, la rendoit souvent nécessaire. Mme du Maine ne pouvoit s'en passer, et elle étoit sans cesse à Sceaux avec elle [42]. »

Enfin, quelques heureux personnages réussirent à cumuler les deux genres de réussite qu'offrait le jeu : l'entrée à la cour et les gros gains. Le cas le plus célèbre est celui du marquis de Dangeau, à l'origine simple gentilhomme beauceron dont Saint-Simon retraçait ainsi la carrière : « Le jeu, par lequel il se fourra à la cour, qui étoit alors toute d'amour et de fêtes, incontinent après la mort de la reine mère, le mit dans les meilleures compagnies. Il y gagna tout son bien ; il eut le bonheur de n'être jamais soupçonné ; il prêta obligeamment ; il se fit des amis, et la sûreté de son commerce lui en acquit d'utiles et de véritables. Il fit sa cour aux maîtresses du roi ; le jeu le mit de leurs parties avec lui ; elles le traitèrent avec familiarité, et lui procurèrent celle du roi [43]. » De là, le marquis se mit à accumuler toutes les fonctions et charges honorifiques possibles, tout en continuant à gagner de l'argent au jeu. La carrière de Langlée fut assez semblable à celle de Dangeau. Toujours d'après Saint-Simon, « Langlée n'étoit rien du tout et ne se piquoit pas de naissance (...). Sa mère avoit été femme de chambre de la reine mère, parfaitement bien avec elle ; fort dans l'intrigue et dans le grand monde (...) elle avoit mis son fils dans la familiarité de Monsieur, où le jeu et les débauches l'avoient mené fort avant. Le jeu et l'appui de sa mère le mit des grandes parties du roi, dont il a toujours été tant que le roi a joué. Gros et noble joueur et fort heureux, sage aussi, car après y avoir excessivement gagné, il ne joua plus que pour se soutenir à la cour, être de tous les Marlys et se maintenir dans la familiarité qu'il y avoit acquise [44] ».

Destruction de la famille

Une des conséquences du jeu que les contemporains, législateur en tête, dénonçaient avec le plus de force, c'est la déstabilisation de la famille. En premier lieu, les revers financiers des joueurs se répercutaient forcément sur le train de vie de la famille. D'après *Les Joueurs et M. Dusaulx,* un des ouvriers qui jouait dans l'établissement du comte de Modène pleurait sur le sort de sa femme et de ses enfants qu'il avait laissés sans pain [45]. Que dire alors du sort des familles dont le père s'était suicidé après une trop forte perte, avait été tué au cours d'une querelle, s'était retrouvé en prison après quelque vol ou crime consécutif au jeu, ou même avait tué son épouse avant de mettre fin à ses propres jours ? Le jeu des parents, remarque La Bruyère, hypothéquait parfois la qualité du mariage des enfants : « Un homme joue et se ruine ; il marie néanmoins l'aînée de ses deux filles de ce qu'il a pu sauver des mains d'un Ambreville ; la cadette est sur le point de faire ses vœux, qui n'a d'autre vocation que le jeu de son père [46]. » Et dans *La Joueuse* de Dufresny, l'héroïne vole à son mari la cassette contenant la dot destinée à sa fille [47].

En dehors même des aspects financiers, la famille d'un joueur n'avait pas une vie très agréable. Le joueur tel que le décrit Rivals « apporte chez lui une figure chagrine, une humeur tyrannique, et cherche à trouver une victime pour se soulager de la peine que lui cause la perte qu'il vient de faire. Rien n'est bien fait ; tous ses domestiques sont des vauriens, sa femme est peu économe, ses enfans l'importunent. Il ne voit en eux et en tout ce qui l'entoure que des ennemis ; il leur reproche tout ; il n'y a pas de jour, lorsqu'il est battu par la tempête, qu'il ne voulût être débarrassé de sa compagne et des pauvres infortunés auxquels il a donné le jour [48] ». Dans *Le Chevalier joueur* de Dufresny, la servante Nérine fait l'ironique éloge de la vie à laquelle s'expose Angélique si elle épouse ledit chevalier : « Diversité de l'humeur : vous le verrez enragé, bourru dans l'adversité, brutal et méprisant dans la prospérité ; diversité dans votre ménage : abondance, disette, tantôt en carrosse, tantôt à pied, quitter le premier appartement pour loger au quatrième étage ; diversité dans les emmeublemens : aujourd'hui le velours, demain la serge, et après demain les quatre murailles ; la diversité réjouit les femmes [49]. »

La situation n'était pas meilleure lorsque la passion du jeu touchait la mère de famille. D'après Lordelot, les joueuses oublient leurs devoirs, leurs maris, leurs enfants et le soin de leurs domestiques [50]. Dans *La Joueuse* de Dufresny, la servante Frosine plaint beaucoup Jacinte, la fille de l'héroïne : « Imaginez-vous cette pauvre petite innocente, que notre Joueuse a laissée au couvent depuis son enfance, je la lui amène ; elle ne quitte pas seulement le jeu pour l'embrasser [51]. » Le mari de la Joueuse n'est pas non plus très satisfait : « Une femme joueuse fournit des sujets de chagrin qui ne laissent pas d'être plaisants. Un jour au retour d'un voyage, ma femme avoit joué ses pierreries, ses dentelles, je la trouvai en linge uni : c'est par vertu, me dit-elle, je suis dans la réforme ; elle avoit par réforme aussi troqué mes tapisseries de damas contre du cadis, et ma vaisselle d'argent contre de la fayence, cela fit que nous nous séparâmes de corps et de biens, mais trop tard. On devroit toujours commencer par se séparer, pour conserver l'union dans un ménage [52]. » Cette Joueuse n'a pourtant pas toujours été insupportable, son mari l'avoue bien volontiers : « Je ne reconnois plus ma femme ; car avant que le jeu lui eût aigri l'humeur, elle étoit polie, gracieuse, enjouée, aussi je l'aimois [53]. »

Les conflits ne manquaient pas d'éclater dans la famille du joueur ou de la joueuse. Mme de Sévigné, par exemple, ne cessait de reprocher à sa fille et à son gendre de jouer gros jeu, et elle s'épuisait à leur conseiller d'y substituer le jeu de l'oie, les échecs, le mail ou la lecture [54]. Mme de Montespan, rapportait Saint-Simon, n'eut guère plus de chance avec son fils le duc d'Antin : « Elle vouloit donc qu'il se réglât et qu'il quittât le jeu, parce que cela n'est pas possible à un homme qui joue. Elle lui promit une augmentation de douze mille livres par an à cette condition, mais elle voulut le lier, et lui pour la satisfaire ne trouva point de lien plus fort que de prier M. le comte de Toulouse de dire au roi de sa part qu'il ne joueroit de sa vie. La réponse du roi fut sèche. Il demanda au comte de Toulouse qu'est-ce que cela lui faisoit que d'Antin jouât ou non. On le sut, et le courtisan, qui n'est pas bon, en fit beaucoup de risées. Ce fut le serment d'un joueur ; il ne put renoncer pour longtemps aux jeux de commerce, puis il les grossit, enfin il se remit aux jeux de hasard, et à peine quinze ou dix-huit mois furent-ils passés, qu'il joua de plus belle, et a depuis continué [55]. » Dans *Le Joueur* de Regnard, le héros se trouve à la fois en butte aux critiques de sa fiancée et à la fureur de son père qui finit par l'expulser de chez lui. Dans *La Joueuse* de Dufresny, le mari et la femme ne cessent de se quereller, l'un reprochant à l'autre de monopoliscr le salon avec ses amis joueurs, et l'autre au premier de faire trop de bruit avec ses amis musiciens. Et même lorsque les deux époux sont joueurs, comme dans *Le Wish et le Loto* de Delaulne, ils trouvent encore le moyen de faire tables de jeu séparées, l'un ne voulant jouer qu'au « wish » et l'autre qu'au loto.

Il arrivait que le conflit s'envenimât jusqu'à la demande d'incarcération. « Docteur agrégé en droit [ayant] le malheur d'avoir un fils aîné nommé Charles âgé d'environ dix-huit ans qui au lieu de profiter de l'éducation qu'on a tâché de lui donner ne s'applique au contraire qu'au jeu, à la fainéantise, et à la débauche », Claude Maillot supplia le lieutenant général de police de Paris « de vouloir bien permettre de faire renfermer ce malheureux à Biscêtre par forme de correction à la plus petite pension que faire se pourra ». Le jeune homme fut incarcéré à Senlis sur ordre du 30 juin 1729, s'en évada au bout de cinq semaines, fut repris et emprisonné à Bicêtre sur ordre du 26 décembre 1729, puis, toujours sur demande de la famille, libéré le 11 avril 1730 pour qu'il servît en qualité de soldat dans la compagnie de M. Descopinières capitaine au régiment de Saillant. De même, Denis Langlois, maître fourbisseur, et sa femme, lassés de voir leur fils aîné jouer et perdre, et craignant qu'il ne vînt à les déshonorer par ses mauvaises fréquentations, supplièrent le lieutenant général de police de le faire incarcérer à Bicêtre, « aux offres qu'ils font de se joindre avec toute leur famille pour faire la somme de cent livres pour sa pension » : ce qui fut fait le 1er février 1766. Cinq mois plus tard, la famille jugea le joueur assez puni pour requérir sa libération, qui fut ordonnée le 22 juin 1766. Mme de Genlis racontait ainsi les mésaventures de son beau-frère le marquis de Genlis :

« Avec une figure remarquable, de l'esprit, de la grâce, il se trouva, à quinze ans, possesseur de la terre de Genlis, l'une des plus belles du royaume (...) M. de Puisieux, son tuteur, et très aimé du roi, le fit faire colonel à l'âge de quinze ans et lui dit : " Soyez sage (...) " mais à dix-sept ans, il montra déjà la passion du jeu et une extrême licence de mœurs. Il fit des dettes, des extravagances ; on le gronda, on paya, on pardonna. Il ne se corrigea nullement. Enfin, à vingt ans, il perdit au jeu dans une nuit cinq cent mille francs contre le baron de Vioménil ; il devait d'ailleurs environ cent mille francs. La colère de M. de Puisieux fut extrême et l'emporta trop loin ; il obtint une lettre de cachet, et fit enfermer au château de Saumur son pupille ; il l'y laissa cinq ans, et, comme le disait mon beau-frère, une année pour chaque cent mille francs. Sa carrière militaire fut perdue par cette rigueur ; ayant été obligé de quitter le service, il n'y rentra plus. Quand il sortit de Saumur, on avait déjà payé la moitié de ses dettes ; M. de Puisieux alors le fit interdire et exiler à Genlis. Cette terre valait à peu près soixante quinze mille francs de revenu. On fit à mon beau-frère une pension de quinze mille francs ; le surplus des revenus fut employé à payer le reste des dettes. Son exil dura deux ans ; ensuite il eut la liberté d'aller à Paris, où il passait seulement trois mois d'hiver ; mais M. de Puisieux déclara qu'il ne lèverait l'interdiction que lorsqu'il ferait un bon mariage. Telle était encore la situation du marquis de Genlis quand j'arrivai dans son château[56]. »

Les fils de famille n'étaient pas les seuls à avoir de tels ennuis. Le cabaretier Languillat fut incarcéré sur la demande de sa femme qui lui reprochait de passer son temps à jouer à l'hôtel de Soissons. L'emprisonnement n'était tout de même pas l'unique moyen imaginé par les familles pour empêcher le joueur de cultiver sa passion : la dame Leseron demanda et obtint que l'accès des académies de jeu fût interdit à son époux, procureur au parlement de Paris.

Autre facteur de déstabilisation de la famille, illustré par ces paroles d'un morceau de musique composé par M. Triolet dans *La Joueuse* de Dufresny :

« Pauvre mari, quand ta moitié maudite
En jouant nuit et jour a perdu tout ton bien,
Ne crois pas en être quite :
Pendant que sans jouer la femme se racquite,
Le mari sans jouer y perd encore du sien[57]. »

Il est vrai que d'après l'ordonnance de police du 15 juillet 1667, le jeu entraînait avec lui la dépravation des mœurs. Au jeu en effet, selon Dupuy, « les dames risquent leur santé, souvent ce qu'elles ont de vertu, et les hommes oublient tout ce que la bienséance exige auprès des dames[58] ». Dampmartin prétendait de son côté que le jeu rendait les femmes faciles[59]. Enfin, cette mise en garde extraite de *La Cause des femmes*, la pièce de Delosme de Monchenai : « Je vous dis que le jeu, de quelque nature qu'on le prenne, est plein de dangereuses conséquences pour une fille (...). Le gain vous engage à de certaines complaisances, qui mènent bien loin, quand un homme a l'adresse de profiter de son malheur. Si vous perdez au contraire, c'est bien le diable. Il faut emprunter ; car le moyen de demeurer sur sa perte ? En empruntant l'on fait voir ses besoins aux gens, et il est à craindre qu'à leur tour ils ne découvrent les leurs, et qu'on ne se tire d'affaire que par un soulagement réciproque [60]. »

Pis encore : le jeu ne se contentait pas de mettre en péril les familles existantes, mais il empêchait les autres de se former. D'abord, Grimod de la Reynière expliquait que le gros jeu où se jetaient les femmes dissuadait les hommes du mariage [61]. Ensuite, jeu et amour n'étaient pas toujours compatibles : c'est le thème du *Joueur* de Regnard, où Valère joue et aime à la fois. Or Angélique n'acceptera d'épouser Valère que s'il renonce à jouer, et Hector se permet de faire remarquer à son maître Valère cet étrange phénomène :

« Quand vous êtes sans fonds, vous êtes amoureux ;
Et quand l'argent renaît, votre tendresse expire.
Votre bourse est, Monsieur, puisqu'il faut vous le
dire,
Un thermomètre sûr, tantôt bas, tantôt haut,
Marquant de votre cœur ou le froid ou le chaud [62]. »

Voici ce que se dit Valère après un gros gain :

« Je ne suis point du tout né pour le mariage.
Des parens, des enfans, une femme, un ménage,
Tout cela me fait peur. J'aime la liberté. »

A quoi Hector ajoute : « Et le libertinage [63]. » Quelques scènes après, Valère reperd tout et veut le plus sincèrement du monde reconquérir le cœur d'Angélique. Le sujet est exactement le même dans *Le Chevalier joueur* de Dufresny, le chevalier aimant Angélique et cette dernière n'acceptant le mariage que si le chevalier abandonne la liberté de disposer de son bien : il refuse.

Déclin de la vie intellectuelle

Le jeu tue la conversation ; aux dires de Luchet : « Un talent qui se perd à Paris, c'est celui de causer. Le jeu absorbe tout[64]. » D'après Hennebert, « dans le siècle passé, on jouoit beaucoup moins, et les conversations étoient plus solides. Aujourd'hui des propos colifichets, des équivoques obscènes, les chroniques scandaleuses, en sont devenues la pitoyable ressource[65] ». D'où les plaintes de la Princesse Palatine : « Je ne peux ni ne veux jouer, et l'on ne vient pas volontiers auprès de ceux qui ne jouent pas ; la conversation n'est plus à la mode (...) il n'est possible de causer que de la pluie et du beau temps, du jeu et de la toilette[66]. » La princesse pleure d'ailleurs une autre victime du jeu : « La danse est maintenant passée de mode partout. Ici, en France, aussitôt qu'on est réuni, on ne fait rien que jouer au lansquenet[67]. »

Plus grave, explique l'*Encyclopédie méthodique*, l'habitude du jeu fit disparaître le goût de la lecture[68], ce qui n'encourageait pas la création littéraire, elle-même directement attaquée par le jeu : on sait que Moissy cessa d'écrire pour jouer. Mais si plusieurs gens de lettres furent effectivement joueurs, la vraie question serait de savoir si le jeu les empêchait d'écrire, comme dans le cas de Moissy, ou s'il leur fournissait au contraire de beaux sujets d'inspiration : Dufresny et Regnard par exemple, tous deux grands joueurs et dramaturges, écrivirent plusieurs pièces sur le jeu. Quoi qu'il en soit, le jeu a inspiré nombre d'écrivains, joueurs ou non : la liste, citée dans la bibliographie, des ouvrages de toutes sortes ayant été entièrement ou partiellement consacrés au jeu en témoigne. Il est vrai que le thème du jeu était idéal pour l'écrivain, et en particulier pour le dramaturge : il permettait de réunir tous les personnages souhaités autour d'une même table, de susciter tous les retournements de situation et de fortune voulus, et de plaire au public toujours friand de sujets à la mode. Le jeu était en outre un thème de dissertation rêvé pour les moralistes, les philosophes et les théologiens.

Le jeu fut aussi à l'origine de sensibles progrès scientifiques. Il suffit d'écouter Fontenelle pour s'en persuader : « Un géomètre entièrement renfermé dans sa géométrie n'attendoit certainement aucune fortune du jeu ; cependant la Bassette fit plus de bien à M. Sauveur qu'à la plupart de ceux qui y jouoient avec tant de fureur. M. le marquis de Dangeau lui demanda, en 1678, le calcul des avantages du banquier contre les pontes ; il le fit au grand étonnement de quantité de gens qui voyoient nettement évalué en nombres précis ce qu'ils n'avoient entrevu qu'à peine, et avec beaucoup d'obscurité. Comme la Bassette étoit fort à la mode à la cour, elle contribua à y mettre M. Sauveur, qui fut heureux d'avoir traité un sujet aussi intéressant. Il eut l'honneur d'expliquer son calcul au roi et à la reine. On lui demanda ensuite ceux du quinquenove, du hoca, du lansquenet, jeux qu'il ne connoissoit point, et dont il n'apprenoit les règles que pour les transformer en opérations algébriques, où les joueurs ne les connoissoient plus. Il a paru longtemps après un grand ouvrage d'une autre main sur les *Jeux de hazard,* qui paroit en avoir épuisé tout le géométrique [69]. » La légende dit que c'est le chevalier de Méré qui, las de perdre trop d'argent, proposa à Pascal de résoudre certains problèmes que posaient les jeux de hasard, et qui fut donc à l'origine de la théorie des probabilités. Cette branche des mathématiques fut effectivement créée vers 1650 par une longue correspondance entre Blaise Pascal et Pierre de Fermat, puis augmentée de nombreux travaux de Huygens, Sauveur, Montmort, Bernouilli, Moivre, Bayes, Buffon, d'Alembert, Condorcet...

Dérèglements

Voici un beau dialogue économique et social imaginé par Frain du Tremblay :
Eugène : « Il me semble, Théophile, que vous pourriez encore dire que les joueurs sont ennemis de l'Etat, puisqu'ils contribuent autant qu'il est en eux à sa ruine, en se ruinant eux-mêmes et leurs familles (...). Mais, Théophile, l'Etat ne perd rien : car quand un sujet se ruine, l'autre s'enrichit ; ainsi il n'y a que les particuliers intéressés.
Théophile : — Comment, Eugène, l'Etat ne perd rien ? (...) Le public perd toujours, en ce que l'un et l'autre lui sont inutiles. Ils mangent du pain et vivent à leur aise du travail d'autrui, sans rien contribuer de leur côté à l'utilité des autres[70]. »
L'ordonnance royale du 4 décembre 1717 affirmait d'autre part que la « licence des jeux » causait « une espèce d'altération et de dérangement dans le commerce ». Un exemple parmi d'autres : le sieur Tiffon, marchand lyonnais, a effectivement fait banqueroute à cause du jeu. Le développement du prêt à usure fut lui aussi attribué en grande partie au jeu, tant par la législation que par un personnage du *Joueur* de Regnard :
« Le jeu fait vivre à l'aise (...)
Mille usuriers fournis de ces obscurs brillans

Qui vont de doigts en doigts tous les jours circu-
lans[71]. »

Rivals pensait que le jeu tendait à détruire l' « harmonie générale » de la société en créant « une infinité de
gens oisifs et inutiles[72] ». Il est évident que le développement du jeu suscita l'apparition d'un certain nombre
de parasites : fripons, tenanciers, banquiers et garçons
de jeu, et tous ces gens qui passaient au jeu l'essentiel du
temps qu'ils auraient dû consacrer à leur métier. Les
contemporains soulignèrent d'autre part le privilège
qu'avait le jeu de pouvoir réunir autour d'une même
table des personnes qui, sans cela, ne se seraient jamais
côtoyées. Regnard le dit :

« Le jeu rassemble tout ; il unit à la fois
Le turbulent Marquis, le paisible Bourgeois.
La femme du banquier, dorée et triomphante,
Coupe orgueilleusement la Duchesse indigente.
Là, sans distinctions, on voit aller de pair
Le laquais d'un Commis avec un Duc et Pair ;
Et quoi qu'un sort jaloux nous ait fait d'injustices,
De sa naissance ainsi l'on venge les caprices[73]. »

Selon Fougeret de Monbron, les jeux « rapprochent
toutes les conditions, et mettent une sorte d'égalité
parmi les grands et les petits, les gens d'esprit et les
sots[74] ». Ce qui n'enthousiasmait pas La Bruyère :
« L'on dit du jeu qu'il égale les conditions ; mais elles se
trouvent quelquefois si étrangement disproportionnées,
et il y a entre telle et telle condition un abîme d'inter-
valle si immense et si profond, que les yeux souffrent de
voir de telles extrémités se rapprocher : c'est comme une
musique qui détonne ; ce sont comme des couleurs mal
assorties (...) c'est en un mot un renversement de toutes
les bienséances[75]. » Dusaulx n'apprécie pas beaucoup
non plus : « Le privilège, ou plutôt l'abus des jeux dont
il s'agit, est de confondre tous les rangs, de les corrom-

pre l'un par l'autre (...). Il ne résulte de ce mélange, qu'une corruption réciproque, qu'une peste générale. Les travers de la Noblesse et les voluptés de l'opulence, se combinant avec les goûts crapuleux d'un tas d'Aventuriers, il en sort des monstres dont il n'étoit pas possible de présager l'existence[76]. » Dans la réalité, ce prétendu brassage social avait des limites : certes, les maisons de jeu tolérées ou clandestines accueillaient des clients d'origines assez diverses, les foires étaient fréquentées par toutes les couches de la population, et le jeu fit recevoir à la cour et chez certains particuliers des individus dont seule la nécessité de trouver de gros joueurs pouvait justifier la présence. Pourtant, un barrage subsistait : l'argent, car un joueur ne rencontrait autour d'une table de jeu que des gens qui jouaient environ les mêmes sommes que lui. Par exemple, les clientèles des différentes maisons de jeu clandestines ne se distinguaient pas par la naissance, mais par la quantité d'argent qu'elles consacraient à leur passion. Si un prince du sang s'asseyait parfois aux côtés d'un financier, d'un simple soldat miraculeusement enrichi par le jeu ou d'un fripon parti de rien, il ne risquait pas de fréquenter les académies de jeu, les cabarets, la rue ou les humbles logements où se retrouvaient tous les petits joueurs. L'ambassadeur de Venise, précisait Boissy d'Anglas, avait établi chez lui quatre salles de jeu bien séparées, dont l'une, désignée sous le nom de l'Enfer, était réservée « aux artisans et aux hommes de la dernière classe du peuple[77] ». Et même à richesse égale, les joueurs n'aimaient pas forcément s'asseoir à côté de n'importe qui, ce mémoire anonyme de 1789 en témoigne : « Les personnes bien nées et honnêtes ne se permettent point d'aller à l'hôtel d'Angleterre ou sur les boulevards dans ces jeux publics où tout aborde indifféremment. Il est cependant un très grand nombre d'individus qui aiment la société et à faire une partie. Il est donc à désirer pour cette classe que l'on doit distinguer de la foule qu'il y ait des maisons où ils soient admis pour y profiter de la société. » Un point est en revanche certain : Fougeret de Monbron avait raison de dire que le jeu confondait « les gens d'esprit et les sots ». D'après le comte de Ségur, le loto,

« C'est l'excuse de la bêtise,
Et le repos des gens d'esprit.
Ce jeu vraiment philosophique
Met tout le monde de niveau ;
L'amour-propre, si despotique,
Dépose son sceptre au loto[78]. »

Le jeu provoqua au moins un scandale politique, dont Barbier relate l'origine en février 1739 : M. Orry de Fulvy, frère du Contrôleur général, intendant des Finances et directeur de la Compagnie des Indes, perdit au biribi, chez la maîtresse du contrôleur général, quatre cent quatre-vingt mille livres que gagna M. Houel, officier aux gardes[79]. Barbier est scandalisé : « Il est ridicule que, chez la maîtresse du Contrôleur général, on joue à des jeux défendus pour lui procurer un gros revenu des cartes, et encore plus qu'un intendant des Finances, à la tête de la Compagnie des Indes, passe la nuit à jouer des jeux de cette conséquence[80]. » Le public s'émut si violemment de l'affaire qu'Orry de Fulvy se vit très menacé[81]. Le 22 mars, note le marquis d'Argenson, « on découvre tous les jours de nouvelles friponneries de M. de Fulvy, de nouvelles pertes au jeu, de nouveaux pillages pour dépenser, de nouveaux mensonges, de nouvelles nécessités de le déplacer », et son frère le contrôleur général « demande à force ce déplacement, et lui-même a dessein de se retirer en voyant tout le monde acharné contre lui, et assurément il a bien raison[82] ». Trois jours après : « Jamais on n'a vu tant de déchaînement contre les Orry, surtout à la cour. Chaque jour paraît fixé pour la disgrâce[83]. » Les deux frères conservèrent toutefois leur poste jusqu'en 1745. Le gros jeu qui se pratiquait à la cour ne donnait pas non plus une excellente image de marque de l'Etat. D'après Mme de Boigne qui parle de la reine Marie-Antoinette, c'est du jeu « que sont venues toutes les calomnies qui ont abreuvé la vie de notre malheureuse Reine de tant de chagrins, même avant que les malheurs historiques eussent commencé pour elle. Qui auroit osé accuser la reine de France de se vendre pour un collier, si on ne l'avoit pas vue autour d'une table chargée d'or et aspirant à en gagner à ses sujets[84] ? »

Enfin, le jeu était réputé nuire à la religion : non seulement il favorisait toutes sortes de superstitions, mais il mettait en péril l'assiduité aux devoirs religieux. Dans son portrait de la joueuse, Mme de Pringy dit qu'elle fréquente rarement les églises[85]. De même, écrivait Mme de Sévigné, « la Reine perdit l'autre jour la messe et vingt mille écus avant midi (...). Et M. de Montausier lui dit le lendemain : " Eh bien, madame, perdrez-vous encore aujourd'hui la messe pour le hoca ? " Elle se mit en colère[86] ». Quant aux fripons, affirme Rivals, ils « finissent par ne rien croire, ils nient jusqu'à l'existence d'un Etre suprême, ils se flattent qu'après leur mort, tout cessera chez eux, et que les peines contre les méchans, et les récompenses pour les bons ne sont que des chimères[87] ». Le jeu conduit même, selon Dusaulx, à ne plus respecter les morts : « On ne rougit plus, maintenant, à l'exemple de Caligula, de jouer au retour des funérailles de ses parens ou de ses amis[88]. »

CHAPITRE IX

LA POLICE DES JEUX EN ACTION

L'organigramme

Le personnage central de la police des jeux était l'officier chargé des jeux, d'abord choisi parmi les lieutenants de la compagnie de robe courte ou du guet, puis, à partir de 1751, parmi les inspecteurs. Ce genre de départements spéciaux (sûreté, nourrices, prêteurs sur gages, jeux, etc.) n'étaient pas tous de même rapport financier et la partie des jeux avait toujours été la plus lucrative : le dernier titulaire en tirait environ vingt mille livres par an, dont il ne dépensait pas même deux mille pour ses employés, et son prédécesseur mourut avec quarante mille livres de rente[1]. Cet officier ne se retrouvait tout de même pas seul face à tout le travail que représentait le département des jeux : il utilisait les services d'un certain nombre d'espions (ou mouches) dont le prix, selon le lieutenant général de police Sartine, était fixé à trois livres par jour, et parfois six, douze, vingt-quatre et même plus lorsque l'importance de l'affaire et la qualité du travail fourni le justifiaient[2]. L'officier chargé des jeux bénéficiait aussi de la collaboration des commissaires, qui voyaient, pour tout ce qui concernait les jeux, s'effacer leur supériorité hiérarchique au profit d'une relation directe de l'officier qui en était chargé avec le lieutenant général de police. Enfin, même si elles ne faisaient pas partie de la police des jeux, les forces de l'ordre qu'étaient les compagnies du guet et de la garde de Paris étaient requises pour toutes les patrouilles, perquisitions, arrestations et autres dispersions de joueurs.

Le véritable supérieur de l'officier chargé des jeux était donc le lieutenant général de police de Paris (l'ancêtre du préfet de Police) qui, malgré toute l'étendue de ses fonctions, trouvait le temps de suivre de près la police des jeux[3]. Il se déchargeait toutefois de l'examen et du châtiment des délits passibles d'amendes sur la chambre de police du Châtelet de Paris : c'était l'une des neuf chambres de justice du Châtelet, et elle se réunissait tous les vendredis. Le lieutenant général de police se faisait aussi aider par celui de ses quatre bureaux qui s'occupait, entre autres, des jeux. Le lieutenant général dépendait lui-même du secrétaire d'Etat de la Maison du Roi, dont le département comprenait la ville de Paris, et qui pour cette raison était souvent appelé « ministre de Paris[4] ». Le secrétaire d'Etat lui-même dépendait évidemment du roi. Enfin, si le lieutenant général de police acceptait bien sa subordination au secrétaire d'Etat, il était plus réticent à l'égard du Parlement de Paris, surtout dans les vingt dernières années de l'Ancien Régime, lorsque les parlementaires se mirent à intervenir très directement dans la politique de l'Etat en matière de jeu.

Surveiller

La police des jeux avait une double mission : surveiller les établissements où le jeu était toléré et empêcher toutes les formes de jeu interdites. Surveiller les académies de jeu consistait d'abord à vérifier que les tenanciers respectaient bien les termes du contrat que représentait la permission de donner à jouer, à savoir la nature des jeux proposés, le nombre de tables de jeu, la limitation des enjeux, l'interdiction des paris, les horaires, etc. Si tel n'était pas le cas, le lieutenant général de police condamnait les contrevenants à l'amende ou à une suspension de permission provisoire ou définitive. Il fallait aussi aider les tenanciers à maintenir l'ordre et, le cas échéant, arrêter les fauteurs dc trouble. Des visites étaient organisées à cet effet, composées de l'officier chargé des jeux, de deux commissaires et de quelques archers ; l'un des commissaires et l'officier en envoyaient un procès-verbal et un rapport au lieutenant général. Ceux-ci n'étaient pas les seules sources d'information sur les académies : selon Sartine, les tenanciers devaient rendre exactement compte à l'officier chargé des jeux des gens qui fréquentaient leurs établissements et apporter la plus grande attention à découvrir et dénoncer les tricheurs[5]. Selon Lenoir, ils devaient même signaler à la police tout « ce qu'il lui importoit de savoir par rapport au bon ordre et à la sûreté[6] ». C'est ainsi que la police vint arrêter chez la dame Longpré un grand nombre de fripons sur la propre demande de la tenancière ; mais ses collègues furent très rares à l'imiter. L'officier chargé des jeux entretenait aussi dans ces établissements un certain nombre d'espions qui, d'après l'*Encyclopédie méthodique,* notaient tout ce qui s'y passait, y compris les sommes perdues ou gagnées[7]. L'inspecteur Chassaigne avait établi un beau fichier sur tous les fripons d'académies, chacun faisant l'objet de plusieurs pages où étaient relatés leurs forfaits ; c'était le résultat d'un excellent service de renseignements que laisse bien imaginer ce rapport de Chassaigne du 17 avril 1755 :

« Ledit Jean Bezon est venu chez moy avant d'entrer chez Fontaine[8] pour me prier de l'effacer de dessus mes registres, disant qu'il ne méritoit pas d'y être. Je luy ai lu quelques-unes de ses friponneries qu'il a niées, excepté deux ou trois ; je luy ai dit que c'étoit assez d'en convenir d'une pour qu'il fût capable d'avoir fait les autres. Après être sorty de chez moy il a été dans l'académie où il s'est mis au milieu de plusieurs fripons et leur a dit : " Messieurs, je viens de chez la Chassaigne qui m'a dit que j'avois joué avec toi, toi, toi et toi, cela est vray, mais pardi, il faut absolument savoir quel est le b... qui luy rend si bien compte et le chasser, car il faut bien qu'il soit parmi nous ". »

Il y était certainement, puisque Chassaigne eut vent de la conversation. Les rapports de cet inspecteur chargé des jeux prouvent qu'il avait même connaissance de ce que se disaient tous ces fripons lorsqu'ils allaient partager leur butin dans les cabarets voisins des académies. Le lieutenant général de police recevait aussi quelques mémoires, le plus souvent anonymes, relatifs aux académies, et la dernière source d'information tenait dans les trop rares dépositions de plainte devant le commissaire du quartier.

Tous ces renseignements arrivant sur le bureau du lieutenant général de police, Lenoir peut s'estimer satisfait : « On me rend compte de tout ce qui se passe dans les maisons et académies, de la perte et du gain, des joueurs qui les fréquentent. » C'est ce magistrat qui décidait des mesures à prendre et donnait les ordres en conséquence, ce qui se limitait parfois à la simple prévention : « J'ai été assez heureux, écrit Lenoir, de prévenir des parens que je pourrois citer du penchant au jeu de quelques jeunes gens. » C'était à la fois pour prévenir et pour punir que le lieutenant général « interdisait » certains joueurs. Voici par exemple le texte de soumission du sieur Lebeau :

« Je soussigné promets d'obéir, et me soumets aux ordres que m'a notifiés de la part de Monsieur le lieutenant général de police, M. de la Janière écuyer conseiller du Roy lieutenant vétéran de la compagnie de robbe-courte et inspecteur de police, qui me font deffense de fréquenter sous quelque prétexte que ce soit les académies de jeux et billards, et de jouer dans les cabarets. Fait à Paris ce 11 avril 1765. Lebeau. »

La police prenait toutefois des dispositions plus sévères à l'encontre de fripons ou de fauteurs de trouble : pas d'amendes, très peu d'exils, mais beaucoup d'emprisonnements. Deux cas se présentaient, selon que le lieutenant général de police avait ou non déjà ordonné l'incarcération. Si oui, c'est-à-dire s'il avait jugé bon, à partir des informations qu'il avait reçues, de demander une lettre de cachet au secrétaire d'État de la Maison du Roi, l'officier chargé des jeux n'avait qu'à arrêter le contrevenant, ce qu'il faisait dès la première occasion, au cours d'une de ses visites dans les académies ou lors d'une perquisition à son domicile. Il le faisait alors conduire en prison par quelques archers du guet, et le nouveau détenu ne tardait pas y subir l'interrogatoire d'un commissaire de police. Le lieutenant général recevait évidemment un compte rendu d'arrestation et le procès-verbal de l'interrogatoire. Si l'officier n'était pas chargé d'un ordre d'incarcération mais qu'il se trouvait lors d'une de ses visites en présence d'un individu dont le comportement lui semblait mériter l'arrestation, il le faisait conduire devant le commissaire le plus proche, seul habilité à ordonner l'incarcération, et envoyait un rapport circonstancié au lieutenant général qui décidait si l'individu serait ou non maintenu en prison, c'est-à-dire s'il solliciterait ou non une lettre de cachet contre lui.

La surveillance des maisons de jeu tolérées n'émanant pas de la lieutenance générale de police a déjà été un peu évoquée, surtout en ce qui concerne l'hôtel de Gesvres : l'officier de police qui y passait ses journées tentait de maintenir l'ordre et, en cas d'incident grave, adressait un rapport circonstancié au lieutenant général qui décidait des suites à donner à l'affaire. Ce dernier tenait également compte des rapports que le duc de Gesvres ne manquait pas de lui envoyer lorsqu'il souhaitait l'incarcération ou la relégation de fauteurs de trouble. La police n'entrait en revanche jamais à l'intérieur de l'hôtel de Soissons ; mais le lieutenant général emprisonnait ou exilait presque tous les mauvais sujets que le prince de Carignan lui dénonçait dans ses minutieux rapports. En outre, si la police restait sur le pas de la porte, elle exerçait tout de même une action sur la clientèle de l'hôtel de Soissons : un abbé fut par exemple sévèrement sermonné par un officier de police au sortir du jeu où une lettre anonyme l'avait accusé de se mal conduire.

La chasse aux maisons de jeu clandestines

La seconde mission de la police des jeux était d'empêcher toutes les formes de jeu interdites, et en tout premier lieu la tenue de maisons de jeu clandestines : dissuader les Parisiens d'en établir et, le cas échéant, les découvrir et les détruire. La principale mesure préventive était la promulgation de nombreux textes législatifs interdisant ces établissements, qui s'achevaient tous sur ce genre de recommandation : « Sera la présente Ordonnance lue, publiée, et affichée partout où besoin sera, à ce qu'aucun n'en ignore. » L'Etat n'hésitait pas à republier plusieurs fois les mêmes textes ; de longs passages étaient évidemment consacrés à la liste des peines auxquelles s'exposaient les contrevenants. Toutes les sentences de police condamnant les tenanciers de maisons de jeu clandestines étaient également offertes au public : plus concrètes, elles n'en étaient peut-être que plus efficaces.

Des établissements clandestins naquirent pourtant, et la police dut s'attacher à les détruire, et avant tout à les découvrir, ce qui n'allait pas forcément de soi du fait des précautions que les tenanciers prenaient pour ne pas se faire repérer. C'est la délation qui déclenchait dans la plupart des cas le mécanisme de la répression : il est vrai qu'elle avait été fortement encouragée, puisque la quasi-totalité des textes législatifs promettaient au dénonciateur le tiers du produit des amendes, et parfois la restitution par les tenanciers des sommes perdues. Les propriétaires ou principaux locataires étaient eux aussi menacés d'amendes s'ils ne dénonçaient pas les tenanciers qui logeaient chez eux : il y eut effectivement quelques délations de ce genre, mais elles étaient plus souvent motivées par des incompatibilités d'humeur que par le civisme ou même la peur de l'amende.

Une autre catégorie de dénonciations émanaient des personnes qui s'étaient fait duper et qui voulaient, sinon récupérer leur argent, du moins se venger de l'établissement clandestin. Si par définition les habitués des maisons de jeu clandestines ne tenaient pas à les voir disparaître, tel n'était pas toujours le cas de leurs familles : au sujet par exemple de l'établissement du sieur Lemaye, le lieutenant général de police d'Argenson recevait « continuellement des lettres anonymes, tantôt de quelque mari dont la femme aura fait la veille quelque voyage en cet endroit, tantôt de quelque femme dont le mari aura rapporté de cette maison fort peu d'argent et beaucoup de mauvaise humeur [9] ». Marville, lui, reçut le mémoire suivant consacré à la maison de jeu du sieur Delorme : « Cet endroit est la perdition de bien des personnes et la ruine totale de beaucoup de ménages, et celle qui prend la liberté d'écrire à Votre Grandeur est dans ce cas, son mary y est presque tous les jours, où il perd considérablement. » Il arrivait même que le tenancier fût dénoncé par sa propre famille. Ainsi la dame Trudaine, sous prétexte que ses coupables activités portaient préjudice à l'honneur familial. Beaucoup de dénonciations anonymes sont difficiles à analyser quant à leurs motivations : provenaient-elles de vertueux citoyens préférant l'anonymat par pure modestie, de voisins malveillants, de tenanciers concurrents, de fripons furieux d'avoir été chassés ?

La dernière catégorie de délations émanaient de tenanciers, de banquiers ou de tricheurs qui tentaient de se sortir d'un mauvais pas. Selon Sartine, la plupart des dénonciateurs en matière de jeux de hasard étaient des banquiers ou des joueurs ordinairement invités à toutes les grosses parties, qui craignaient trop d'être punis s'ils étaient surpris dans ces assemblées clandestines sans en avoir donné avis à la police ; cet avis tenait lieu de permission, c'est-à-dire qu'il les mettait à l'abri de ce qu'ils auraient risqué en agissant autrement [10]. Des tenanciers dénoncèrent certains de leurs collègues pour éviter de trop lourdes peines, telle la dame de Cohade qui propose du fond de sa prison d'échanger sa libération contre le nom et l'adresse de la plupart des tenanciers et des banquiers d'établissements clandestins. L'officier chargé des jeux soumet le marché au lieutenant général d'Argenson : « personne n'estant plus propre que cette femme pour indiquer des jeux et les personnes qui y taillent, je crois qu'il n'y a point d'inconvénients de luy promettre de luy faire quelque grâce, et effectivement de luy faire sy elle exécute fidellement sa promesse. » D'autres rapports de police de ce genre pourraient être cités : la dame de Cohade ne fut pas la seule tenancière à « donner » ses collègues concurrents. La délation était d'ailleurs l'un des premiers objectifs des interrogatoires de police.

Quel que fût le délateur, l'information arrivait donc chez le lieutenant général de police : il en prenait connaissance et la renvoyait à l'officier chargé des jeux avec quelques mots comme, du temps de Marville, « au sieur Pons pour vérifier le fait et m'en rendre compte ». Pour « vérifier le fait », ledit officier faisait appel à toutes sortes d'espions et d'indicateurs pour observer, de l'extérieur et de l'intérieur, les maisons de jeu récemment découvertes : il commençait par envoyer quelques mouches aux alentours de l'établissement. L'opération durait plusieurs jours et souvent plusieurs nuits, pendant lesquels les espions tentaient de s'approcher le plus près possible du lieu du délit supposé sans pour autant éveiller trop de soupçons : le but était de repérer les jours et les heures où le tenancier donnait à jouer, de compter les clients et les carrosses, de déceler les précautions prises pour éviter les perquisitions, et de se renseigner auprès des passants, des voisins et des cochers sur les jeux en usage, le nom des banquiers et des joueurs...

Cet objectif n'étant généralement pas atteint, l'officier chargé des jeux recourait aux services d'indicateurs, dont voici un bel exemple : en échange de son rappel à Paris, le sieur Simon, exilé comme fripon, promit à la police d'aller dans tous les établissements de jeu de l'époque, qu'il prétendait parfaitement connaître, et d'en livrer tous les secrets. L'officier chargé des jeux transmettait le résultat de son enquête au lieutenant général : Pons adressait ainsi toutes les semaines à Marville un rapport d'une ou deux pages sur les maisons de jeu clandestines auxquelles il avait reçu l'ordre de s'intéresser. Il lui envoyait en outre, de temps en temps, des états récapitulatifs : le 26 janvier 1741 par exemple, un « état des jeux de pharaon, biriby et autres de Paris » qui comprenait une cinquantaine de noms de tenanciers avec ceux de leurs banquiers, une douzaine de « noms de ceux qui font les fonds de banque et ameutent les parties », une trentaine de « noms de ceux qui taillent » et une autre trentaine de « joueurs de profession ».

Que faire ?

Le lieutenant général de police décidait alors de la marche à suivre et, dans les cas délicats, demandait conseil au secrétaire d'Etat de la Maison du Roi, lequel était d'ailleurs tenu au courant de presque tout : l'importance de la correspondance entre les deux hommes le prouve [11]. Le secrétaire d'Etat informait de son côté le roi, surtout sous Louis XIV, des affaires les plus sérieuses. Dans la plupart des cas, le lieutenant général donnait l'ordre de perquisition pour prouver le délit et pouvoir engager les poursuites. Lorsque le tenancier était jugé mériter plus d'égards, il était d'usage de lui adresser préalablement une lettre d'avertissement. Furent ainsi avertis par le lieutenant général ou le secrétaire d'Etat plusieurs tenanciers haut placés dans la hiérarchie sociale, dont par exemple la dame d'Amerval qui reçut cette lettre de Marville :

« M. de Maurepas instruit, Madame, de la partie de jeu que vous tenez m'a chargé de vous écrire pour vous engager à la faire cesser. Je crois que vous ferez bien de profiter de l'avis que j'ay l'honneur de vous donner, me paroissant à la façon dont le ministre m'a parlé qu'il pourroit être suivi d'ordres qui sûrement vous feroient de la peine. Je suis avec respect, Madame, votre très humble et très obéissant serviteur. »

Ces tenanciers manquaient rarement de répliquer par de longues lettres de protestation d'innocence, d'où tout un commerce épistolaire dont témoignent par exemple ces mots de Marville à la comtesse de Monastérol : « J'ai fait part à M. de Maurepas, Madame, des deux lettres dont vous m'avez honoré, et il m'a parlé de celle que vous luy avez écrite. »

Le lieutenant général de police et le ministre préféraient parfois agir indirectement : c'est le trésorier de la Sainte-Chapelle qui fut chargé d'avertir le sieur Quinot, vicaire de ladite Sainte-Chapelle, que s'il ne cessait pas de donner à jouer chez lui, le lieutenant général serait contraint de l'en empêcher par les voies ordinaires de la justice [12]. Le cas du sieur Lemaye embarrassa davantage encore le lieutenant général d'Argenson, cette lettre au secrétaire d'Etat Pontchartrain le prouve :

« Je me trouve obligé de vous informer par cette lettre particulière du jeu scandaleux qui se tient ouvertement chez M. Lemaye, conseiller au parlement (...). J'en ai parlé plusieurs fois à M. Lemaye et à madame sa femme qui m'avoient promis de renoncer à ce commerce ; mais je veux croire, pour l'honneur du mari, qu'il n'en est pas le maître. J'en ai informé M. le premier président qui n'est pas prévenu de beaucoup d'estime en faveur de ce conseiller. Il m'a dit qu'il lui en parleroit, mais qu'il craignoit bien que ce fût sans succès (...). Je ne doute pas que M. le premier président n'ait parlé ; mais je suis sûr que, malgré mes avertissemens et sa remontrance, le jeu et les plaintes continuent (...). Si je fais assigner à la police cet indigne conseiller, quoique j'eusse raison de le faire, me voilà proscrit par le parlement et l'ennemi déclaré de mes supérieurs. Je ne ferois plus rien de bon à leur gré. Les plus sages me blâmeront d'avoir fait mon devoir, et la justice que j'aurois rendue passera auprès d'eux pour une insolence. Je ne puis donc que recourir à l'autorité du roi, la ressource ordinaire de ma foiblesse. Mais le tempérament qui m'a paru le plus convenable, ce seroit que vous voulussiez bien m'écrire une lettre par laquelle, après m'avoir témoigné que le roi est informé de ce jeu et a été fort surpris de mon silence à cet égard, vous blâmeriez ma complaisance excessive et m'ordonneriez de faire entendre à M. et Mme Lemaye que si Sa Majesté apprend qu'il y ait chez eux à l'avenir la moindre assemblée, elle y saura pourvoir d'une manière qui pourra servir d'exemple. Dès que j'aurai reçu cette lettre, je ne manquerai pas de leur en faire part, et s'ils s'obstinent à continuer le jeu, vous en serez aussitôt instruit [13]. »

Perquisitions

Si l'ordre de perquisition était donné, car il l'était tout de même dans la majorité des cas, l'officier chargé des jeux allait chercher les deux commissaires indispensables à la validité de l'opération, et tous trois partaient en chasse avec quelques archers du guet. L'heure et la date de la perquisition avaient bien sûr été choisies en fonction des renseignements obtenus pendant l'enquête pour arriver en pleine séance de jeu. Le problème consistait à prendre de vitesse le tenancier et les joueurs qui, souvent avertis par des guetteurs, avaient de leur côté tout prévu pour camoufler les preuves du jeu et retarder l'irruption de la police dans la salle de jeu. Neuf fois sur dix, la perquisition était un succès, même si la police ne parvenait que très rarcment à crécr la surprisc totale : généralement, lorsque la porte s'ouvrait devant elle, les joueurs pris de panique tentaient de ramasser leurs mises, de fuir ou de se cacher sous les lits ou dans les armoires, et le tenancier, aidé de quelques joueurs plus réfléchis, s'attachait à faire disparaître les cartes et autres instruments du jeu (souvent en les jetant dans le feu) ou à camoufler le jeu de hasard par un jeu de commerce.

Le premier geste de la police était de se précipiter sur l'argent qui restait sur les tables, précieux indice du jeu destiné à être plus tard versé aux pauvres. Les commissaires constataient ensuite le jeu, pendant que l'officier chargé des jeux et les archers fouillaient l'appartement pour réunir tous les joueurs et tous les indices du jeu. Les commissaires procédaient alors à un rapide interrogatoire du tenancier et des joueurs, puis, en repartant, se rendaient souvent chez le propriétaire ou principal locataire pour établir son degré de complicité. Il ne leur restait plus qu'à rédiger le procès-verbal, et à l'officier chargé des jeux de faire son rapport au lieutenant général de police.

Quelques incidents émaillèrent ces belles opérations de police. Lors d'une perquisition chez la dame de Péan, rapporta Dangeau le 22 juillet 1718, un archer blessa mortellement le sieur de Marolles, capitaine de cavalerie qui tenait la banque ce jour-là, et qui voulut s'enfuir de la maison [14]. Quand la police se rendit chez le sieur Poitier le 18 mars 1731, ce tenancier sauta à la gorge de l'officier chargé des jeux, cria beaucoup, demanda son épée et fit « tout ce qu'il a pu pour exciter tous les autres à prendre les armes, disant en sacrant, jurant et reniant le saint nom de Dieu nombre de fois (...) qu'il étoit le maître de faire chez luy ce que bon luy sembloit, qu'il se foutoit de tout ce qu'on pouvoit luy dire et faire, et que le Roy tout-puissant qu'il étoit ne pouvoit pas l'empêcher de faire ce qu'il voudroit, enfin les violences de cet homme ont été si grandes qu'il n'a pas été possible pendant près d'une demie heure qu'on est resté chez luy, de luy faire entendre aucunes raisons, réitérant toujours en jurant ses menaces et violences, en sorte que pour prévenir les malheurs qui seroient arrivés, les commissaires ont été obligés de se retirer ». Lors de la perquisition du 21 février 1789 chez la dame Delpont, l'officier chargé des jeux nota que « plusieurs particuliers avoient élevé la voix et qu'ils proposoient de tomber sur nous et nous faire un mauvais parti, parce que, disoient-ils, il étoit abominable, dans un tems comme celui-ci, de venir troubler les sociétés ». Le lieutenant général de police Lenoir reconnaissait lui-même dans ses *Souvenirs* que « les répressions violentes amenoient des pugilats et des bagarres, lorsqu'on venoit à saisir les dés, les cartes et l'argent des joueurs [15] ».

En cas d'échec, c'est-à-dire si la perquisition n'aboutissait pas au flagrant délit, il fallait se contenter d'adresser un avertissement écrit au tenancier et d'attendre une nouvelle occasion de le prendre en défaut s'il continuait à donner à jouer : par exemple, la perquisition du 31 octobre 1738 chez la dame Ferrand échoua, mais celle du 6 novembre 1738 réussit parfaitement, et l'échec du 20 février 1739 chez la dame Duhaut fut effacé par le succès du 25 juin 1739. Si la police ne parvenait vraiment pas à constater le jeu, elle pouvait toujours recourir aux dispositions prévues par les arrêts du Parlement de Paris des 18 juillet 1687, 22 février 1710 et 30 avril 1717 : à défaut d'autres preuves, les condamnations pouvaient être prononcées par le lieutenant général de police sur les seuls procès-verbaux de deux commissaires du Châtelet, contenant qu'ils avaient averti les tenanciers de cesser leurs assemblées ; les preuves de leur continuation étaient l'affluence de laquais et de carrosses aux portes des maisons, ainsi que la notoriété publique et le témoignage des voisins, s'il s'en trouvait qui voulaient déposer. Mais cette procédure fut très rarement employée.

Une fois la preuve du jeu établie, il ne restait plus au lieutenant général de police qu'à décider s'il abandonnait l'affaire à la chambre de police du Châtelet, qui n'était habilitée qu'à condamner à l'amende, ou s'il demandait une lettre de cachet au secrétaire d'Etat de la Maison du Roi pour exiler ou incarcérer les contrevenants. La seconde solution n'était adoptée qu'après au moins une condamnation à l'amende. Ce n'était donc qu'en cas de récidive que le lieutenant général avait le choix : tantôt il exilait ou incarcérait un tenancier dès sa première récidive, tantôt seulement au bout de cinq ou six condamnations à l'amende. Dans le cas où la suite de la procédure était confiée à la chambre de police du Châtelet, tous les contrevenants dont les noms avaient été relevés lors de la perquisition étaient assignés, généralement dans les trois semaines qui suivaient, à l'audience de la chambre. Etaient alors condamnés à l'amende le tenancier et, parfois, le banquier, les joueurs et le propriétaire ou principal locataire ; la sentence de police était aussitôt rendue, imprimée et affichée. Dans l'autre cas, les lettres de cachet étaient évidemment très commodes : le lieutenant général pouvait reléguer et emprisonner à son gré, à la condition toutefois d'avoir l'accord du secrétaire d'Etat de la Maison du Roi. L'exécution de la lettre de cachet était confiée à l'officier chargé des jeux : s'il s'agissait d'un emprisonnement, il tentait d'arrêter le contrevenant, tenancier ou banquier, à son domicile ou dans les établissements de jeu. L'incarcération était effectuée dans la prison prévue par la lettre de cachet, et un compte rendu d'arrestation était envoyé au lieutenant général. Un ou deux jours après, le condamné était interrogé par un commissaire de police, d'où encore un procès-verbal. Enfin, lorsque le lieutenant général jugeait la punition suffisante, car la lettre de cachet ne précisait pas la durée de la peine, il demandait une autre lettre de cachet au secrétaire d'Etat pour la libération. S'il s'agissait d'un ordre d'exil, l'officier chargé des jeux partait là encore à la chasse du condamné, mais seulement pour lui faire signer sa soumission audit ordre. Lorsque cette personne ne s'y conformait pas, ou plutôt lorsqu'elle avait la malchance de se faire reconnaître à Paris, elle était arrêtée et incarcérée pour quelques semaines avant de se voir renotifier son ordre d'exil. Puisque le texte de la lettre de cachet ne précisait pas non plus la durée de l'exil, il en fallait une seconde pour rappeler le condamné.

Cabarets, foires, hôtels et rues

Réprimer les formes de jeu interdites ne se limitait pas à pourchasser les maisons de jeu clandestines. Il fallait aussi surveiller les cabarets : la police organisait à cet effet des patrouilles quotidiennes jusqu'au milieu de la nuit, effectuées par la garde de Paris sous la direction de l'officier chargé des jeux et d'un commissaire, lesquels se faisaient d'ailleurs souvent remplacer par quelque sergent ou caporal de ladite garde. Le commissaire rédigeait tous les quinze jours un rapport où il consignait les infractions relevées par lui ou par le sergent ou caporal de la garde, et le soumettait à l'audience de la chambre de police du Châtelet. Ces rapports n'étaient pas exclusivement consacrés au jeu dans les cabarets, mais aussi aux « portes ouvertes », à la « paille brûlée dans les rucs », à la « matière fécale jetée dans les rues », à l' « eau jetée », aux « marchands étalant le dimanche », aux « pétards »... Seules 5 % des infractions commises par les cabaretiers touchaient au jeu, presque toutes les autres étant de trop tardives fermetures d'établissement. Les cabaretiers convaincus d'avoir laissé jouer dans leurs boutiques étaient donc condamnés à l'amende par la chambre de police, et la sentence rendue, imprimée et affichée. Il faut préciser que toutes les infractions n'étaient pas découvertes par les patrouilles de la garde. Certains individus portaient, par exemple, plainte contre des fripons qui les avaient escroqués dans quelque cabaret. En ce cas, le lieutenant général de police ordonnait une enquête, remettait le cabaretier entre les mains de la chambre de police, et se chargeait lui-même de faire emprisonner ou reléguer les tricheurs. La police intervenait parfois très rapidement. Ainsi, chez le marchand de vin Brésière, un client furieux d'avoir joué et perdu contre le garçon de l'établissement prévint la garde, qui se transporta aussitôt sur les lieux et fit rendre son argent à ce particulier ; le sieur Brésière, lui, fut condamné dix jours plus tard par la chambre de police. Et lorsque les patrouilles de la garde tombaient sur des rixes entre joueurs, ces derniers étaient amenés sur-le-champ devant le commissaire le plus proche. En ce qui concerne enfin les salles de jeu clandestines que certains cabaretiers établissaient dans leurs arrière-boutiques, la répression policière fonctionnait exactement comme pour les maisons de jeu clandestines, aux trois différences près que ces cabaretiers ne bénéficiaient jamais de lettres d'avertissement, qu'ils n'étaient condamnés qu'à l'amende, et que les joueurs surpris chez eux n'étaient jamais inquiétés.

Pour les hôtels, la police faisait pression sur les

tenanciers pour que le jeu n'y trouvât point refuge :
« J'ai très-fort défendu à Brissault de laisser jouer chez
lui, sous quelque prétexte que ce puisse être. Il m'a dit
qu'il y avait été comme forcé, qu'il n'en savoit point les
conséquences et qu'à l'avenir il se conformeroit à vos
ordres[16]. »

Quant à la rue, le lieutenant général de police y
envoyait des officiers de police accompagnés de soldats
du guet ou de la garde de Paris pour disperser les
assemblées de joueurs, en arrêter le plus grand nombre
et les conduire en prison, où ils restaient aussi longtemps
que le lieutenant général le décidait à la lecture des
comptes rendus d'arrestation.

La police surveillait aussi les foires, où le jeu fut
successivement permis sous toutes ses formes, à moitié
toléré et totalement prohibé. Elle aurait dû enfin
empêcher que les jeux de hasard et de trop gros jeux de
commerce fussent joués chez les particuliers, mais
devant l'immensité et la difficulté de la tâche, la police se
borna à réprimer les contraventions les plus criantes,
assimilables à des maisons de jeu clandestines et donc
passibles des mêmes peines.

Sus aux fripons

Une lourde charge incombant à la police des jeux
était la poursuite des tricheurs professionnels : le lieutenant général de police ne s'en déchargeait jamais sur la
chambre de police du Châtelet, ce qui signifie qu'il ne
punissait ces gens que de prison ou d'exil, et toujours par
lettres de cachet. Tout commençait généralement par
une dénonciation : elle venait parfois d'un tenancier de
maison de jeu tolérée lassé de voir certains fripons nuire
à la réputation de son établissement, mais plus souvent

d'une dupe, même si elle n'hésitait que trop à porter plainte. Mieux encore, l'époque de surpopulation friponne que furent, d'après Goudar, les années 1750 vit la police bénéficier de l'aide des fripons eux-mêmes : « Quelques-uns allèrent jusqu'à tenir des espions à leurs gages pour découvrir les parties que faisoient les autres Grecs : et ils en donnoient aussitôt avis aux Magistrats. La Police n'eut plus besoin d'employer de moyens pour découvrir les fripons. Ils se dévoroient d'eux-mêmes [17]. » D'autre part, « un de ces Grecs indiscrets n'a pas plutôt été arrêté, qu'on lui fait faire en prison une Confession générale ; et alors la moitié de Paris est obligée de s'absenter [18]. » S'il est impossible de vérifier la première assertion de Goudar, les procès-verbaux d'interrogatoires de police conservés ne confirment pas la seconde : les fripons ne répondaient en effet que très évasivement aux questions qui leur étaient posées sur leurs associés et connaissances dans le milieu du jeu, et prenaient bien soin de ne compromettre personne. En dehors des dénonciations, les tricheurs professionnels risquaient tout de même de se faire repérer par la surveillance, le patrouillage et l'espionnage des lieux où l'on jouait, certains espions ayant fait forte impression sur Goudar : « Je n'ai jamais vu des Gens si physionomistes ; ils découvrent les Chevaliers de notre Ordre en les regardant. Ils ont un nez de Diable. Ils sentent un Grec à une lieue loin. Ils nous flairent à l'odorat ; il est vrai que cela n'est pas bien difficile, la plupart de ces coquins-là ont été Grecs eux-mêmes [19]. »

L'aide aux familles

Le dernier aspect du travail de la police des jeux était une sorte de « service public », consistant surtout à permettre aux familles de se débarrasser des joueurs trop encombrants, mais aussi par exemple à renseigner un colonel sur la vie privée de l'un de ses subordonnés. Le sieur d'Armenonville ayant prié le lieutenant général de police Marville de vouloir bien se faire informer si le sieur de Mornay, capitaine dans son régiment, fréquentait les hôtels de Soissons ou de Gesvres, la police enquêta et fit savoir au colonel que son capitaine jouait effectivement presque tous les jours à l'hôtel de Gesvres.

Les interventions à l'encontre de joueurs sur la demande des familles ne constituaient pas non plus une attribution de la police des jeux en tant qu'organisme chargé de faire respecter la législation, puisque la plupart de ces joueurs ne l'enfreignaient pas : il s'agissait là de sauvegarder l'intégrité, la cohérence et l'harmonie de la famille, clef de voûte de l'Ancien Régime. Les cas les plus intéressants ont déjà été cités dans le chapitre précédent : la famille demandait au lieutenant général de police l'incarcération du joueur, payait quand elle le pouvait l'entretien du prisonnier et le faisait libérer quand elle le jugeait suffisamment puni. Le lieutenant général n'accédait évidemment à ce genre de requête qu'après en avoir dûment fait vérifier le bien-fondé.

Il arrivait tout de même que la famille prît des dispositions moins sévères, comme dans le cas du sieur Leseron, ce procureur au Parlement de Paris qui passait son temps dans les académies de jeu. Son épouse obtint de la police que l'accès à ces établissements lui fût interdit, mais il continua à les fréquenter malgré les injonctions et les menaces d'arrestation de l'inspecteur chargé des jeux et du commissaire du quartier. Le lieutenant général de police Lenoir en informa Joly de Fleury, procureur général au Parlement, qui répondit ainsi : « Je me suis aussitôt empressé de lui parler et j'ai lieu de présumer qu'il ne donnera plus lieu à de pareilles plaintes. Si cependant il en survenoit encore, je vous prierois avant tout d'avoir la bonté de m'en faire part. » Peu après, l'inspecteur trouvait de nouveau le sieur Leseron dans une académie, d'où son rapport à Lenoir : « Je l'ai arrêté et conduit par devant M. le commissaire Chenu qui, après lui avoir fait les reproches les plus vifs (...) s'est déterminé, Monsieur, à le relaxer en lui enjoignant d'avoir l'honneur de vous voir pour s'excuser auprès de vous et obtenir votre commisération auprès de M. le Procureur Général. »

CHAPITRE X

CHÂTIMENTS

Les amendes

Les contrevenants à la législation sur le jeu risquaient trois sortes de peines : les amendes, les emprisonnements et les relégations. Les condamnations à l'amende, qui émanaient de la chambre de police du Châtelet de Paris, frappaient plusieurs catégories de délinquants.

Les académies de jeu n'étant que tolérées et non explicitement reconnues par la législation, cette dernière ne pouvait avoir prévu de sanctions à l'encontre des tenanciers ne respectant pas le contrat imposé par la lieutenance générale de police ; ce qui n'empêcha pas, entre autres, la dame Longpré de se voir condamner à l'amende pour ne point avoir fermé son établissement à l'heure réglementaire.

La législation fut évidemment bien plus prolixe dans le cas des maisons de jeu clandestines : les tenanciers y furent menacés selon les textes de mille à six mille livres d'amende. Dans la réalité, les amendes se montaient presque toujours à trois mille livres, et les récidives étaient nombreuses : la dame Godemart paya par exemple sept fois cette somme entre 1720 et 1730. Les tenanciers entraînaient souvent dans leurs déboires les propriétaires, les éventuels banquiers et les joueurs. Les propriétaires ou principaux locataires qui ne dénonçaient pas les tenanciers risquaient d'être condamnés soit solidairement aux amendes desdits tenanciers, soit individuellement à une amende de trois à dix mille livres : ils étaient en fait le plus souvent condamnés solidairement avec les tenanciers à trois mille livres d'amende. Chacun des joueurs s'exposait de son côté à une amende variant, selon les textes, de cinq cents à trois mille livres ; mais en pratique ils n'étaient condamnés que dans une petite moitié des cas, et à mille livres. Il est d'ailleurs difficile de dire pourquoi ils l'étaient dans tel cas et non dans tel autre. De plus, tous les joueurs surpris dans une maison de jeu clandestine n'étaient pas forcément condamnés en bloc ; il arrivait que seuls un ou deux le fussent, en général des tenanciers venus jouer chez un de leurs collègues ou des joueurs s'étant particulièrement mal conduits pendant la perquisition. Si la législation n'avait rien prévu de particulier à l'encontre des banquiers, la chambre de police les condamnait dans certains cas, soit à la même amende que les joueurs, soit, lorsque ces derniers n'étaient pas inquiétés, à mille ou trois mille livres d'amende : la dame de Pottonier fut ainsi condamnée quatre fois de suite entre 1724 et 1729.

Les divers textes législatifs menaçaient les cabaretiers de cinq cents à trois mille livres d'amende s'ils laissaient jouer ou donnaient à jouer dans leurs boutiques ou arrière-boutiques. Quand le jeu se tenait dans la boutique, les cabaretiers furent effectivement condamnés à des amendes, mais dont le montant, le plus souvent de cinquante livres, n'allait que de dix à trois cents livres selon la gravité du délit. Lorsqu'il s'agissait de salles de jeu clandestines tenues hors de la boutique, la moitié des amendes étaient de cinq cents livres, les autres s'échelonnant entre quarante et trois mille livres. Chacun des joueurs surpris dans les cabarets risquait théoriquement de cinq cents à trois mille livres d'amende, mais ces dispositions ne furent jamais appliquées.

A partir de 1729, les boutiquiers et les marchands de foires permettant qu'on jouât chez eux, ainsi que ceux qui y jouaient, s'exposaient à cinq cents livres d'amende ; mais l'absence de sources empêche de savoir si la législation fut bien suivie d'effet.

Toutes catégories confondues, comment tous ces gens s'acquittaient-ils de leurs amendes ? La seule information disponible concerne un tenancier de maison de jeu clandestine, le sieur de Bersigni : condamné deux fois à l'amende, « il ne lui en coûte jamais rien. Les filoux qui président à cette assemblée et les étrangers qui la composent, se cotisent entre eux pour l'indemniser [1] ». Beaucoup ne se pressaient pas pour régulariser leur situation : plusieurs tenanciers furent signalés dans des rapports de police pour n'avoir point payé leurs amendes parfois deux ans après leurs condamnations. Aussi le législateur avait-il pris ses précautions en précisant, selon les textes, que les contrevenants seraient contraints au paiement par tous les moyens (y compris la saisie et l'exécution de leurs biens), qu'ils seraient incarcérés de quatre à douze mois s'ils ne pouvaient payer, que les propriétaires verraient leurs maisons affectées au paiement de leurs amendes, etc.

Certaines condamnations à l'amende furent atténuées ou même tout simplement annulées ; mais les bénéficiaires de ces grâces royales étaient toujours ceux qui auraient eu, au moins financièrement, le moins de mal à s'acquitter de leurs amendes. « Le roy a bien voulu, par commisération pour Mme de Saint-Martin, la descharger de la condamnation d'amende qu'elle a encourue pour avoir donné à jouer[2]. » De tels cas n'étaient pas rares, puisqu'un commissaire s'en plaint amèrement au lieutenant général de police dans un rapport consacré aux maisons de jeu clandestines : « Y aller, y établir la preuve, que vous rendiez la sentence, et que l'extrême faveur en empêche l'exécution, c'est dérision à justice, et je pense qu'il vaut mieux ne rien faire. » Les modérations d'amendes, c'est-à-dire la diminution de leur montant, étaient elles aussi assez fréquentes.

Enfin, la législation prévoyait que le receveur des amendes répartirait les sommes qui lui seraient versées entre le roi, l'Hôpital général et le dénonciateur, généralement un tiers chacun.

La prison

Si les textes législatifs prévoyaient bien des peines de prison et d'exil pour certains délits en matière de jeu, les modalités de ces peines étaient déterminées de façon arbitraire par lettres de cachet.

Toutes les peines de prison ne furent pas purgées dans le même établissement. Sur les deux cents relevées dans les archives de police conservées, 58 % le furent au For-l'Evêque, 19 % à Bicêtre, 11 % au Petit Châtelet, 3 % à la Bastille, 2,5 % à l'Abbaye, 2,5 % au Grand Châtelet, 2 % à la Conciergerie et 2 % à Saint-Martin. Quelques condamnés changèrent de prison au cours de leur détention, comme la demoiselle Gervais, tenancière de maison de jeu clandestine dont le transfert du For-l'Evêque au Petit Châtelet fut ordonné dès le lendemain de la réception de ce rapport par le lieutenant général de police :

« Depuis que la nommée Marie Victoire Gervais est

détenue ès prisons du Fort l'Evesque pour le jeu, le nommé Hébert, un des guichetiers, a pris tellement cette fille en affection, que non seulement il la souffre journellement dans les guichets auprès de lui, mais encore a l'impudence et la témérité de l'amener après la fermeture des chambres, c'est-à-dire sur les dix heures du soir, promener sur les quais pendant une demi-heure, d'aller boire ensemble, soit dans un cabaret ou un caffé, et ensuite la ramener, ce qui lui est arrivé deux fois suivant ce qu'il s'en est vanté lui-même ; j'estime sous votre bon plaisir, Monsieur, qu'il seroit à propos de la faire transférer de cette prison dans une autre pour couper court à de pareils abus. »

Qui étaient ces prisonniers pour cause de jeu ? Des fripons (50 %), des banquiers de maisons de jeu clandestines (16 %), des tenanciers d'établissements clandestins, presque toujours incarcérés pour avoir désobéi à leur ordre d'exil (13 %), des fauteurs de trouble aux hôtels de Gesvres et de Soissons (9 %), des gens surpris à jouer dans la rue (8 %), des joueurs incarcérés sur la demande de leur famille (3 %), etc. Mais ces pourcentages globaux ne reflètent pas exactement la situation dans chaque prison. Le Petit Châtelet était plus ou moins spécialisé dans les délits mineurs (les joueurs de rue), Bicêtre recevait surtout les délinquants les plus « infâmes » (les fripons), les tenanciers de maisons de jeu clandestines allaient dans toutes les prisons à l'exception de Bicêtre, la majorité des banquiers se retrouvaient au For-l'Evêque, et les fripons partout, mais surtout à Bicêtre. Cette hiérarchie Petit Châtelet-For-l'Evêque-Bicêtre dans l'échelle de l'infamie se retrouvera un peu plus loin.

La durée des peines de prison, en moyenne de deux mois et demi, variait à peu près uniformément de trois jours à deux ans et demi. Ces chiffres différaient légèrement selon les établissements. Cinq mois en moyenne à Bicêtre, quatre mois à la Bastille, deux mois au For-l'Evêque et au Petit Châtelet, un mois au Grand Châtelet, à l'Abbaye et à Saint-Martin. Les peines les plus courtes, celles de trois jours, furent purgées au Petit Châtelet par cinq personnes surprises à jouer aux dés dans la rue ; les plus longues, de un an à deux ans et demi, le furent au For-l'Evêque, à Bicêtre et à la Bastille par des fripons ou des banquiers de maisons de jeu clandestines. Toutefois, à l'exception des joueurs de rue qui ne furent condamnés qu'à de très courtes peines, il serait vain de chercher une relation entre la nature du délit et la durée de la peine : tenanciers, banquiers et fripons étaient à peu près soumis au même régime. Plus étonnant encore, la récidive n'était pas un facteur d'augmentation de la durée de la détention, même lorsqu'un individu retournait en prison pour la troisième ou quatrième fois, et toujours pour cause de jeu.

A leur sortie de prison, si 70 % des condamnés se voyaient purement et simplement libérés, 13 % ne l'étaient qu'à la condition de partir en exil, 14 % à celle de reprendre le chemin de l'exil qui leur avait déjà été ordonné mais qu'ils n'avaient pas pris (d'où l'incarcération), et 3 % à condition de s'engager dans l'armée. Le dernier cas ne posa pas de problème, puisque le sieur Trudaine, tenancier de maison de jeu clandestine, mourut pendant sa quatrième détention.

L'exil

Deux exils se ressemblaient rarement : sur les deux cents et quelques cas recensés dans les archives de police conservées, 71 % d'éloignements à 30, 40, 50 ou 60 lieues de Paris, une lieue valant un peu plus de quatre kilomètres. 22 % de relégations dans une ville du royaume : Alençon, Bordeaux, Caen, Châlons-sur-Marne ou Chalon-sur-Saône (l'orthographe du rapport de police ne permet pas de trancher), Chartres, Châtillon, Clermont, Coulommiers, Dijon, Laon, Le Dorat, Le Havre, Limoges, Lorient, Lyon, Montargis, Nevers, Orléans, Perpignan, Pierrefitte, Romorantin, Rouen, Saintes, Saumur, Tours et Valenciennes ; Lyon et Rouen accueillirent respectivement au moins trois et quatre exilés pour cause de jeu. 4 % de relégations dans une province du royaume : l'Auvergne, la Bretagne, le Labourd, le Languedoc, le Poitou. 3 % d'exils à l'étranger, l'un au Portugal et les autres « hors du royaume » sans plus de précision. Un fait notable : jamais les récidivistes, car il y en eut quelques-uns (le sieur Berthelot fut exilé au moins quatre fois pour cause de jeu), ne furent relégués au même endroit. La destination des exils n'était pas toujours choisie au hasard par la lieutenance générale de police, mais souvent en fonction de l'origine géographique des condamnés ; ces choix ne plaisaient pourtant pas toujours aux exilés, puisque cinq d'entre eux en demandèrent et en obtinrent le changement, invoquant le désir ou la nécessité de se rapprocher de leur famille ou de leurs affaires.

Qui étaient ces exilés pour cause de jeu ? Des tenanciers de maisons de jeu clandestines (42 %), des fripons (29 %), des banquiers de maisons de jeu clandestines (27 %) et quelques « divers » (2 %). Le petit monde des exilés était donc un peu plus reluisant que celui des prisonniers, puisque les tenanciers et les banquiers y étaient plus nombreux que les fripons ; de plus, beaucoup de tenanciers et de banquiers ne furent emprisonnés que pour avoir désobéi à leur ordre d'exil, alors que nombre de fripons ne furent au contraire condamnés à l'exil qu'à leur sortie de prison, c'est-à-dire en complément de leur peine principale. Bref, tout se passait comme s'il existait une peine honorable, l'exil, et une peine infamante, la prison ; et parallèlement, des délinquants honorables, les tenanciers (et, dans une moindre mesure, les banquiers), et des délinquants infâmes, les fripons.

Les exils duraient en moyenne un peu plus de deux ans : le plus court fut de deux mois, et le plus long de quinze ans. Pas de relation notable entre la nature du délit et la durée de l'exil, mais les récidivistes voyaient leurs peines s'allonger au fur et à mesure de leurs condamnations. En fait, les condamnés n'obéissaient pas toujours à leur ordre d'exil, certains ne partant que quelque temps, d'autres ne quittant même pas Paris : s'ils étaient pris par la police, ils étaient incarcérés pour une durée d'un peu plus d'un mois en moyenne. Les archives de police conservées font état d'environ 15 % de désobéissance, mais il y en eut sans doute bien davantage. D'autre part, c'était parfois le plus légalement du monde que les exilés revenaient à Paris sans lettre de rappel, par le biais des permissions temporaires qu'accordait le lieutenant général de police lorsqu'il jugeait recevables les requêtes des condamnés, à condition bien sûr qu'ils promissent de ne point reprendre leurs anciennes activités délictueuses ; ces requêtes mettaient toujours en avant la nécessité de revenir à Paris pour régler quelque affaire familiale ou professionnelle. Il arrivait aussi, mais plus rarement, que le lieutenant général voulût ainsi éprouver les meilleures dispositions des exilés avant de leur accorder le rappel définitif.

CHAPITRE XI

EFFICACITÉ
DE LA POLITIQUE RÉPRESSIVE

Vénalité et corruption

La répression des formes de jeu interdites était loin d'être parfaite : si elle l'avait été, la fin de l'Ancien Régime n'aurait plus connu ni maisons de jeu clandestines, ni jeu dans les cabarets, ni jeu dans les rues, ni jeux de hasard chez les particuliers, ni fripons... Tel fut loin d'être le cas, et la situation ne semble même pas s'être améliorée au cours de la période. Deux questions se posent donc : la politique répressive était-elle bien appliquée par la police des jeux ? Et, même bien appliquée, aurait-elle été efficace ?

Première question donc : l'application de la politique répressive. Pour commencer par le bas de la hiérarchie, le personnel employé par l'officier chargé des jeux ne semble pas avoir été au-dessus de tout soupçon. Goudar prétend qu' « en pensionnant ces Gens-là, on est sûr d'eux [1] », et d'après l'*Encyclopédie méthodique*, « les préposés subalternes rançonnoient les filoux qui fourmillent dans les maisons de jeux, fermoient les yeux sur les parties de convention, et gagnoient beaucoup [2] ».

Plus important, l'officier chargé des jeux. Depuis 1751, il était recruté parmi les inspecteurs : certes, il avait tendance à s'occuper davantage du département des jeux que de ses nombreuses attributions de police générale, pour l'excellente raison que ce département était beaucoup plus lucratif. Voilà qui pourrait paraître positif du point de vue des jeux, si la police desdits jeux se limitait vraiment à ce seul département. L'exemple suivant prouve le contraire : les inspecteurs de police devaient, selon Sartine, se rendre tous les jours dans les auberges, hôtels et maisons garnies de leur quartiers pour en connaître les clients, prendre sur les registres des tenanciers les noms de ceux qui venaient d'y entrer ou d'en sortir et en envoyer aussitôt l'état au lieutenant général de police[3]. Ce travail de routine aurait dû grandement faciliter la recherche des fripons dont les résidences de prédilection étaient justement ce genre d'établissements, mais d'après l'ouvrage anonyme *Police...,* les aubergistes et les hôteliers « n'inscrivoient point exactement leurs Hôtes ; quant aux Commissaires, aux Inspecteurs, aux Sous-Inspecteurs et aux Exempts de Police, ils faisoient rarement et légèrement leurs visites ; elles étoient faites communément de huitaine en huitaine, non par les Inspecteurs ou Exempts, non par les Commis des Inspecteurs qui sont sans qualité pour des opérations de cette importance ; mais par les Commis de ces Commis qui avoient encore bien moins de caractère que leurs Commettans qui n'en avoient point du tout. Comment les faisoient-ils ? Ils se contentoient de feuilleter négligemment les Registres inexacts des Hôtelliers et Aubergistes, sans en prendre aucun relevé[4] ».

Plus grave : il arrivait que l'officier chargé des jeux, même avant 1751, ne manifestât pas beaucoup de zèle dans ce fameux département des jeux. Ce fut en particulier le cas de Pierre Pons dont le lieutenant général de police Marville annota ainsi de nombreux rapports : « Luy faire entendre à quel point je suis mécontent de sa négligence », « il me semble que malgré mes semonces il agit bien mollement à l'égard des jeux », « luy demander pourquoy les ordres que je luy ay donnés contre différens banquiers n'ont point été exécutés, et pourquoy il ne s'est transporté dans aucuns jeux ». En fait, la mollesse et la négligence de Pons s'expliquaient par sa vénalité, qui fut établie lors de l' « affaire Pons ».

Dès les premiers mois de 1745, Marville commence en effet à avoir de sérieux doutes sur l'honnêteté de ce personnage à qui il a pourtant confié les jeux depuis 1740. Ayant reçu un mémoire anonyme dénonçant la complicité d'un officier de police avec la dame de Chaperon et le sieur Rivière, respectivement tenancière et banquier de maison de jeu clandestine, il fait enquêter l'inspecteur Poussot qui lui écrit en juillet 1745 : « On est sûr qu'ils sont avertis. On ne sait pas positivement par qui, on soupçonne le sieur Pons. » Poussot découvre aussi que Pons se fait payer par une autre tenancière, la dame de Saint-Priest, pour l'avertir de tous les ordres qui seraient pris contre elle ou contre les jeux en général, et que si la perquisition de mai 1745 chez la dame de Neuville a échoué, c'est que Pons a pris le soin de la faire prévenir dans la matinée. Le 29 septembre 1745, ladite dame de Neuville envoie une lettre à Marville, où elle déclare avoir effectivement donné à jouer au pharaon sous l'assurance du sieur Petit que Pons lui a promis l'impunité en échange d'un louis d'or par semaine. Elle affirme encore s'être rendue après la perquisition ratée de mai 1745 chez le sieur Petit pour décider quel parti prendre : il lui conseilla de recommencer, mais exigea désormais dix louis d'or par mois ; le marché fut conclu à deux louis par semaine. Marville reçoit aussi une lettre, toujours datée du 29 septembre 1745, mais du sieur du Monteil, fripon qui explique comment, ayant appris en décembre 1744 sa condamnation à l'exil, il alla voir le sieur Desnoyers : « Il me dit de ne point me mettre en peine, et qu'il obtiendroit de M. Pons qui étoit chargé de ma lettre qu'elle ne me fût pas signifiée de quelque temps, au moyen de quoy je serois libre à Paris pour vacquer à mes affaires. Il vit effectivement le sieur Pons et me dit que je pouvois être tranquille. Il exigea de moy en conséquence 24 livres de bougie et 20 livres de tabac pour remettre au sieur Pons. Je les envoyai le lendemain au sieur Desnoyers et je n'entendis plus parler de mon affaire jusqu'au mois de février à la fin du Carnaval, où le sieur Desnoyers me dit qu'on ne pouvoit plus différer de me signifier ma lettre de cachet sans risque. » Le sieur du Monteil partit donc en exil, mais avec la promesse de Pons, moyennant douze louis, de le faire rappeler au plus vite. Toutes ces présomptions font que, malgré sa lettre de protestation (« je ne jamais exgiges un sol de perssonne, se nes pas manque que lon man na voulus donnes plussieurs fois que je refuses »), Pons est incarcéré en octobre 1745 au For-L'Evêque. Confronté le 28 octobre aux sieurs du Monteil et Petit, il persiste à clamer son innocence. Mais les mois suivants voient apparaître d'autres éléments d'accusation : la dame Chastain par exemple, tenancière de maison de jeu clandestine, prétend lors de son interrogatoire du 14 mars 1746 que Pons lui a notifié en décembre 1744 un ordre d'exil pour Tours, qu'elle lui a expliqué qu'elle était malade et que son mari n'avait plus d'emploi, qu'il s'est rendu à ses raisons et qu'il l'a assurée qu'elle pouvait rester à Paris et que si elle était inquiétée au sujet de sa lettre d'exil, elle n'avait qu'à le lui faire savoir. On demande à cette tenancière « si la complaisance que le sieur Pons a eue pour elle n'a point pour fondement la liaison intime qui étoit entre elle et lui, attendu qu'ils ont passé dans le monde pour vivre familièrement ensemble ». Elle répond « que c'est une pure calomnie et qu'elle n'a jamais été liée cn aucune façon avec ledit sieur Pons », et nie d'avoir fait le moindre présent à Pons. La date à laquelle Pons sort de prison n'est pas connue, mais ses successeurs, les sieurs d'Hémery et de Saint-Marc (seul cas de collégialité à la tête du département des jeux), le réhabilitent un peu dans leur rapport du 19 juin 1747 où il est précisé par exemple au sujet de la dame de Neuville qu'il « est bien vray qu'elle a donné de l'argent audit sieur Pons pour soutenir sa partie mais il est faux que ce fut luy qui fut luy proposer ».

Pons ne fut sans doute pas le seul officier chargé des jeux corrompu : le manuscrit anonyme *Les Joueurs et M. Dusaulx* qualifiait Sarraire d' « inspecteur chargé de la partie des jeux et intéressé dans tous [5] ». Quant à son successeur Willemein, à en croire une plainte du chevalier de Grammont, la tenancière de maison de jeu clandestine qu'était la baronne de Loutherbourg disait qu'avec la protection de cet inspecteur des jeux, elle n'avait rien à craindre ; et « le bruit général est qu'il partage avec elle ». Quoi qu'il en fût, la réputation de corruption de l'officier chargé des jeux était bien établie dans l'esprit du public, témoin ce rapport où Malivoire reproche au lieutenant général de police d'avoir fait suspendre l'exécution de l'ordre d'exil destiné à la dame Godemart : « Je vous prie, Monsieur, de trouver bon que pour que je ne sois pas compromis davantage, et dissuader en même temps les gens mal prévenus en ma faveur de la pensée qu'ils ont que je protège cette femme dans le jeu qu'elle tient actuellement tant chez elle qu'ailleurs, que je notifie cet ordre du Roy à ladite Godemart. » Chassaigne, lui, se vit offrir six paires de manchettes brodées par un maître paumier qui souhaitait échapper à l'interdiction qu'il avait reçue de donner à jouer aux cartes ; mais le vertueux officier de police refusa. Le lieutenant général Berryer constate lui-même qu' « il faut donner à chaque officier suffisamment de quoi l'occuper, afin de lui procurer un gain honnête et l'empêcher de se porter à de certaines manœuvres auxquelles ils n'ont que trop d'inclination[6]. »

Les commissaires de police ne péchaient pas toujours, eux non plus, par excès d'honnêteté. D'après le marquis d'Argenson, ils se faisaient régulièrement « graisser la patte » par les tenanciers de maisons de jeu clandestines[7]. Un mémoire anonyme de 1789 prétendait même que le commissaire Chenu offrait sa protection à toutes les tenancières lui accordant leurs faveurs. Les secrétaires des lieutenants généraux de police n'étaient pas davantage au-dessus de tous soupçons : la dame Vincent, tenancière de maison de jeu clandestine, faisait courir le bruit qu'un secrétaire de Berryer devait l'avertir des ordres qui pourraient être donnés contre elle. D'après des mémoires anonymes de 1789, la comtesse de Lignières et la dame de Montmonny, tenancières, se disaient protégées par le sieur Barbo, secrétaire de Thiroux de Crosne.

Complaisance ou impuissance

Le lieutenant général de police avait évidemment une très grande responsabilité dans l'exécution de la politique répressive. Certes, il bénéficiait dans l'ensemble d'une excellente réputation. Goudar lui-même le reconnaît : « C'est quelque chose d'étonnant que l'ascendant que ce Juge a sur les Grecs. Un Chevalier de l'Ordre se présentera lui seul au combat contre quatre Spadassins, sans être intimidé, et il ne sçauroit paroître devant le Lieutenant de Police de Paris, sans que son sang ne se glace dans ses veines[8]. » Ce même Goudar affirme toutefois que les lieutenants généraux de police ont toujours été « doux et affables auprès d'une jolie femme qui est venue leur demander grâce pour une filouterie faite chez elle[9] ». En fait, il faut bien souligner l'impossibilité pratique où se trouvait le lieutenant général d'appliquer la politique répressive avec la même rigueur quel que fût le statut social des contrevenants. Le terme d' « impossibilité » est préférable à ceux de « mauvaise volonté », « complaisance » ou surtout « corruption », puisqu'en ce domaine le lieutenant général agissait toujours en parfait accord avec le secrétaire d'Etat de la Maison du Roi et avec le roi lui-même, sauf peut-être dans le cas évoqué par le ministre Pontchartrain dans sa lettre à d'Argenson : « On a cité à Sa Majesté une infinité de maisons où l'on y joue publiquement, et on met au nombre de ces personnages Mme d'Argenson et mesdames vos belles-sœurs[10]. »

En premier lieu, plusieurs tenanciers de maisons de jeu clandestines étaient censés mériter trop d'égards pour être soumis à l'infamante procédure de la perquisition : le lieutenant général d'Argenson dit de l'établissement du sieur Aubert que « la preuve en sera difficile sans la visite d'un commissaire dont la visite lui paraîtra toujours désobligeante, de quelque honnêteté qu'elle puisse être accompagnée[11] ». Quand, par hasard, d'Argenson passe outre les convenances, il s'expose aux critiques de Pontchartrain : « Je dois, à cette occasion, vous dire que Mlle de Beaufremont fait de grandes plaintes de la visite qu'un commissaire lui a rendue de vostre part sur son jeu. Elle prétend qu'on n'en a jamais usé ainsy à l'égard des personnes de sa qualité ; que la pluspart de ceux à qui le roy avoit dessein d'interdire le jeu ont estés avertis ou par vous ou par des gens envoyez d'icy, et mesme par M. le chancelier lorsqu'il étoit secrétaire d'Estat, en sorte qu'elle regarde comme un affront insigne la visite du commissaire [12]. » Lorsque Marville reçoit le rapport de Pons signalant pour la première fois la maison de jeu de la dame Dusaugé, il annote ainsi le rapport : « Dire à Pons de continuer ses observations et de me dire qui est la dame Dusaugé (...) parce que si ce n'étoit pas une maison comme il faut, il faudroit tâcher de surprendre la partie. » Il semble bien aussi que la dame de la Bertinierre, signalée dans un rapport de police avec quatre autres tenancières de maisons de jeu clandestines, ne fut la seule à échapper à l'exil qu'en raison de la profession de son mari (conseiller au Grand Conseil) qui fut soulignée dans tous les rapports la concernant. Il est vrai que les tenanciers méritant trop d'égards pour être soumis à la procédure commune recevaient des avertissements écrits ou oraux, au demeurant parfaitement inefficaces. Le lieutenant général de police n'avait plus alors qu'un seul recours : la répression indirecte, consistant à incarcérer ou à exiler les banquiers, « ainsy qu'il s'est toujours pratiqué quand on n'a pu faire cesser autrement les jeux qui se tenoient chez des personnes de condition, n'y ayant que ce seul moyen qui puisse les détruire et empêcher les banquiers de tailler ».

La différence de traitement selon la qualité des contrevenants se faisait également sentir dans l'application des peines lorsque les condamnations avaient tout de même lieu : c'était très net dans le cas des décharges et des modérations d'amendes. Pour la prison et l'exil, les condamnés les moins résignés à leur sort, sinon les mieux placés dans la hiérarchie sociale, réussissaient souvent à fléchir le lieutenant général et à hâter leur libération ou leur rappel : le sieur Godot par exemple, ancien trésorier en chancellerie reconverti dans la friponnerie au jeu, envoya à Marville, dès sa notification de l'ordre du 22 novembre 1744 qui l'exilait à cinquante lieues de Paris, toute une série de placets justificatifs où il lui expliquait inlassablement qu'il avait été l'objet d'une tragique méprise, en fit écrire d'autres plus larmoyants encore par sa femme, etc. Marville finit par ordonner une nouvelle enquête : le sieur Godot usa-t-il d'arguments sonnants et trébuchants à son égard, toujours est-il que Pons adressa au lieutenant général un rapport plus qu'élogieux sur ce fripon, insistant particulièrement sur son honnêteté foncière et sur le profond chagrin de sa femme enceinte. Très ému, Marville avait déjà demandé une lettre de rappel à Maurepas lorsque, vers le 20 décembre 1744, il apprit d'un autre officier de police que le sieur Godot avait bien été quelque temps sans paraître, mais qu'il n'était point parti. La lettre de rappel fut malgré tout délivrée le 31 janvier 1745.

Enfin, plusieurs contrevenants n'intimant pas d'eux-mêmes à la police le respect nécessaire à leur impunité, se ménagèrent l'appui de personnages capables de la leur procurer. La dame de Saint-Priest, tenancière de maison de jeu clandestine, bénéficia ainsi de la protection du duc de Gesvres (gouverneur de Paris), et beaucoup de ses collègues prétendirent jouir de « bonnes protections ». Celle du marquis d'Argenson (le mémorialiste et non le lieutenant général de police) fut elle aussi recherchée : « Mme de Morvilliers, bâtarde de M. de Collande et de Mme du Roure, m'est venue trouver il y a quelque temps, pour que je parlasse à M. Hérault du jeu de biribi et de pharaon qui se tenait chez elle, lorsque le commissaire est venu tout saisir : on va la condamner à l'amende et elle craint d'être placardée [13]. » Le marquis ne précisa pas s'il accéda ou non à cette demande. Les deux exemples suivants prouvent toutefois que ce genre de protections n'étaient pas forcément très efficaces. La comtesse de Tourny ayant écrit au lieutenant général de police en faveur du sieur et de la dame Poitier, « ses intimes amis » qui « viennent d'avoir le malheur de la visite du commissaire chez eux », Marville note au bas de la lettre : « Répondre avec toute la politesse du monde à Mme la comtesse de T. et luy dire que je ferai tout ce qui dépendra de moy pour rendre service au sieur Poitier, mais qu'il y a des règlemens dont il est impossible de s'écarter. » M. de Trevenegat ayant de même demandé à Marville de fermer les yeux sur la maison de jeu clandestine de la dame Jouand qui venait de subir une perquisition, le lieutenant général écrit ces mots en marge de la lettre : « Mander à M. de T. que je suis au désespoir de ne pouvoir faire ce qu'il demande mais que j'ay des ordres trop précis pour pouvoir tolérer aucun jeu. » En revanche, la dame Robin, autre tenancière, fut rappelée à Paris parce qu' « on demandoit avec empressement » son retour [14].

L'auteur des *Joueurs et M. Dusaulx* incriminait aussi le Parlement de Paris en lui reprochant la mollesse de sa contribution à la répression du jeu : il l'expliquait par le peu d'enthousiasme que les parlementaires mettaient à attaquer tout ce qui ne blessait pas leur vanité ou ne sentait pas la philosophie, et par la tendance qu'ils avaient eux-mêmes à fréquenter les établissements prohibés [15]. La tenancière de maison de jeu clandestine qu'était la comtesse de Lignières se dit « fort tranquille à cause de l'impression que ses agrémens ont fait sur M. le Procureur Général ». Et voici enfin la réflexion de Lisette, femme de chambre dans *La Désolation des joueuses,* pièce de Dancourt : « Je sais bien pour moi, que si j'avois gouverné la Police, il y a long-tems que l'affaire seroit faite, et qu'on ne parleroit plus de ces maudits Jeux, qui causent tant de désordre [16]. »

Défauts de la politique répressive

Même si elle avait été bien appliquée, cette politique répressive aurait-elle été efficace ? Sans doute pas totalement, et pour de multiples raisons. Tout d'abord, par celles qui tenaient à la nature de cette politique, l'obligation de prendre en flagrant délit les gens qui donnaient illicitement à jouer : les difficultés de toutes sortes qu'entraînait cette procédure nuisaient beaucoup à la rapidité et à l'efficacité de la répression. Plusieurs officiers de police s'en plaignirent, et Marville écrit lui-même à Maurepas au sujet des maisons de jeu clandestines dont l'arsenal anti-perquisition se perfectionnait tous les jours : « Avec de pareilles précautions je vous laisse à juger, Monsieur, s'il est possible de se servir des voyes ordinaires pour détruire ces sortes de tripots. » Cette procédure fut pourtant suivie pendant toute la période, malgré la possibilité théorique qu'offraient certains textes législatifs de se passer du flagrant délit lorsqu'il était trop difficile de l'établir.

Autre point faible : la nature des peines infligées aux contrevenants. D'abord, beaucoup d'amendes n'étaient jamais payées, beaucoup d'exilés ne partaient pas ou revenaient aussitôt après être partis, et beaucoup d'ordres d'incarcération n'étaient pas exécutés, faute de pouvoir mettre la main sur les intéressés, et il y avait trop de décharges ou de modérations d'amendes, de libérations et de rappels prématurés. Il est vrai que cela tenait davantage aux exécutants, trop peu nombreux et manquant de rigueur, qu'aux peines elles-mêmes ; mais il y avait plus grave. Les amendes par exemple : si leur paiement s'effectuait bien par cotisation des joueurs comme dans le cas du sieur de Bersigni, il n'y avait guère d'illusions à se faire sur leur caractère dissuasif.

Confronté au cas de la dame Maillet, tenancière de maison de jeu clandestine déjà condamnée à quantité d'amendes pour jeu de pharaon, un commissaire reconnut que les amendes n'avaient aucun effet sur ces professionnels du jeu ; jugement largement confirmé par l'étonnante quantité de récidives. Et il a été vu que dans certains milieux favorisés, les condamnations à l'amende étaient devenues sources de prestige et donc recherchées ! L'exil n'était pas non plus la solution idéale : là encore, beaucoup de récidivistes. « En les exilant, observe Dusaulx, en les bannissant de la Capitale, on ne fait que verser la corruption dans les autres Villes. Chassés par une porte, ils rentrent par une autre, après avoir " fait leur tour de France " [17]. » C'est à peu près ce qui arriva au couple Poncet, qui donna à jouer à Lyon jusqu'au moment où « le Roi jugea qu'il étoit du bien de son service de les obliger d'en sortir. Ils ont cru que Paris leur conviendroit mieux, et que, confondus dans le chaos, ils cacheroient plus aisément, et plus longtemps, leurs mauvaises pratiques ». Les deux époux établirent donc une belle maison de jeu clandestine à Paris, d'où cette lettre du lieutenant général de police d'Argenson au secrétaire d'Etat Pontchartrain : « Je croirois manquer à l'esprit de mes premiers devoirs si je différois plus longtemps à supplier le Roi de renvoyer en Dauphiné le mari et la femme, qui ne sont venus à Paris que parce qu'on ne les a pas voulu souffrir à Lyon, où ils étoient encore moins à portée de faire du mal. N'est-il pas juste qu'ils se contentent d'exercer leurs talents dans leur province, et que cette ville ne soit pas davantage exposée en proie à leur industrie [18] ? » Quant aux peines de prison qui semblent à priori plus dissuasives, force est de constater qu'elles n'empêchèrent pas non plus les récidives. Certains contemporains émirent des suggestions, tel l'auteur inconnu de *Police...* qui préconisait une sorte d'exil amélioré. Les contrevenants recevraient l'ordre de se retirer dans un délai de deux mois sur le lieu de leur naissance ou au domicile de leurs parents, sous peine d'être engagés dans les armées du roi ou de punition corporelle pour ceux qui seraient incapables de servir ; ils auraient tout de même la possibilité, sur leur chemin, d'entrer dans des couvents, dans des hôpitaux ou chez des particuliers pour y travailler, à la condition que les supérieurs des communautés et les particuliers qui les recevraient fournissent des certificats. Il serait procuré aux exilés des occupations qui leur permettraient de subsister, et ceux qui ne pourraient travailler seraient assistés. L'auteur de ce projet expliquait encore qu'il serait très facile à l'Etat de donner un emploi à tous ces gens, tant la terre et les manufactures manquaient de bras, et que tout cela enrichirait considérablement le royaume [19].

La politique de l'Etat souffrait aussi du manque d'audace dans l'ouverture des académies de jeu. Les autorités ayant voix au chapitre ne se mirent jamais d'accord sur leur nombre, surtout lorsqu'il fut question vers 1770 d'y introduire des jeux de hasard. Le Parlement s'opposa de toutes ses forces aux lieutenants généraux de police, Sartine et Lenoir en tête, qui voyaient là le seul moyen de canaliser la fièvre du jeu. Il n'est d'ailleurs pas impossible que ce conflit ait été la cause d'une certaine mollesse dans la répression, encouragée par le lieutenant général lui-même : c'est du moins ce que laisse entendre ce mémoire anonyme reçu le 28 janvier 1789 par le procureur général au Parlement, selon lequel l'inspecteur chargé des jeux aurait volontairement fermé les yeux sur la maison de jeu clandestine de la dame Masson, pourtant l'une des plus importantes, pour persuader le Parlement de la nécessité d'ouvrir des académies de jeux de hasard.

L'attitude du roi était elle-même discutable. Alors qu'il savait bien que la mode consistait partout à imiter la cour, il autorisa les courtisans à jouer aux jeux de hasard, et très gros : Louis XIV les y encouragea même fortement. C'est à peine si le roi avait la pudeur de cesser pendant quelques jours de jouer aux jeux que le tout dernier texte législatif venait d'interdire. Beaucoup voyaient pourtant dans le bon exemple du prince la condition essentielle de la diminution du jeu, sinon de sa disparition. Dusaulx dédia ainsi au comte de Provence, frère de Louis XVI, son ouvrage sur le jeu : « Les vrais remèdes ne peuvent être administrés que par ceux qui, comme vous, Monseigneur, servent de modèles et forment l'opinion : l'exemple des Princes vertueux est plus imposant que les préceptes [20]. » D'après l'auteur du *Diogène à Paris,* si le roi souhaite faire disparaître le jeu, il lui suffit de fermer toutes les académies et de restreindre l'intérêt qui lui est attaché à la cour : « Le vainqueur aura ce jour-là une place distinguée à la cour, il sera régalé, etc. Le vaincu versera à boire, il n'ira point à la chasse, au bal. Les femmes joueront l'agrément de leur donner la main, d'être leur cavalier du jour (ou du lendemain si l'on joue le soir) ; enfin les enjeux seront de petits services que le vaincu devra rendre au vainqueur ; et on les variera avec des bagatelles, sans valeur, mais précieuses à la vanité. L'exemple gagnera bientôt la ville : les avares, les fripons et même les sots, ne voyant plus sur le tapis ni rouleaux d'or, ni châteaux, ni équipages, n'auront plus d'envie de jouer [21]. »

Louis XIV et le Régent semblent encore avoir commis une grave erreur en tolérant ces énormes maisons de jeu que furent les hôtels de Transylvanie et surtout de Gesvres et de Soissons : loin de calmer la passion du jeu comme le faisaient les petites académies de jeu, elles l'attisèrent, et les tenanciers des maisons de jeu clandestines n'hésitèrent jamais à mettre en avant la tolérance du jeu dans ccs deux hôtels pour justifier la tenue de leurs établissements [22].

Dernière insuffisance : celle des effectifs de la police des jeux, qui reposait presque entièrement sur les épaules de l'officier chargé des jeux. La situation s'aggrava même avec le temps, puisque ce département fut confié, à partir de 1751, à un inspecteur déjà surchargé de travail. Tout cela ne s'arrangeait évidemment pas en période de crise, comme à l'époque du Système de Law évoquée par Goudar : « La Police étoit alors trop occupée des vols, des meurtres, et des assassins occasionnés par un changement si brusque et si peu usité dans les Finances générales de la Monarchie, pour ne pas perdre de vue les filouteries particulières des joueurs [23]. »

La partie était perdue d'avance

Il y avait plusieurs raisons pour lesquelles la politique répressive ne pouvait être vraiment efficace, indépendamment même de sa nature. C'est l'essence du jeu qui était en cause : d'après l'*Encyclopédie méthodique,* « les efforts, les soins de la police à cet égard, ne se sont guère étendus qu'à une contrainte extérieure, qui n'a fait que rendre plus actif l'amour du jeu, plus funestes les excès qu'il fait naître, en concentrant cette fureur, et réunissant, en quelque sorte, les joueurs contre la rigueur de la loi [24] ». Ce qui s'explique par la nature du jeu : « On peut le regarder comme l'action libre de l'individu, comme l'usage de sa propriété, de sa personne, de ses facultés, et quel qu'en soit le danger pour lui, personne, que son expérience, n'a droit de contraindre sa volonté à cet égard [25]. » Bref, le joueur ne supportait pas que l'Etat lui interdît ni même réglementât l'exercice de sa passion ; et d'un point de vue plus pratique, il semble bien que l'ingéniosité de la police à découvrir et à poursuivre les contrevenants à la législation ait toujours eu un temps de retard sur l'imagination des joueurs, des fripons et des tenanciers. Le lieutenant général de police Lenoir reconnaît lui-même que la passion du jeu « domine ceux qui en sont attaqués, et qui lui trouvent des issues d'autant plus ingénieuses que les faiseurs de loi, qui ne tiennent pas compte de la force irréductible des penchans, n'ont pas l'instinct d'imaginer les répressions suffisantes ou les distractions nécessaires[26] ».

C'est pourquoi certains pensaient que la solution ne résidait pas dans la répression, mais dans l'éducation. Voici les suggestions de Dusaulx : « Que les Instituteurs, faits pour prévenir, retarder ou corriger les inclinations nuisibles, apprennent à leurs Elèves à se servir du peu d'argent qu'on leur accorde : jamais à le risquer, sur-tout aux jeux de hasard : le parti le plus sûr, dit Locke, est de leur interdire les Cartes et les Dez[27]. » Dusaulx voulait même établir des « Inspecteurs de la Jeunesse, choisis parmi les Citoyens les plus intègres[28] ». Et d'après l'*Encyclopédie méthodique,* « les Loix ont été vainement multipliées contre les jeux : ce ne sera que lorsque l'éducation aura assez sensiblement changé le caractère, qu'on pourra espérer quelque amélioration dans cette partie des mœurs ; encore cette perspective n'est-elle rien moins qu'assurée, les hommes conservant, malgré leurs lumières, les défauts et les vices attachés à leur nature[29] ».

Une dernière hypothèse : et si l'Etat avait eu l'impression qu'éliminer complètement le jeu n'aurait pas vraiment été souhaitable ? Le jeu pouvait en effet être considéré comme l'élément de désordre et de dérèglement nécessaire à l'équilibre d'une société d'ordres et d'ordre trop bien réglée, et peut-être l'Etat préféra-t-il conserver cette soupape de sûreté relativement bien contrôlée (même sous ses formes clandestines) et ne présentant guère de dangers majeurs, plutôt que de s'exposer au risque de voir resurgir ce besoin de transgression des règles, de désordre, de mobilité et d'illégalité sous des formes plus graves telles que la criminalité, les affrontements sociaux ou la contestation politique. « Des joueurs acharnés ne quittent point leurs cartes pour s'occuper des affaires publiques[30]. », écrit Voltaire. La tolérance du jeu dans certaines conditions permit peut-être d'éviter l'émergence de nouvelles criminalités, mais il est absolument certain qu'elle aida à contrôler une partie de celles qui existaient déjà. D'après l'*Encyclopédie méthodique,* la police se proposait, en ouvrant les académies de jeu, de surveiller les joueurs de profession et les escrocs en tous genres qui fréquentaient naturellement ces lieux[31]. A en croire *Les Joueurs et M. Dusaulx,* les académies de jeu servaient encore à tâter l'opinion publique : « comme ces académies devinrent des maisons de liberté où l'on se mettoit à son aise pour parler des affaires publiques », le lieutenant général de police Sartine, qui avait donné la direction de ces établissements à des femmes qu'il protégeait, « se servoit de ces courtisanes pour savoir ce qu'on disoit du gouvernement et de son administration ; et c'est du rapport de ces femmes, et de celui des émissaires qu'il y soudoyoit, qu'il composoit ce fameux journal si menteur et fait à sa guise, avec lequel il allarmoit ou tranquilisoit à son gré Louis XV et M. de Choiseul, ce ministre déprédateur[32] ». Quant aux maisons de jeu clandestines, aux cabarets et autres lieux où l'on jouait, la police utilisait aussi avec profit les renseignements que ses informateurs lui donnaient sur les gens plus ou moins respectables qui les fréquentaient.

Reste à se demander quelle part l'élément purement financier aurait pu avoir dans l'éventuelle décision de l'Etat de ne pas éliminer le jeu, car ce dernier était très lucratif. D'abord, la taxe sur les cartes : c'est pour les trois millions qu'elle rapportait chaque année que, selon l'*Encyclopédie méthodique*, l'Etat ne pensa jamais sérieusement à empêcher le jeu[33]. Puis les prélèvements effectués par la lieutenance générale de police sur les académies de jeux de hasard, et enfin les amendes payées par les divers contrevenants à la législation sur le jeu.

CONCLUSION

Tel fut donc le monde du jeu d'argent à Paris, à la cour et dans toute la France de Louis XIV, Louis XV et Louis XVI. Considérable par la foule de gens qui en vécurent professionnellement ou s'y livrèrent passionnément, par les masses d'argent qui y circulèrent, par la quantité de petits malheurs et de tragédies qui s'y nouèrent, et par l'importance de ses répercussions sociales et mentales. Considérable aussi par rapport à ce qu'il avait été avant le règne de Louis XIV et à ce qu'il est devenu depuis le milieu du XIXe siècle. Banal en revanche dans l'Europe des XVIIe et XVIIIe siècles, où l'on jouait tout autant qu'en France, surtout dans les deux grands pays du jeu qu'ont toujours été l'Angleterre et l'Italie. Difficile de dire exactement pourquoi les gens jouaient en si grand nombre, mais le terrain était favorable : civilisation de loisirs, amélioration des conditions de vie, tolérance (relative) de l'Etat...

Seule la période 1660-1789 a été traitée, mais il a déjà été dit que le jeu était apparu en France bien avant le règne de Louis XIV, et il ne faudrait pas non plus s'imaginer que la Révolution étouffa la passion du jeu des Français. Au contraire, elle ne fit que s'exaspérer dès le mois de juillet 1789, profitant de la désorganisation de la police après la disparition de la lieutenance générale, de sa corruption croissante et de l'immensité de la tâche à laquelle ces années tumultueuses la confrontèrent. Les nouvelles autorités auraient pourtant bien voulu venir à bout de ce qu'elles percevaient comme une des tares les plus honteuses de l'Ancien Régime. Aussi Bailly, le maire de Paris, protesta-t-il le 5 mai 1790 de sa bonne volonté : « Je regarde les maisons de jeu comme un fléau public (...). Je n'ai jamais donné aucune autorisation. » Il promit de renforcer la répression, mais en 1791 l'abbé Mulot s'exclamait devant l'Assemblée nationale : « la licence des jeux s'accroît tous les jours par l'impunité (...). Trois mille maisons se sont successivement ouvertes dans la capitale. » Ladite Assemblée l'applaudit bien fort et vota le 22 juillet 1791 une belle loi contre les maisons de jeu, qui fut parfaitement inefficace. L'abbé Mulot, soutenu cette fois par Danton et par Dusaulx (l'auteur déjà souvent cité pour avoir publié en 1779 un gros ouvrage sur le jeu), dut remonter à la tribune en 1792. L'Assemblée, toujours enthousiaste, adopta de vertueuses motions et crut même pouvoir affaiblir la passion du jeu en remplaçant les cartes aux enseignes traditionnellement royales par d'autres plus « civiques ». Il fallut en fait attendre la Terreur pour que la police s'attaquât vraiment au jeu, du moins dans les milieux populaires, (c'est-à-dire ceux qui ne pouvaient l'acheter) ; elle montra tout de même un peu plus de sévérité à l'encontre des riches maisons de jeu clandestines lorsque les autorités les dénoncèrent comme de dangereux rendez-vous de contre-révolutionnaires. La mort de Robespierre rassura vite les joueurs les plus timides et toute la France se remit ouvertement à jouer, non sans susciter, du début du Directoire à la Restauration, les foudres de Boissy d'Anglas, en particulier lorsque ledit Directoire décida de tolérer des maisons de jeu : neuf à

Paris, dont les tenanciers furent assujettis à une redevance annuclle.

Le Consulat perfectionna le système en créant la « ferme des jeux ». Le fermier devait verser au Trésor plus de cinq millions de francs par an pour exploiter les neuf (puis sept) établissements parisiens. L'Etat percevait en outre les trois quarts des bénéfices de ces maisons de jeu. Cette ferme fut supprimée en 1837, et les sept établissements fermés ; ils comptaient alors plus de cent cinquante employés. Le Code pénal de 1812 (article 410) avait en effet interdit la tenue de maisons de jeu : si la susdite ferme avait pu subsister un quart de siècle après la publication du Code, c'est qu'un décret de 1806 (article 4) avait prévu que le préfet de Police pût faire des règlements particuliers « pour les lieux où il existe des eaux minérales, pendant la saison des eaux seulement, et pour la ville de Paris ». Il fallut attendre la loi de 1907 pour que fût résolue la contradiction entre ces deux textes : l'article 410 du Code fit l'objet d'une dérogation pour les casinos des « stations balnéaires, thermales et climatiques ».

Au xixe siècle donc, les Français eurent quatre sortes de maisons de jeu à leur disposition : les casinos de villes d'eaux (dès 1806), les neuf (puis sept) établissements de la ferme des jeux (jusqu'en 1837), les innombrables tripots clandestins et les « cercles ». Ces derniers étaient des associations déclarées et autorisées qui, sous prétexte d'activités culturelles et savantes, offraient à leurs membres bonne chère, séduisante compagnie féminine et surtout gros jeu. En 1885, ils étaient deux cents à Paris, cinquante à Marseille, trente à Lyon, etc. Une constante enfin du monde du jeu parisien, du milieu du xviiie siècle à la fin du xixe : l'évidente prédominance du quartier du Palais-Royal, un moment appelé Palais-Égalité pendant la Révolution[1].

Du xviie au xxe siècle, que la France fût royaume, empire ou république, la politique en matière de jeu fut parfaitement ambiguë. Il est vrai que, pour reprendre la brillante analyse de Marcel Neveux[2], le jeu pose d'épineux problèmes au législateur : « Le Jeu et le Droit existent sur deux plans parallèles. Celui-ci structure le monde social sérieux ; celui-là s'extrait du sérieux de l'existence. Théoriquement ils ne peuvent se rencontrer : la règle et le règlement définissent deux ordres distincts. De même qu'on n'applique plus la règle du jeu une fois le jeu achevé, parce qu'on rentre dans la réalité, pareillement on pourrait s'attendre à ce que, pendant la brève période du contrat ludique, temps socialement annulé, on abandonne les normes juridiques. » Tout va bien tant qu'on joue « pour rire », mais l'affaire se complique avec l'introduction de l'argent dans le jeu : « Si l'on se rendait les enjeux au sortir de la table de jeu, comme font parfois les enfants qui " s'amusent " à jouer, font semblant de perdre ou de gagner, on en resterait là. Mais, précisément, on ne rend pas les enjeux. Ils demeurent propriété, dans la vie sérieuse, de celui qui les a empochés dans la vie non sérieuse. La communication économique des deux sphères contredit leur séparation conventionnelle. » Le législateur n'a alors que trois attitudes possibles. La plus logique, adoptée par l'Empire romain sous Septime Sévère, consiste à nier l'existence juridique du jeu d'argent, c'est-à-dire la valeur du contrat ludique : non seulement le perdant peut ne pas payer ses dettes, mais il peut contraindre par voie de justice le gagnant à lui rembourser les sommes « illégalement » gagnées. « En gros, cela revenait à exiger des joueurs qu'ils se rendissent les billes, donc à constituer le jeu en activité définitivement puérile. » La deuxième attitude, jamais appliquée mais elle aussi très cohérente, est à l'opposé de la précédente puisqu'il s'agit de reconnaître officiellement le jeu d'argent : non seulement le gagnant peut garder les sommes qu'il a reçues, mais il peut aussi se pourvoir devant les tribunaux pour obliger le perdant à s'acquitter de ses dettes. Système dangereux : le Droit « serait bien près de se reconnaître lui-même comme futile. Le dialogue se ferait entre lui et le Jeu comme entre deux conventions, d'égale inconsistance ». Mais ni l'une ni l'autre de ces attitudes tranchées ne furent adoptées dans la France de ces quatre derniers siècles : le législateur ne reconnut jamais l'existence juridique du jeu d'argent, mais il ne l'interdit jamais non plus. Le gagnant peut conserver les sommes que le perdant lui a versées, mais ne peut traîner ce dernier en justice pour lui faire payer ses dettes. Le droit fait comme si le jeu d'argent et le contrat ludique n'existaient pas, c'est-à-dire comme si les transferts d'argent liés au jeu étaient de simples dons : le donateur ne peut revenir sur sa décision, mais personne ne peut l'obliger à donner davantage qu'il ne le veut. Voilà donc pour le jeu d'argent proprement dit : ni légal ni interdit, mais ignoré.

Reste tout de même la question des maisons de jeu : là encore, du xviie au xxe siècle, le législateur cultiva l'ambiguïté. Alors que l'Eglise, les « intellectuels » et l'Etat lui-même (dans ses positions de principe) ne cessèrent de dénoncer la tenue de tels établissements, ledit Etat toléra toujours, plus ou moins ouvertement, un certain nombre de maisons de jeu : entre autres raisons, parce qu'elles rapportaient gros et parce qu'elles constituaient une excellente soupape de sûreté politico-sociale.

NOTES

Introduction

    1. Nicolai : « Etude… », *op. cit.*, p. 293.
    2. *Encyclopédie méthodique, La police…, op. cit.*, t. X, p. 341.
    3. Mercier : *Tableau de Paris, op. cit.*, t. X, p. 326.
    4. Gutton : *La Sociabilité…, op. cit.*, pp. 244-245, 247 et 281-282.
    5. Goudar : *Histoire des Grecs…, op. cit.*, p. 115.

I. Avant de se lancer dans le jeu

    1. Delamare : *Traité de la police, op. cit.*, t. I, p. 478.
    2. *Ibid.*, pp. 481-483.
    3. *Ibid.*, pp. 483-484.
    4. *Ibid.*, p. 484.
    5. *Ibid.*, p. 484.
    6. *Ibid.*, pp. 484-485.
    7. Sartine : *La Police de Paris…, op. cit.*, p. 94.
    8. Grussi : *Le Jeu d'argent…, op. cit.*, pp. 830-867.
    9. Boissy d'Anglas : *Réclamation…, op. cit.*, p. 27.
    10. Pour en savoir plus sur tous ces jeux, voir : *Encyclopédie méthodique, Dictionnaire des jeux, op. cit.* Alleau : *Dictionnaire des jeux, op. cit.*

Si certains jeux, tels la galoche et le toccadille, ne font l'objet d'aucune précision, c'est qu'ils ne sont pas mentionnés dans les dictionnaires de l'époque.

II. LES MAISONS DE JEU TOLÉRÉES

1. MOUTON : *L'Hôtel de Transylvanie, op. cit.*, pp. 1-20.
2. BUVAT : *Journal..., op. cit.*, t. II, pp. 235-236.
3. *Arrêt du Conseil d'Etat des 31 mai et 22 juillet 1727.*
4. SAINT-SIMON : *Mémoires..., op. cit.*, t. XI, pp. 91-92.
5. BARBIER : *Journal..., op. cit.*, t. III, pp. 269-271.
6. ARGENSON : *Journal..., op. cit.*, t. III, p. 305.
7. DUSAULX : *De la Passion du jeu..., op. cit.*, t. I, pp. 89-90.
8. RESTIF : *Les Nuits de Paris, op. cit.*, pp. 90-91.
9. *Les Joueurs et M. Dusaulx, op. cit.*, p. 30.
10. *Diogène à Paris, op. cit.*, p. 205.
11. DEPPING : *Correspondance..., op. cit.*, t. II, p. 584.
12. *Notes de René d'Argenson..., op. cit.*, pp. 82-83.
13. RESTIF : *Les Nuits de Paris, op. cit.*, p. 183.
14. DANGEAU : *Journal, op. cit.*, t. XVII, 22 décembre 1717.
15. BARBIER : *Journal..., op. cit.*, t. II, pp. 340-341.
16. *Les Joueurs et M. Dusaulx, op. cit.*, pp. 11-12.
17. *Ibid.*, p. 44.
18. *Ibid.*, p. 15.
19. *Ibid.*, pp. 8-9.
20. *Ibid.*, p. 56.
21. *Ibid.*, p. 30.
22. BOISSY D'ANGLAS : *Réclamation..., op. cit.*, p. 16.
23. BARBIER : *Journal..., op. cit.*, t. III, p. 270.
24. *Les Joueurs et M. Dusaulx, op. cit.*, p. 34.
25. *Ibid.*, p. 30.
26. PEUCHET : *Mémoires..., op. cit.*, t. III, p. 41.
27. *Les Joueurs et M. Dusaulx, op. cit.*, p. 8.
28. *Ibid.*, pp. 62-63.
29. *Ibid.*, p. 15.

30. *Ibid.*, pp. 7 et 9-10.
31. Peuchet : *Mémoires...*, *op. cit.*, t. III, p. 41.
32. *Les Joueurs et M. Dusaulx*, *op. cit.*, p. 43.
33. Goudar : *Histoire des Grecs...*, *op. cit.*, p. 10.
34. Peuchet : *Mémoires...*, *op. cit.*, t. III, pp. 41-42.
35. *Les Joueurs et M. Dusaulx*, *op. cit.*, pp. 49-51.
36. Peuchet : *Mémoires...*, *op. cit.*, t. III, p. 42.
37. *Les Joueurs et M. Dusaulx*, *op. cit.*, pp. 62-64.
38. Peuchet : *Mémoires...*, *op. cit.*, t. III, p. 41.
39. *Les Joueurs et M. Dusaulx*, *op. cit.*, p. 75.
40. Peuchet : *Mémoires...*, *op. cit.*, t. III, pp. 41-42
41. *Les Joueurs et M. Dusaulx*, *op. cit.*, p. 51.
42. *Ibid.*, p. 61.
43. *Ibid.*, p. 67.
44. Nemeitz : *Séjour de Paris*, *op. cit.*, p. 121.
45. Argenson : *Journal...*, *op. cit.*, t. II, p. 92.

III. Les maisons de jeu clandestines

1. Argenson : *Journal...*, *op. cit.*, t. II, p. 93.
2. *Ibid.*, t. II, p. 92.
3. *Ibid.*, t. II, p. 94.
4. Les rapports de police ne donnèrent jamais plus de précisions sur le nom de cette princesse.
5. Luchet : *Paris en miniature...*, *op. cit.*, pp. 33-34.
6. Voltaire : *Œuvres complètes*, *op. cit.*, t. XXI, p. 191.
7. *Ibid.*, pp. 188-189.
8. Goudar : *Histoire des Grecs...*, *op. cit.*, p. 26.
9. *Ibid.*, p. 27.
10. Voltaire : *Œuvres complètes*, *op. cit.*, t. XXI, p. 189.
11. Clément : *La Police sous Louis XIV, op. cit.*, p. 341.
12. Peuchet : *Mémoires...*, *op. cit.*, t. III, p. 40.
13. Argenson : *Journal...*, *op. cit.*, t. II, pp. 92-93.
14. « Tailler » signifie tenir la banque aux jeux de cartes.
15. Argenson : *Journal...*, *op. cit.*, t. II, pp. 92-93.
16. *Ibid.*

17. LUCHET : *Le Petit Tableau de Paris, op. cit.*, p. 66.
18. BUVAT : *Journal…, op. cit.*, t. I, p. 310.
19. LUCHET : *Le Petit Tableau de Paris, op. cit.*, p. 67.
20. DANGEAU : *Journal, op. cit.*, t. XVII, 22 juillet 1718.

IV. LE JEU A LA COUR

1. SAINT-SIMON : *Mémoires…, op. cit.*, t. VIII, pp. 125-126.
2. VISCONTI : *Mémoires…, op. cit.*, p. 158.
3. SAINT-SIMON : *Mémoires…, op. cit.*, t. II, p. 219.
4. VISCONTI : *Mémoires…, op. cit.*, p. 169.
5. SAINT-SIMON : *Mémoires…, op. cit.*, t. V, p. 125.
6. DANGEAU : *Journal, op. cit.*, t. VII.
7. VISCONTI : *Mémoires…, op. cit.*, p. 208.
8. DANGEAU : *Journal, op. cit.*, t. IX.
9. CAMPAN : *Mémoires, op. cit.*, pp. 114-115.
10. SÉVIGNÉ : *Correspondance, op. cit.*, t. II, pp. 350-352.
11. SAINT-SIMON : *Mémoires…, op. cit.*, t. I, p. 14.
12. CAMPAN : *Mémoires, op. cit.*, p. 44.
13. BOIGNE : *Mémoires, op. cit.*, p. 41.
14 SAINT-SIMON : *Mémoires…, op. cit.*, t. VI, p.290.
15. CAMPAN : *Mémoires, op. cit.*, p. 114.
16. GOLDONI : *Mémoires…, op. cit.*, pp. 310-311.
17. CAMPAN : *Mémoires, op. cit.*, pp. 114-115.
18. LUYNES : *Mémoires…, op. cit.*, t. V, p. 304.
19. DANGEAU : *Journal, op. cit.*, t. III.
20. CAMPAN : *Mémoires, op. cit.*, p. 114.
21. VISCONTI : *Mémoires…, op. cit.*, p. 45.
22. ORLÉANS : *Correspondance…, op. cit.*, t. I, p. 146.
Mme la Duchesse était l'épouse de M. le Duc, fils aîné du prince de Condé.
23. SAINT-SIMON : *Mémoires…, op. cit.*, t. III, p. 82.
24. *Ibid.*, t. X, pp. 44-45.
25. LUYNES : *Mémoires…, op. cit.*, t. VIII, pp. 276-277.
26. CHEVERNY : *Mémoires, op. cit.*, p. 64.

27. *Ibid.* Mesdames étaient les filles de Louis XV.
28. Luynes : *Mémoires…, op. cit.*, t. VII, p. 398.
29. Cheverny : *Mémoires, op. cit.*, p. 318.
30. *Ibid.*, p. 249.
31. Croÿ : *Journal, op. cit.*, t. I, pp. 227-228.
32. Boigne : *Mémoires, op. cit.*, pp. 54-56.
33. *Ibid.*, pp. 61-62.
34. Dangeau : *Journal, op. cit.*, t. I.
35. *Ibid.*, t. VI.
36. *Ibid.*, t. IX.
37. Orléans : *Correspondance…, op. cit.*, t. I, pp. 315-316.
38. *Ibid.*, t. I, p. 393.
39. Croÿ : *Journal, op. cit.*, t. I, p. 157.
40. Luynes : *Mémoires…, op. cit.*, t. XIV, p. 146.
41. Sévigné : *Correspondance, op. cit.*, pp. 351-352.
42. Fontenelle, cité dans Dangeau : *Journal, op. cit.*, t. I, pp. XXV-XXVI.
43. Visconti : *Mémoires…, op. cit.*, p. 133.
44. Orléans : *Correspondance…, op. cit.*, t. I, p. 48.
45. *Ibid.*, p. 132.
46. Visconti : *Mémoires…, op. cit.*, pp. 132-133.
47. *Ibid.*, pp. 128-129.
48. Sévigné : *Correspondance, op. cit.*, t. III, p. 702.
49. Dusaulx : *De la Passion du jeu…, op. cit.*, t. I, pp. 222-223.
50. Saint-Simon : *Mémoires…, op. cit.*, t. IV, p. 306.
51. *Ibid.*, t. IV, p. 292.
52. *Ibid.*, t. IV, p. 368.
53. *Ibid.*, t. VI, p. 239.
54. Orléans : *Correspondance…, op. cit.*, t. I, p. 15.
55. Cheverny : *Mémoires, op. cit.*, pp. 172-173.
56. *Ibid.*, p. 489.
57. Luynes : *Mémoires…, op. cit.*, t. XII, pp. 346-347.
58. Oberkirch : *Mémoires, op. cit.*, t. II, pp. 79-80.
59. Saint-Simon : *Mémoires…, op. cit.*, t. I, pp. 148-149.
60. *Ibid.*, pp. 149-150.
61. Dangeau : *Journal, op. cit.*, t. VI.

62. *Ibid.*, t. VII.

63. MARAIS : *Journal...*, *op. cit.*, t. I, p. 270.

64. VISCONTI : *Mémoires...*, *op. cit.*, p. 5.

65. SAINT-SIMON : *Mémoires...*, *op. cit.*, t. II, p. 416.

66. SÉVIGNÉ : *Correspondance, op. cit.*, t. I, pp. 187-188.

67. SAINT-SIMON : *Mémoires...*, *op. cit.*, t. IV, p. 137.

68. *Ibid.*, t. II, p. 414.

69. SAINT-SIMON, cité dans DANGEAU : *Journal, op. cit.*, t. XII, 12 mars 1709.

70. DUSAULX : *De la Passion du jeu...*, *op. cit.*, t. II, p. 182.

71. VISCONTI : *Mémoires...*, *op. cit.*, pp. 83 et 127-128.

72. SÉVIGNÉ : *Correspondance, op. cit.*, t. II, pp. 170 et 346-347.

73. BUSSY-RABUTIN : *Correspondance...*, *op. cit.*, t. III, p. 203.

74. *Ibid.*, t. IV, p. 258.

75. SÉVIGNÉ : *Correspondance, op. cit.*, t. II, p. 640.

76. BUSSY-RABUTIN : *Correspondance...*, *op. cit.*, t. IV, pp. 295 et 320.

77. DANGEAU : *Journal, op. cit.*, t. II et t. VI.

78. SAINT-SIMON : *Mémoires...*, *op. cit.*, t. II, p. 113 ; t. III, p. 75.

79. DANGEAU : *Journal, op. cit.*, t. XI et t. XIV.

80. BUVAT : *Journal...*, *op. cit.*, t. I, pp.165-166.

81. MARAIS : *Journal...*, *op. cit.*, t. II, p. 337.

82. BARBIER : *Journal...*, *op. cit.*, t. III, pp. 159-160.

83. LUYNES : *Mémoires...*, *op. cit.*, t. II, p. 305 ; t. V, pp. 109, 305 et 316.

84. ARGENSON : *Journal...*, *op. cit.*, t. V, p. 172.

85. LUYNES : *Mémoires...*, *op. cit.*, t. XII, p. 17 ; t. XIV, p. 144.

86. DUSAULX : *De la Passion du jeu...*, *op. cit.*, t. I, p. 121.

87. CROŸ : *Journal, op. cit.*, t. IV, p. 199.

V. Autres refuges du jeu

1. Nemeitz : *Séjour de Paris, op. cit.,* p. 120.
Dampmartin : *Un provincial à Paris..., op. cit.,*
p. 29.
2. Dusaulx : *De la Passion du jeu..., op. cit.,* t. II,
p. 47.
3. Denesle : *Les Préjugés du Public..., op. cit.,* t. III,
p. 352.
4. Dusaulx : *De la Passion du jeu..., op. cit.,* t. II,
p. 43.
5. Saint-Simon : *Mémoires..., op. cit.,* t. V, p. 31.
6. Delosme de Monchenai : *La Cause des Femmes,
op. cit.,* pp. 5-6.
7. *Ibid.,* pp. 6-7.
8. Fougeret de Monbron : *La Capitale des
Gaules..., op. cit.,* pp. 139-140.
9. Dusaulx : *De la Passion du jeu..., op. cit.,* t. II,
pp. 45-46.
10. Bussy-Rabutin : *Histoire amoureuse..., op. cit.,*
pp. 16-19.
11. Bussy-Rabutin : *La France galante, op. cit.,* t. II,
pp. 43-47.
12. Dufresny : *La Joueuse, op. cit.,* pp. 427-428.
13. Poisson : *Les Pipeurs..., op. cit.,* passim.
14. Casanova : *Mémoires, op. cit.,* t. I, pp. 644-645.
15. Saint-Simon : *Mémoires..., op. cit.,* t. IX, p. 72.
16. *Ibid.,* t. VII, p. 68.
17. *Ibid.,* t. VII, pp. 157-158.
18. Cheverny : *Mémoires, op. cit.,* p. 53.
19. *Ibid.,* p. 434.
20. Luynes : *Mémoires..., op. cit.,* t. XV, pp. 381-382.
21. *Ibid.,* t. IX, pp. 306-307.
22. *Ibid.,* t. X, p. 43.
23. Goldoni : *Mémoires..., op. cit.,* p. 359.
24. Cheverny : *Mémoires, op. cit.,* pp. 482-483.

25. SAINT-SIMON, cité dans DANGEAU : *Journal, op. cit.,* t. XVIII, 20 septembre 1719.

26. DUFRESNY : *La Joueuse, op. cit.,* pp. 394-395.

27. MARIVAUX : *Le Paysan parvenu, op. cit.,* pp. 266-267.

28. DUSAULX : *De la Passion du jeu..., op. cit.,* t. II, p. 4.

29. THIERY : *Almanach..., op. cit.,* p. 290.

30. *Ibid.,* p. 291.

31. NEMEITZ : *Séjour de Paris, op. cit.,* p. 101.

32. BARBIER : *Journal..., op. cit.,* t. I, p. 191.

33. *Ibid.*

34. NEMEITZ : *Séjour de Paris, op. cit.,* p. 100.

35. CROŸ : *Journal, op. cit.,* t. II, p. 44.

36. NEMEITZ : *Séjour de Paris, op. cit.,* pp. 99-100.

37. EXPILLY : *Dictionnaire..., op. cit.,* t. V, p. 412.

38. BUVAT : *Journal..., op. cit.,* t. II, p. 25.

39. REGNARD et DUFRESNY : *La Foire Saint-Germain, op. cit.,* acte III, scène v.

40. DANGEAU : *Journal, op. cit.,* t. XVII.

41. *Ibid.*

42. DIDEROT : *Jacques le Fataliste, op. cit.,* pp. 122-123

43. *Ibid.*

44. LARCHEY : *Documents inédits..., op. cit.,* p. 76.

45. *Ibid.,* p. 252.

46. SÉGUR : *Mémoires..., op. cit.,* t. II, p. 32.

47. DUSAULX : *De la Passion du jeu..., op. cit.,* t. II pp. 280-281.

48. CHEVERNY : *Mémoires, op. cit.,* p. 44.

VI. LA POPULATION JOUEUSE

1. DUSAULX : *De la Passion du jeu..., op. cit.,* t. I, pp. 51-60.

2. *Ibid.,* t. I, pp. 61-70.

3. *Ibid.,* t. I, pp. 72-73.

4. *Ibid.,* t. I, pp. 73-94.

5. CAILLOIS : *Jeux et sports, op. cit.,* pp. 503-508.

MARQUISET : *Jeux et Joueurs..., op. cit.*

6. RAVANNE : *Mémoires, op. cit.,* pp. 151-155.
7. SAINT-SIMON : *Mémoires..., op. cit.,* t. XI, p. 291.
8. *Ibid.,* t. II, p. 82.
9. THIERS : *Traité des jeux..., op. cit.,* p. 151.
10. *Les Joueurs et M. Dusaulx, op. cit.,* p. 57.
11. DUSAULX : *De la Passion du jeu..., op. cit.,* t. I, p. 94.
12. *Les Joueurs et M. Dusaulx, op. cit.,* p. 65.
13. AUDIGER : *La Maison réglée..., op. cit.,* pp. 31, 75, 109 et 124.
14. FLEURY : *Les Devoirs..., op. cit.,* p. 309.
15. LUYNES : *Mémoires..., op. cit.,* t. V, p. 302.
16. *Ibid.,* pp. 302-303.
17. FRAIN DU TREMBLAY : *Conversations..., op. cit.,* p. 7.
18. LORDELOT : *Les Devoirs..., op. cit.,* p. 265.
19. ORLÉANS : *Correspondance..., op. cit.,* t. I, p. 214.
20. DELAMARE : *Traité de la police, op. cit.,* t. I, pp. 487-489.

COLLET : *Abrégé du Dictionnaire..., op. cit.,* t. II, pp. 314-322.
21. THIERS : *Traité des jeux..., op. cit.,* p. 151.
22. NEMEITZ : *Séjour de Paris, op. cit.,* p. 79.
23. LAPEYRE : *Les Mœurs de Paris, op. cit.,* p. 129.
24. SAINT-SIMON : *Mémoires..., op. cit.,* t. VI, p. 417.
25. *Ibid.,* t. V, p. 160.
26. *Ibid.,* t. I, p. 183.
27. CHOISY : *Mémoires..., op. cit.,* t. II, pp. 72-75.
28. SAINT-SIMON : *Mémoires..., op. cit.,* t. V, pp. 340-341.
29. *Ibid.,* t. I, p. 271.
30. *Ibid.,* t. XI, p. 233.
31. *Ibid.,* t. III, p. 187.
32. *Ibid.,* t. VII, p. 281 ; t. II, p. 326.
33. *Diogène à Paris, op. cit.,* p. 206.
34. DUSAULX : *De la Passion du jeu..., op. cit.,* t. I, p. 244.

35. *Ibid.*, t. I, p. 248.
36. *Ibid.*, t. I, pp. 222-223.
37. *Ibid.*, t. I, pp. 257-258.
38. *Ibid.*, t. I, pp. XXIV-XXV.
39. *Ibid.*, t. II, p. 4.
40. CHEVERNY : *Mémoires...*, *op. cit.*, pp. 499-500.
41. VISCONTI : *Mémoires...*, *op. cit.*, p. 127.
42. SAINT-SIMON : *Mémoires...*, *op. cit.*, t. VI, pp. 373-374.
43. OBERKIRCH : *Mémoires*, *op. cit.*, t. I, p. 339.
44. MERCIER : *Tableau de Paris*, *op. cit.*, t. XI, p. 273.
45. SAINT-SIMON : *Mémoires...*, *op. cit.*, t. XI, p. 273.
46. ORLÉANS : *Correspondance...*, *op. cit.*, t. II, p. 227.
47. RIVALS : *Essai sur la fureur du jeu...*, *op. cit.*, pp. 17-18.
48. GRIMOD DE LA REYNIÈRE : *Réflexions...*, *op. cit.*, p. 42.
49. BUSSY-RABUTIN : *Correspondance...*, *op. cit.*, t. V, p. 587.
50. CROŸ *Journal*, *op. cit.*, t. IV, p. 199.
51. DUSAULX : *De la Passion du jeu...*, *op. cit.*, t. I, p. 127.
52. ORTIGUE DE VAUMORIÈRE : *L'Art de plaire...*, *op. cit.*, p. 420.
53. DOMINIQUE : *Colombine femme vengée*, *op. cit.*, p. 255.
54. *Encyclopédie méthodique, La police...*, *op. cit.*, t. X, p. 337.
55. CHEVERNY : *Mémoires*, *op. cit.*, p. 176.
56. VISCONTI : *Mémoires...*, *op. cit.*, p. 46.
57. SAINT-SIMON : *Mémoires...*, *op. cit.*, t. VIII, p. 126.
58. LA BRUYÈRE : *Les Caractères*, *op. cit.*, p. 400.
59. BOIGNE : *Mémoires*, *op. cit.*, pp. 61-62.
60. DUSAULX : *De la Passion du jeu...*, *op. cit.*, t. II, p. 281.
61. CHEVERNY : *Mémoires*, *op. cit.*, pp. 44-45.
62. DUSAULX : *De la Passion du jeu...*, *op. cit.*, t. II, p. 280.

63. CHEVERNY : *Mémoires, op. cit.*, pp. 174-175.

64. DENESLE : *Les Préjugés du Public..., op. cit.*, t. III, p. 352.

65. DUPUY : *Instruction d'un père..., op. cit.*, p. 477.

66. CHEVRIER : *Les Ridicules du siècle, op. cit.*, p. 76.

67. ORLÉANS : *Correspondance..., op. cit.*, t. II, p. 158.

68. CROŸ : *Journal, op. cit.*, t. I, p. 152.

69. RAVANNE : *Mémoires, op. cit.*, pp. 34-39.

70. HENNEBERT : *Du Plaisir..., op. cit.*, pp. 185-186.

71. ORTIGUE DE VAUMORIÈRE : *L'Art de plaire..., op. cit.*, p. 427.

72. DUSAULX : *De la Passion du jeu..., op. cit.*, t. I, p. 91.

73. REGNARD : *Le Joueur, op. cit.*, acte IV, scène I.

74. DELOSME DE MONCHENAI : *La Cause des Femmes, op. cit.*, p. 46.

75. FRAIN DU TREMBLAY : *Conversations..., op. cit.*, p. 39.

76. DELOSME DE MONCHENAI : *La Cause des Femmes, op. cit.*, p. 13.

77. DELAULNE : *Le Wish et le Loto, op. cit.*, p. 29.

78. RIVALS : *Essai sur la fureur du jeu..., op. cit.*, p. 10.

79. FOUGERET DE MONBRON : *La Capitale des Gaules..., op. cit.*, p. 140.

80. DUSAULX : *De la Passion du jeu..., op. cit.*, t. II, p. 184.

81. *Ibid.*, t. II, pp. 177-179.

82. *Encyclopédie..., op. cit.*, article « Jouer ».

83. RIVALS : *Essai sur la fureur du jeu..., op. cit.*, pp. 10-14.

84. BUSSY-RABUTIN : *Correspondance..., op. cit.*, t. II p. 315.

85. Pour plus de détails sur l'origine de ces jeux, voir :
ALLEAU : *Dictionnaire des jeux, op. cit.*
CAILLOIS : *Jeux et sports, op. cit.*
Encyclopédie méthodique, Dictionnaire des jeux, op. cit.

86. *Id.*

87. SÉGUR : *Mémoires..., op. cit.*, t. I, p. 77.

88. CLÉMENT : *La Police sous Louis XIV, op. cit.*, p. 407
89. DELAULNE : *Le Wish et le Loto, op. cit.*, p. 15.
90. *Ibid.*, pp. 4-6.

VII. LES FRIPONS

1. ROBERT-HOUDIN : *Tricheries des Grecs...*, *op. cit.*, chapitre ı.
2. GOUDAR : *Histoire des Grecs...*, *op. cit.*, p. 1.
3. LITTRÉ : *Dictionnaire de la langue française*, article « Grec ».
4. GOUDAR : *Histoire des Grecs...*, *op. cit.*, pp. 44-47.
5. VOLTAIRE : *Œuvres complètes, op. cit.*, t. XXI, *Candide*, p. 187.
6. *Encyclopédie...*, *op. cit.*, article « Jeu ».
7. GOUDAR : *Histoire des Grecs...*, *op. cit* p. 7.
8. *Ibid.*, pp. 45-47.
9. *Ibid.*, pp. 44-45.
10. BUSSY-RABUTIN : *La France galante, op. ıt., ı. ıI*, p. 54.
11. PRÉVOST D'EXILES : *Histoire...*, *op cit.*, ,. 74.
12. GOUDAR : *Histoire des Grecs...*, *oµ. cit.* p. 9.
13. *Ibid.*, p. 113.
14. *Ibid.*, pp. 88-89 et 268-273.
15. *Ibid.*, p. 104.
16. *Ibid.*, p. XIV.
17. DUSAULX : *De la Passion du jeu.* *op. cit.*, t. II, p. 49.
18. GOUDAR : *Histoire des Grecs... op. cit.*, p. 251.
19. PRÉVOST D'EXILES : *Histoire.. op. cit.*, pp. 67-69 et 74.
20. *Ibid.*, p. 74.
21. GOUDAR ne donne jamais le nom complet de ce personnage.
22. GOUDAR : *Histoire des Grecs...*, *op. cit.*, pp. 46-162.
23. BUSSY-RABUTIN : *La France galante, op. cit.*, t. II, pp. 51-52.

24. GOUDAR : *Histoire des Grecs...*, *op. cit.*, p. 130.
25. *Ibid.*, pp. 130-131.
26. *Diogène à Paris*, *op. cit.*, pp. 210-211.
27. GOUDAR : *Histoire des Grecs...*, *op. cit.*, pp. 9-11.
28. *Ibid.*
29. NOUGARET : *Les Astuces de Paris*, *op. cit.*, p. 25.
30. *Ibid.*, p. 28.
31. GOUDAR : *Histoire des Grecs...*, *op. cit.*, p. 20.
32. *Ibid.*, p. 21.
33. *Ibid.*, p. 254.
34. *Ibid.*, p. 26.
35. *Ibid.*, p. 87.
36. *Police...*, *op. cit.*, pp. 100-101.
37. COTTIN : *Rapports inédits...*, *op. cit.*, pp. 185-186.
38. GOUDAR : *Histoire des Grecs...*, *op. cit.*, p. 273.
39. DUSAULX : *De la Passion du jeu...*, *op. cit.*, t. II, p. 287.
40. LA BRUYÈRE : *Les Caractères*, *op. cit.*, p. 200.
41. GOUDAR : *Histoire des Grecs...*, *op. cit.*, t. I, pp. VI-VII.
42. CASANOVA : *Mémoires*, *op. cit.*, t. II, pp. 61-62.
43. BUSSY-RABUTIN : *La France galante*, *op. cit.*, t. II, p. 52.

VIII. LE JEU ET SON CORTÈGE DE MALHEURS

1. *Les Joueurs et M. Dusaulx*, *op. cit.*, p. 59.
2. DAMPMARTIN : *Un Provincial à Paris...*, *op. cit.*, p. 134.
3. *Les Joueurs et M. Dusaulx*, *op. cit.*, p. 54.
4. DUSAULX : *De la Passion du jeu...*, *op. cit.*, t. I, p. 89.
5. *Ibid.*, t. II, p. 33.
6. SAINT-SIMON : *Mémoires*, *op. cit.*, t. I, pp. 433-434.
7. BARBIER : *Journal...*, *op. cit.*, t. III, p. 270.
8. *Notes de René d'Argenson...*, *op. cit.*, pp. 92-93.
9. ARGENSON : *Journal...*, *op. cit.*, t. II, p. 92.
10. VISCONTI : *Mémoires...*, *op. cit.*, pp. 136-137.

11. DUFRESNY : *La Joueuse, op. cit.* pp. 442-443.
12. HENNEBERT : *Du Plaisir..., op. cit.*, pp. 189-190.
13. BARBIER : *Journal..., op. cit.*, t. II, p. 125.
14. *Notes de René d'Argenson..., op. cit.*, pp. 92-93.
15. FREMINVILLE : *Dictionnaire..., op. cit.*, p. 384.
16. *Encyclopédie..., op. cit.*, article « Jeu ».
17. *Les Joueurs et M. Dusaulx, op. cit.*, p. 59.
18. *Police..., op. cit.*, p. 114.
19. DUSAULX : *De la Passion du jeu..., op. cit.*, t. II, pp. 194-195.
20. SAINT-SIMON, cité dans DANGEAU : *Journal, op. cit.*, t. I, 13 décembre 1686.
21. SAINT-SIMON : *Mémoires..., op. cit.*, t. IV, p. 145.
22. MARAIS : *Journal..., op. cit.*, t. III, pp. 590-591.
23. DUSAULX : *De la Passion du jeu..., op. cit.*, t. I, pp. 257-258.
24. DUPUY : *Instruction d'un père..., op. cit.*, p. 480.
25. RIVALS : *Essai sur la fureur du jeu..., op. cit.*, p. 21.
26. SAINT-SIMON : *Mémoires..., op. cit.*, t. I, pp. 433-434.
27. *Ibid.*, t. III, p. 257.
28. DANGEAU : *Journal, op. cit.*, t. VII, 26 mars 1700.
29. SAINT-SIMON : *Mémoires..., op. cit.*, t. VII, p. 281.
30. CHEVERNY : *Mémoires, op. cit.*, p. 176.
31. ARGENSON : *Journal..., op. cit.*, t. I, p. 86.
32. BARBIER : *Journal..., op. cit.*, t. III, p. 160.
33. LA BRUYÈRE : *Les Caractères, op. cit.*, p. 200.
34. NEMEITZ : *Séjour de Paris, op. cit.*, p. 121.
35. BARBIER : *Journal..., op. cit.*, t. II, p. 518.
36. SAINT-SIMON : *Mémoires..., op. cit.*, t. I, p. 383.
37. *Ibid.*
38. *Ibid.*, t. III, p. 121.
39. *Ibid.*, t. VI, p. 78.
40. *Ibid.*, t. I, pp. 342-343.
41. *Ibid.*, t. XIII, p. 76.
42. *Ibid.*, t. II, p. 376.
43. *Ibid.*, t. I, p. 221.
44. SAINT-SIMON, cité dans DANGEAU : *Journal, op. cit.*, t. XII, 26 mars 1708.

45. *Les Joueurs et M. Dusaulx, op. cit.*, p. 30.

46. LA BRUYÈRE : *Les Caractères, op. cit.*, p. 423.

47. DUFRESNY : *La Joueuse, op. cit.*, acte IV, scène 14.

48. RIVALS : *Essai sur la fureur du jeu..., op. cit.*, p. 15.

49. DUFRESNY : *Le Chevalier joueur, op. cit.*, p. 134.

50. LORDELOT : *Les Devoirs..., op. cit.*, p. 265.

51. DUFRESNY : *La Joueuse, op. cit.*, p. 391.

52. *Ibid.*, p. 407.

53. *Ibid.*, p. 420.

54. SÉVIGNÉ : *Correspondance, op. cit.*, t. I, pp. 221 et 450-451 ; t. II, pp. 780 et 1068 ; t. III, pp. 200 et 778.

55. SAINT-SIMON : *Mémoires..., op. cit.*, t. II, p. 113.

56. GENLIS : *Mémoires..., op. cit.*, pp. 46-47.

57. DUFRESNY : *La Joueuse, op. cit.*, p. 503.

58. DUPUY : *Instruction d'un père..., op. cit.*, p. 478.

59. DAMPMARTIN : *Un provincial à Paris..., op. cit.*, pp. 133-134.

60. DELOSME DE MONCHENAI : *La Cause des Femmes, op. cit.*, pp. 13-14.

61. GRIMOD DE LA REYNIÈRE : *Réflexions..., op. cit.*, pp. 40-41.

62. REGNARD : *Le Joueur, op. cit.*, acte I, scène VI.

63. *Ibid.*, acte III, scène VI.

64. LUCHET : *Le Petit Tableau de Paris, op. cit.*, p. 34.

65. HENNEBERT : *Du Plaisir..., op. cit.*, pp. 189-190.

66. ORLÉANS : *Correspondance..., op. cit.*, t. I, p. 180.

67. *Ibid.*, t. I, p. 15.

68. *Encyclopédie méthodique. La Police..., op. cit.*, t. IX, p. 487.

69. FONTENELLE, cité dans DANGEAU : *Journal..., op. cit.*, t. I, pp. XXVI-XXVII.

70. FRAIN DU TREMBLAY : *Conversations..., op. cit.*, pp. 104 et 214.

71. REGNARD : *Le Joueur, op. cit.*, acte I, scène X.

72. RIVALS : *Essai sur la fureur du jeu..., op. cit.*, p. 26.

73. REGNARD : *Le Joueur, op. cit.*, acte III, scène VI.

74. FOUGERET DE MONBRON : *La Capitale des Gaules..., op. cit.*, p. 138.

75. LA BRUYÈRE : *Les Caractères, op. cit.*, p. 199.
76. DUSAULX : *De la Passion du jeu...*, *op. cit.*, t. II, pp. 32-33.
77. BOISSY D'ANGLAS : *Réclamation...*, *op. cit.*, p. 16.
78. SÉGUR : *Mémoires...*, *op. cit.*, t. III, pp. 5-6.
79. BARBIER : *Journal...*, *op. cit.*, t. III, pp. 159-160.
80. *Ibid.*
81. ARGENSON : *Journal...*, *op. cit.*, t. II, pp. 84-85.
82. *Ibid.*, t. II, pp. 121-122.
83. *Ibid.*, t. II, p. 123.
84. BOIGNE : *Mémoires, op. cit.*, p. 41.
85. PRINGY : *Les Différens Caractères...*, *op. cit.*, p. 159.
86. SÉVIGNÉ : *Correspondance, op. cit.*, t. II, p. 170.
87. RIVALS : *Essai sur la fureur du jeu...*, *op. cit.*, p. 23.
88. DUSAULX : *De la Passion du jeu...*, *op. cit.*, t. I, p. 88.

IX. LA POLICE DES JEUX EN ACTION

1. *Encyclopédie méthodique, La Police...*, *op. cit.*, t. X, p. 325.
2. SARTINE : *La Police de Paris...*, *op. cit.*, p. 66.
3. Les titulaires de la charge de lieutenant général de police de Paris, créée par l'édit de mars 1667, furent LA REYNIE (1667-1697), le marquis D'ARGENSON (1697-1718), MACHAULT (1718-1720), le comte D'ARGENSON (1720), TASCHEREAU DE BAUDRY (1720-1722), le comte D'ARGENSON (1722-1724), D'OMBREVAL (1724-1725), HÉRAULT (1725-1739), MARVILLE (1739-1747), BERRYER (1747-1757), BERTIN (1757-1759), SARTINE (1759-1774), LENOIR (1774-1775), ALBERT (1775-1776), LENOIR (1776-1785) et THIROUX DE CROSNE (1785-1789).
4. Les secrétaires d'Etat de la Maison du Roi furent successivement COLBERT (1668-1683), SEIGNELAY (1683-1690), PONTCHARTRAIN (1690-1693), PONTCHARTRAIN fils (1693-1699), LA VRILLIÈRE (1699-1718), MAUREPAS (1718-1749), SAINT-FLORENTIN (1749-1775), MALESHERBES (1775-

1776), Amelot (1776-1783), Breteuil (1783-1787) et Ville-deuil (1787-1789).

5. Sartine : *La Police de Paris...*, *op. cit.*, p. 94.

6. Peuchet : *Mémoires...*, *op. cit.*, t. III, p. 41.

7. *Encyclopédie méthodique, La police...*, *op. cit.*, t. X, p. 348.

8. Le sieur Fontaine, maître paumier, tenait une académie de jeu.

9. Clément : *La Police sous Louis XIV*, *op. cit.*, pp. 341-342.

10. Sartine : *La Police de Paris...*, *op. cit.*, p. 95.

11. Voir les ouvrages cités de Boislisle, Clément et Cottin.

12. Depping : *Correspondance...*, *op. cit.*, t. II, p. 597.

13. Clément : *La Police sous Louis XIV*, *op. cit.*, pp. 341-342.

14. Dangeau : *Journal*, *op. cit.*, t. XVII.

15. Peuchet : *Mémoires...*, *op. cit.*, t. III, p. 39.

16. Larchey : *Documents inédits...*, *op. cit.*, p. 252.

17. Goudar : *Histoire des Grecs...*, *op. cit.*, p. 250.

18. *Ibid.*, p. 71.

19. *Ibid.*, pp. 103-104.

X. Châtiments

1. *Notes de René d'Argenson...*, *op. cit.*, p. 94.

2. Depping : *Correspondance...*, *op. cit.*, t. II, pp. 612-613.

XI. Efficacité de la politique répressive

1. Goudar : *Histoire des Grecs...*, *op. cit.*, p. 104.

2. *Encyclopédie méthodique, La police...*, *op. cit.*, t. X, p. 324.

3. Sartine : *La Police de Paris...*, *op. cit.*, pp. 61-62.

4. *Police...*, *op. cit.*, p. 121.

5. *Les Joueurs et M. Dusaulx, op. cit.*, p. 46.

6. Berryer, cité dans Sartine : *La Police de Paris...*, *op. cit.*, pp. 63-64.

7. Argenson : *Journal..., op. cit.*, t. II, p. 93.

8. Goudar : *Histoire des Grecs..., op. cit.*, p. 104.

9. *Ibid.*, pp. 27-28.

10. Depping : *Correspondance..., op. cit.*, t. II, p. 825.

11. *Notes de René d'Argenson..., op. cit.*, p. 22.

12. Depping : *Correspondance..., op. cit.*, t. II, p. 742.

13. Argenson : *Journal..., op. cit.*, t. II, p. 94.

14. Cottin : *Rapports inédits..., op. cit.*, p. 326.

15. *Les Joueurs et M. Dusaulx, op. cit.*, pp. 56-58.

16. Dancourt : *La Désolation des Joueuses, op. cit.*, scène I.

17. *Notes de René d'Argenson..., op. cit.*, p. 96.

18. *Ibid.*, p. 97.

19. *Police. . cp. cit.*, pp. 37-42.

20. Dusaulx : *De la Passion du jeu..., op. cit.*, t. I, p. VI.

21. *Diogène à Paris, op. cit.*, pp. 213-214.

22. Argenson : *Journal..., op. cit.*, t. II, p. 92.
Barbier : *Journal..., op. cit.*, t. III, p. 276.

23. Goudar : *Histoire des Grecs..., op. cit.*, p. VIII.

24. *Encyclopédie méthodique, La police..., op. cit.*, t. X, p. 347.

25. *Ibid.*

26. Peuchet : *Mémoires..., op. cit.*, t. III, p. 39.

27. Dusaulx : *De la Passion du jeu..., op. cit.*, t. II, p. 281.

28. *Ibid.*, t. II, p. 289.

29. *Encyclopédie méthodique, La police..., op. cit.*, t. X, p. 541.

30. Voltaire, cité dans *Encyclopédie méthodique, La police..., op. cit.*, t. IX, p. 487.

31. *Encyclopédie méthodique, La police..., op. cit.*, t. X, p. 348.

32. *Les Joueurs et M. Dusaulx, op. cit.*, pp. 8-9.
33. *Encyclopédie méthodique, La police..., op. cit.*, t. IX, p. 487.

CONCLUSION

1. MARQUISET : *Jeux et joueurs..., op. cit.*
   CAILLOIS : *Jeux et sports, op. cit.*, pp. 503-508.
   BOISSY D'ANGLAS : *Réclamation..., op. cit.*, passim.
   Observations..., op. cit., pp. 2-3.
2. CAILLOIS : *Jeux et sports, op. cit.*, pp. 500-503.

BIBLIOGRAPHIE

1. *Sources manuscrites*

Les archives de la lieutenance générale de police de Paris relatives au jeu se trouvent à la bibliothèque de l'Arsenal : Archives de la Bastille 10268, 10765, 10769, 10770, 10793, 10808, 10822, 10827, 10837, 10852, 10894, 10900, 10917, 10918, 10924, 10936, 10938, 11060, 11082, 11083, 11093, 11096, 11103, 11111, 11143, 11154, 11161, 11173, 11195, 11208, 11244, 11262, 11266, 11297, 11321, 11329, 11337, 11381, 11406, 11425, 11475, 11485, 11486, 11529, 11531, 11548, 11558, 11562, 11565, 11584, 11604, 11735, 11740, 11746, 11751, 11752, 11771, 11773, 11776, 11777, 11778, 11781, 11788, 11795, 11824, 11830, 11831, 11834, 11844, 11856, 11857, 11863, 11896, 11898, 11899, 11913, 11977, 12019, 12053, 12226, 12240, 12247, 12276.

Les Rapports de la garde intéressant le jeu dans les cabarets sont conservés aux Archives nationales : Y 9397 à 9492.

Les papiers de Joly de Fleury, procureur général au Parlement de Paris, sont au cabinet des manuscrits de la Bibliothèque nationale : Fonds Joly de Fleury 2421.

Ce cabinet contient aussi deux manuscrits souvent cités :

Les Joueurs et M. *Dusaulx*, 1781, anonyme, Fonds français 14922.

Rivals : *Essai sur la fureur du jeu et sur les femmes du*

monde, s.d. Essai rédigé sous Louis XVI par un ancien garde du corps du roi. Fonds français 14958.

Enfin, toujours parmi les manuscrits de la Bibliothèque nationale, un recueil de textes législatifs sur le jeu, Fonds français 21628. Il complète celui que fit DELAMARE dans son *Traité de la police* et la liasse conservée aux Archives nationales (AD I 25 A) qui comprend une soixantaine d'imprimés relatifs au jeu, tant textes législatifs que sentences de la chambre de police du Châtelet de Paris.

2. *Sources imprimées*

ALEMBERT (Jean LE ROND D') : *Le Joueur dans sa prison,* dans *Œuvres complètes,* Paris, 1822, tome IV, pp. 475-478.

Notes de René d'Argenson, lieutenant général de police, intéressantes pour l'histoire des mœurs et de la police de Paris à la fin du règne de Louis XIV, Paris, 1866. Edition anonyme de manuscrits du lieutenant général.

ARGENSON (René-Louis de Voyer de Paulmy, marquis d') : *Journal et Mémoires,* Paris, 1859-1867, 9 volumes. Il s'agit du ministre des Affaires étrangères, c'est-à-dire du fils aîné du précédent.

AUDIGER : *La Maison réglée, et l'art de diriger la maison d'un grand seigneur et autres, tant à la ville qu'à la campagne, et le devoir de tous les officiers, et autres domestiques en général,* Paris, 1692.

BARBEYRAC (Jean) : *Traité du jeu, où l'on examine les principales questions de droit naturel et de morale qui ont du rapport à cette matière,* Amsterdam, 1737, 3 volumes.

BARBIER (Edmond-Jean-François) : *Journal ou Chronique de la Régence et du règne de Louis XV (1718-1763),* Paris, 1866, 8 volumes.

BAUDOT DE JUILLY (Nicolas) : *Dialogues entre Messieurs Patru et d'Ablancourt sur les plaisirs,* Paris, 1701.

BOIGNE (Eléonore-Adèle d'Osmond, comtesse de) : *Mémoires,* Paris, 1971.

BOISLISLE (Arthur-Michel de) : *Lettres de M. de Marville lieutenant général de police au ministre Maurepas (1742-1747)*, Paris, 1896-1905, 3 volumes.

BOISSY D'ANGLAS (François-Antoine) : *Réclamation contre l'existence des maisons de jeu de hasard, adressée à la Chambre des pairs*, Paris, 1822.

BRUTÉ DE LOIRELLE : *Le Joueur*, Londres et Paris, 1762.

BUSSY-RABUTIN (comte Roger de) : *Correspondance avec sa famille et ses amis (1666-1693)*, Paris, 1858-1859, 6 volumes.

BUSSY-RABUTIN (comte Roger de) : *Histoire amoureuse des Gaules, suivie de la France galante*, Paris, 1868, 2 volumes.

BUVAT (Jean) : *Journal de la Régence (1715-1723)*, Paris, 1865, 2 volumes.

CAMPAN (Jeanne-Louise-Henriette Genest, madame) : *Mémoires*, Paris, 1979.

CARACCIOLI (Louis-Antoine, marquis de) : *De la Gaieté*, Francfort, 1762.

CARACCIOLI (Louis-Antoine, marquis de) : *La Jouissance de soi-même*, Utrecht et Amsterdam, 1759.

CARACCIOLI (Louis-Antoine, marquis de) : *Paris, le modèle des nations étrangères, ou l'Europe françoise*, Venise, 1777.

CASANOVA DI SEINGALT (Giacomo Girolamo) : *Mémoires*, Paris, 1958, 3 volumes.

CHEVERNY (Jean-Nicolas Dufort, comte de) : *Mémoires*, Paris, 1909.

CHEVRIER (François-Antoine de) : *Les Ridicules du siècle*, dans *Œuvres complètes*, Londres, 1774, tome III.

CHOISY (François-Timoléon, abbé de) : *Mémoires pour servir à l'histoire de Louis XIV*, Paris, 1888, 2 volumes.

CLÉMENT (Pierre) : *La Police sous Louis XIV*, Paris, 1866. Edition de manuscrits des deux premiers lieutenants généraux de police.

COLLET (Pierre) : *Abrégé du Dictionnaire des cas de conscience de M. Pontas*, Paris, 1764, 2 volumes.

COTTIN (Paul) : *Rapports inédits du lieutenant de police René d'Argenson (1697-1715)*, Paris, 1891.

COURTIN (Antoine de) : *Nouveau Traité de la Civilité qui se pratique en France, parmi les honnestes gens*, Paris, 1671.

CROŸ (Emmanuel, prince, puis duc de) : *Journal (1718-1784)*, Paris, 1906-1907, 4 volumes.

DAMPMARTIN (Anne-Henri Cabet, vicomte de) : *Un Provincial à Paris, pendant une partie de l'année 1789*, Strasbourg, 1789.

DANCOURT (Florent Carton, sieur d'Ancourt, dit) : *La Désolation des Joueuses*, dans *Œuvres de théâtre*, Paris, 1760, tome I. Pièce créée en 1687.

DANGEAU (Philippe de Courcillon, marquis de) : *Journal*, Paris, 1854-1860, 19 volumes.

DELAMARE (Nicolas) : *Traité de la police*, Paris, 1705-1738, 4 volumes.

DELAUNE : *Le Wish et le Loto*, Amsterdam, 1778.

DELOSME DE MONCHENAI (Jacques) : *La Cause des Femmes*, dans *Théâtre italien de Gherardi*, Paris, 1717, tome II. Pièce créée en 1687.

DENESLE : *Les Préjugés du Public sur l'Honneur, avec des observations critiques, morales et historiques*, Paris, 1764, 3 volumes.

DEPPING (George-Bernard) : *Correspondance administrative sous le règne de Louis XIV entre le cabinet du roi, les secrétaires d'Etat, le chancelier de France et les intendants et gouverneurs des provinces, les présidents, procureurs et avocats généraux des parlements et autres cours de justice, le gouverneur de la Bastille, les évêques, les corps municipaux, etc.*, Paris, 1850-1855, 4 volumes.

DIDEROT (Denis) : *Jacques le Fataliste*, Paris, 1948.

DIDEROT (Denis) : *Le Joueur*, dans *Œuvres complètes*, Paris, 1975, tome XI.

Diogène à Paris, Athènes et Paris, 1787.

DOMINIQUE (Domenico Giuseppe Biancolelli, dit) : *Colombine femme vengée*, dans *Théâtre italien de Gherardi*, Paris, 1717, tome II. Pièce créée en 1689.

DUFRESNY (Charles) : *Le Chevalier joueur,* dans *Œuvres,* Paris, 1747, tome I. Pièce créée en 1697.

DUFRESNY (Charles) : *Entretiens ou amusemens sérieux et comiques,* Amsterdam, 1705.

DUFRESNY (Charles) : *La Joueuse,* dans *Œuvres,* Paris, 1747, tome II. Pièce créée en 1706.

DUPREAUX (abbé) : *Le Chrétien parfait honnête-homme, ou l'Art d'allier la piété avec la politesse, et les autres devoirs de la vie civile,* Paris, 1701, 2 volumes.

DUPUY : *Instruction d'un père à son fils, sur la manière de se conduire dans le monde,* Paris, 1730.

DUSAULX (Jean) : *De la Passion du jeu, depuis les temps anciens jusqu'à nos jours,* Paris, 1779, 2 volumes.

Encyclopédie ou Dictionnaire raisonné des sciences, des arts et des métiers, Paris, 1751-1780.

Encyclopédie méthodique, La police et les municipalités, tomes IX et X, Paris, 1789 et 1791.

Encyclopédie méthodique, Mathématiques, tome III contenant le Dictionnaire des jeux, Paris, 1792.

EXPILLY (Jean-Joseph, abbé d') : *Dictionnaire géographique, historique et politique des Gaules et de la France,* Amsterdam, 1762-1770.

FLEURY (Claude) : *Les Devoirs des maîtres et des domestiques,* Paris, 1688.

FOUGERET DE MONBRON (Louis-Charles) : *La Capitale des Gaules ou la nouvelle Babylone,* Bordeaux, 1970.

FRAIN DU TREMBLAY (Jean) : *Conversations morales sur les jeux et les divertissemens,* Paris, 1685.

FREMINVILLE (Edme de la Poix de) : *Dictionnaire ou Traité de la police générale des villes, bourgs, paroisses, et seigneuries de la campagne,* Paris, 1771.

GENLIS (Stéphanie-Félicité Ducrest de Saint-Aubin, marquise de Sillery, comtesse de) : *Mémoires,* Paris, 1878.

GOLDONI (Carlo) : *Mémoires pour servir à l'histoire de sa vie et à celle de son théâtre,* Paris, 1965.

GOUDAR (Ange) : *Histoire des Grecs ou de ceux qui corrigent la fortune au jeu,* Londres, 1758.

GRIMOD DE LA REYNIÈRE (Alexandre-Balthazar-Laurent) : *Réflexions philosophiques sur le plaisir par un célibataire*, Neufchâtel, 1783.

HAMILTON (Antoine, comte de) : *Mémoires du comte de Grammont*, Paris, 1876.

HENNEBERT (Jean-Baptiste-François, abbé) : *Du Plaisir, ou du moyen de se rendre heureux*, Lille, 1764.

LA BRUYÈRE (Jean de) : *Les Caractères de Théophraste traduits du grec avec les Caractères ou les Mœurs de ce siècle*, Paris, 1962.

LAPEYRE : *Les Mœurs de Paris*, Amsterdam, 1748.

LA PLACETTE (Jean) : *Traité des jeux de hasard*, La Haye, 1714.

LARCHEY (M.-L.) : *Documents inédits sur le règne de Louis XV, ou anecdotes galantes sur les actrices, demoiselles entretenues, grisettes, etc., formant lé journal des inspecteurs de M. le lieutenant de police de Sartine trouvé en 1789 dans les papiers secrets de la Bastille*, 1863, s.l.

LAURES (Antoine, chevalier de) : *Pièces de poésie qui ont remporté les Prix de l'Académie françoise en l'année 1751*, Paris, 1751. Entre autres, une ode sur le jeu.

LORDELOT (Bénigne) : *Les Devoirs de la vie domestique, par un père de famille*, Paris, 1706.

LUCHET (Jean-Pierre-Louis de la Roche du Maine, marquis de) : *Paris en miniature, d'après les dessins d'un nouvel Argus*, Amsterdam, 1784.

LUCHET (Jean-Pierre-Louis de la Roche du Maine, marquis de) : *Le Petit Tableau de Paris*, s.l., 1783.

LUYNES (Charles-Philippe d'Albert, duc de) : *Mémoires sur la cour de Louis XV (1735-1758)*, Paris, 1860-1865, 17 volumes.

MARAIS (Mathieu) : *Journal et mémoires sur la Régence et le règne de Louis XV (1715-1737)*, Paris, 1863-1868, 4 volumes.

MARIVAUX (Pierre-Carlet de Chamblain de) : *Le Paysan parvenu*, Paris, 1965.

MERCIER (Louis-Sébastien) : *Tableau de Paris*, Amsterdam, 1782-1788, 12 volumes.

NEMEITZ (Joachim-Christoph) : *Séjour de Paris*, Leide, 1727.

NOUGARET (Pierre-Jean-Baptiste) : *Les Astuces de Paris*, Londres, 1775, 2 volumes.

OBERKIRCH (Henriette-Louise de Waldner de Freundstein, baronne d') : *Mémoires*, Paris, 1869, 2 volumes.

Observations sur les jeux de hasard, par un ex-employé de l'administration des jeux, Paris, 1828.

ORLÉANS (Elisabeth-Charlotte de Bavière, duchesse d', dite Princesse Palatine) : *Correspondance complète*, Paris, s.d., 2 volumes.

ORTIGUE DE VAUMORIÈRE (Pierre d') : *L'Art de plaire dans la conversation*, Paris, 1701.

PEUCHET (Jean) : *Mémoires tirés des archives de police de Paris pour servir à l'histoire de la morale et de la police depuis Louis XIV jusqu'à nos jours*, Paris, 1842, 6 volumes. Publication, entre autres, des Souvenirs du lieutenant général de police Lenoir.

POISSON (Philippe) : *Les Pipeurs ou les Femmes coquettes*, Paris, 1671. Pièce créée en 1670.

Police sur les Mendiants, les Vagabonds, les Joueurs de Profession, les Intrigants, les Filles Prostituées, les Domestiques hors de maison depuis longtemps, et les Gens sans aveu, Paris, 1764.

PONTAS (Jean) : *Dictionnaire de cas de conscience*, Paris, 1730, 2 volumes.

PRÉVOST D'EXILES (Antoine-François) : *Histoire du chevalier des Grieux et de Manon Lescaut*, Paris, 1967.

PRINGY (madame de) : *Les Différens Caractères des Femmes du Siècle, avec la description de l'Amour Propre, contenant six Caractères et six Perfections*, Paris, 1694.

RAVANNE (chevalier de) : *Mémoires*, Liège, 1740, 2 volumes.

REGNARD (Jean-François) : *Le Joueur*, dans *Œuvres*, Paris, 1778, tome II. Pièce créée en 1696.

REGNARD (Jean-François) et DUFRESNY (Charles) : *La Foire Saint-Germain*, dans *Théâtre italien de Gherardi*, Paris, 1717, tome VI. Pièce créée en 1695.

RESTIF DE LA BRETONNE (Nicolas-Edme) : *Les Nuits de Paris*, Paris, 1978.

Rutlidge (chevalier James) : *La Quinzaine angloise à Paris, ou l'art de s'y ruiner en peu de tems*, Londres, 1776.

Rutlidge (chevalier James) : *Le Train de Paris ou les Bourgeois du tems*, Yverdon, 1777.

Saint-Simon (Louis de Rouvroy, duc de) : *Mémoires complets et authentiques sur le siècle de Louis XIV et la Régence*, Paris, 1856, 13 volumes.

Sartine (Gabriel de) : *La Police de Paris en 1770. Mémoire inédit composé par ordre de G. de Sartine sur la demande de Marie-Thérèse et publié par M.-A. Gazier*, dans *Mémoires de la société de l'histoire de Paris et de l'Ile-de-France*, tome V, 1878, Paris, 1879, pp. 1-131.

Saurin (Bernard-Joseph) : *Beverlei*, dans *Chefs-d'œuvre*, Paris, 1788. Pièce créée en 1768.

Ségur (Louis-Philippe, comte de) : *Mémoires ou souvenirs et anecdotes*, Paris, 1842, 3 volumes.

Sévigné (Marie de Rabutin-Chantal, marquise de) : *Correspondance*, Paris, 1972-1978, 3 volumes.

Sourches (Louis-François du Bouchet, marquis de) : *Mémoires sur le règne de Louis XIV*, Paris, 1882-1893, 13 volumes.

Thiers (Jean-Baptiste) : *Traité des jeux et des divertissements, qui peuvent être permis, ou qui doivent être défendus aux Chrétiens selon les règles de l'Eglise et le sentiment des Pères*, Paris, 1686.

Thiery (Luc-Vincent) : *Almanach du Voyageur à Paris*, Paris, 1784.

Visconti (Primi) : *Mémoires sur la cour de Louis XIV*, Paris, s.d.

Voltaire (François-Marie Arouet, dit) : *Œuvres complètes*, Paris, 1877-1885, 52 volumes.

3. Bibliographie

Alleau (René) : *Dictionnaire des jeux*, Paris, 1964.

Beaurepaire (Edmond) : « Les Maisons de jeux au grand

siècle », dans *Mercure de France,* janvier-février 1910, tome LXXXIII, pp. 440-448.

BONDY (François de) : « Les Maisons de jeu », dans *Revue de Paris,* 1ᵉʳ décembre 1935, pp. 582-599.

CAILLOIS (Roger) : *Jeux et sports,* Paris, 1967.

CHARDON (Maurice) : « Le Jeu à la cour de Louis XIV », dans *Revue de Paris,* 1ᵉʳ juillet 1914, pp. 182-202.

CRUYSSE (Dirk van der) : « Saint-Simon, le jeu et les jeux », dans *Cahiers Saint-Simon,* nᵒ 3, année 1975, pp. 39-48.

DUBOIS-DILANGE : « La Police et les tripots à la fin de l'Ancien Régime », dans *Archives historiques, artistiques et littéraires,* tome II, 1890-1891, pp. 389-395.

GRUSSI (Olivier) : *Le Jeu d'argent à Paris et à la cour de 1667 à 1789,* thèse de doctorat de IIIᵉ cycle, 1985, Université Paris-IV.

GUTTON (Jean-Pierre) : *La Sociabilité villageoise dans l'ancienne France. Solidarités et voisinages du XVIᵉ au XVIIIᵉ siècle,* Paris, 1979.

HUIZINGA (Johan) : *Homo ludens. Essai sur la fonction sociale du jeu,* Paris, 1951.

Le Jeu au XVIIIᵉ siècle. Colloque d'Aix-en-Provence, 30 avril-2 mai 1971. Le jeu d'argent n'y tient qu'une petite part.

MARQUISET (Alfred) : *Jeux et joueurs d'autrefois (1789-1837),* Paris, 1917.

MAUZI (Robert) : « Ecrivains et moralistes devant les jeux de hasard », dans *Revue des sciences humaines,* avril-juin 1958, pp. 219-256.

MOUTON (Léo) : *L'Hôtel de Transylvanie,* Paris, 1907.

MOUTON (Léo) : « Le jeu au XVIIIᵉ siècle dans le quartier Saint-Germain », dans *Bulletin de la société historique du VIᵉ arrondissement de Paris,* tome IX, année 1906, pp. 53-67.

NICOLAÏ (Alexandre) : « Etude de mœurs bordelaises au XVIIᵉ et au XVIIIᵉ siècle. La passion des cartes », dans *Revue philomatique de Bordeaux et du Sud-Ouest,* 1905, pp. 289-308.

PILLORGET (Suzanne) : *Claude-Henri Feydeau de Marville.*

lieutenant général de police de Paris 1740-1747 suivi ⌣ un choix de lettres inédites, Paris, 1978.

PLANTET (H.) : « Joueurs et tricheurs », dans *Revue des deux mondes,* 1ᵉʳ mai 1952, pp. 166-182.

ROBERT-HOUDIN (Jean) : *Tricheries des Grecs dévoilées. L'art de gagner à tous les coups,* Paris, s.d.

TABLE DES MATIÈRES

INTRODUCTION   7

I. AVANT DE SE LANCER DANS LE
   JEU.   11
   Connaître la loi   11
   Ne pas confondre tous les jeux   14

II. LES MAISONS DE JEU TOLÉRÉES   19
    Laquelle choisir ?   19
    Premiers contacts   22
    Jouer, parier ou regarder jouer   27
    Tenanciers et garçons de jeu   31
    Les finances   34

III. LES MAISONS DE JEU CLANDES-
     TINES   39
     Comment s'y introduire   39
     Jeux et joueurs.   42
     Vie du tenancier, vie de l'établissement . .   48
     L'arsenal antirépressif   50
     Les finances   55
     Banquiers et « faiseurs » de fonds.   58

IV. LE JEU A LA COUR   61
    La politique du roi   61
    Le grand jeu public   63

Les petits jeux particuliers   67
Du flegme à la furie   71
Querelles et tricheries   76
Gains et pertes.   80

V. AUTRES REFUGES DU JEU   85
   Chez les particuliers   85
   Les cabarets   93
   Les foires   97
   Derniers lieux où l'on jouait   101

VI. LA POPULATION JOUEUSE.   103
    Démographie du jeu   103
    Les « minorités » et le jeu.   107
    Pourquoi jouaient-ils ?.   112
    Le joueur et sa passion.   116
    Palmarès des jeux   119

VII. LES FRIPONS.   123
     Diversité de la gent friponne   123
     Devenir fripon.   125
     L'infortune du fripon selon Goudar.   127
     La carrière du fripon   129
     Les conditions de travail.   130
     L'association.   132
     Trouver les dupes   135
     Bien tricher.   138
     Echapper à la police   141
     Les dupes   142

VIII. LE JEU ET SON CORTÈGE DE
      MALHEURS   147
      La mort et le crime   147
      La ruine assurée.   150
      La réussite : l'exception   153

Destruction de la famille   157
Déclin de la vie intellectuclle.   164
Dérèglements   166

IX. LA POLICE DES JEUX EN ACTION   171
L'organigramme   171
Surveiller   172
La chasse aux maisons de jeu clandestines   176
Que faire ?   180
Perquisitions   182
Cabarets, foires, hôtels et rues   186
Sus aux fripons.   188
L'aide aux familles   189

X. CHÂTIMENTS.   193
Les amendes   193
La prison   196
L'exil.   198

XI. EFFICACITÉ DE LA POLITIQUE
RÉPRESSIVE.   201
Vénalité et corruption   201
Complaisance ou impuissance   206
Défauts de la politique répressive   211
La partie était perdue d'avance   215

CONCLUSION   219

NOTES   225

BIBLIOGRAPHIE   245

Achevé d'imprimer en septembre 1985
sur presse CAMERON,
dans les ateliers de la S.E.P.C.
à Saint-Amand-Montrond (Cher)

23-42-4065-01
ISBN 2-01-011285-7
ISSN 0768-0074

N° d'Édition : 1021. N° d'impression : 1969-1286.
Dépôt légal : octobre 1985.

H.150/85

imprimé en France